서비스 이노베이션

SERVICE INNOVATION

How To Go From Customer Needs To Breakthrough Services

Service Innovation

How To Go From Customer Needs To Breakthrough Services

1 2 3 4 5 6 7 8 9 10 MHE-KOREA 20 15

Original: Service Innovation:
How To Go From Customer Needs To Breakthrough Services,
By Lance A. Bettencourt
ISBN 978-0-07-171300-9

Korean ISBN 979-11-321-0079-9 93320

Printed in Korea

서비스 이노베이션

발 행 일 | 2015년 3월 5일 1쇄 발행
저 자 | Lance A. Bettencourt
역 자 | 삼성SDS ST사업기획팀
발 행 처 | 맥그로힐에듀케이션코리아 유한회사
주 소 | 서울시 마포구 동교로 18길 38, 2-3층(서교동, 지우빌딩)
전 화 | (02)325-2351
발 행 인 | 신디존스(CINDY JONES)
등 록 번 호 | 제2013-000122호(2012.12.28)
판 매 처 | 도서출판 K-books
문 의 | 02)738-7035
정 가 | 14,000원

서비스 이노베이션

SERVICE INNOVATION

How To Go From Customer Needs To Breakthrough Services

Lance A. Bettencourt 지음
삼성SDS ST사업기획팀 옮김

Mc Graw Hill Education

| 차례 |

SERVICE INNOVATION

CHAPTER 8

본문의 각주 *, **, ***들은 모두 역자 주임

| 추천하는 글 |

Anthony W. Ulwick

Strategyn, Inc. 설립자 겸 *CEO*

혁신 프로세스를 연구하고 발전시키는 데 몰두한지 어느덧 20년이 넘었다. 그 동안 깨달은 것이 하나 있다면, 혁신의 효율성이나 성공은 고객의 니즈를 만족시키는 아이디어를 도출하기 이전에, 신중하게 선택한 시장에서 해당 고객의 모든 니즈를 이해하는 기업의 능력에 달려있다는 것이었다. 현재까지도 많은 기업에서 관리자들은 조직이 아이디어 도출을 가장 우선시 하는 접근법idea-first approach을 채택하도록 하는데, 이는 혁신에 역행하는 일이다. 이 접근법을 통해 도출된 아이디어는 추측guesswork에 지나지 않으며, 결코 효율적인 혁신 프로세스를 이끌어 낼 수 없다.

나는 지난 수년 간, 제품 영역에서의 혁신과 서비스 영역에서의 혁신은 기본적으로 동일한 프로세스이긴 하지만, 각각은 독특한 특징들을 갖고 있으며 이를 잘 이해하면 훨씬 더 유익한 프로세스로 만들 수 있다는 것을 확인했다.

이 책의 저자인 Lance Bettencourt는 혁신을 위해 고객 니즈를 먼저 파악하는 접근법needs-first approach의 필요성과 서비스의 특징적인 요소들이 혁신을 추구하는 데 미치는 영향을 잘 이해하고 있다. 『서비스 이노베이션』은 이 두 가지 관점에 있어 독자에게 폭넓은 인사이트를 제공할 것이다. 저자만큼 생생한 실무 경험을 가진 사람도 드물다. 저자는 7년 간 Strategyn에서 나와 함께 일하면서 혁신 이론을 발전시켜 왔고, 따라서 이론을 어떻게 기업의 실무에 적용해야 하는지를 잘 알고 있다.

『서비스 이노베이션』은 수준급의 효과적인 엔드-투-엔드end-to-end 서비스 혁신 프로세스를 소개하고 있다. 중요한 것은 '당신의 기업이 이를 받아들일 준비가 되었는가'이다. 많은 기업들이 여전히 혁신을 거부하며, 자신들이 혁신 문제에 봉착해 있다는 사실을 부인한다. 이 기업들은 기존의 서비스 혁신 접근법은 크게 개선될 수 없다고 말한다. 하지만 이런 부정적인 사고를 탈피하여 효과적인 서비스 혁신 프로세스를 수용하고자 이를 모색 중인 기업에게 이 책은 큰 도움이 될 것이다.

수용adoption이란 정확히 무엇을 뜻하는가? 기업은 종종 새로운 프로세스를 수용하는 것은 많은 시간과 비용을 필요로 하는 광범위한 조직문화의 변화cultural changes를 수반한다고 생각해 기피하고 있다. 하지만 효과적인 혁신 프로세스를 수용하는 것은 생각만큼 큰 변화를 요구하지 않는다. 단지 경영진이 혁신을 바라보는 관점을 바꾸고 효과적인 접근법을 지지하면 된다. 서비스 혁신은 시장과 서비스 기획자the market and service planners, 전략가strategists의 책임이다. 그들은 어떤 오퍼링offerings을 만들고 제공해야 하는지 결정하는 사람들이다. 만약 경영진들이 이런 사람들을 신뢰하고, 권한을 부여하며, 이들에게 필요한 툴과 교육을 제공한다면, 혁신 프로세스는 기업의 규모에 상관없이 십 여명의 직원만으로도 효과적으로 관리하고 통제할 수 있다.

이 책의 아이디어를 수용하는 기업은 혁신에 성공할 것이다. 내가 이토록 확신하는 이유는 무엇일까? 다른 많은 경영 서적과 달리, 이 책의 이론은 한두 번 적용되었거나 검증되지 않은 이론이 아니다. 저자가 이 책에서 설명하는 콘셉트는 수 백 개의 기업에서 여러 해에 걸쳐 검증되고 정제된 것으로, 하나의 기업이나 특정 산업에만 적용되는 것이 아니라 모든 기업과 산업에 적용 가능하다.

혁신은 기업의 성공과 성장의 열쇠이며, 따라서 비즈니스 프로세스의 일부로 자리잡아야 한다. 그런 의미에서 이 책은 서비스 분야를 크게 발전시킬 것이다. 당신의 회사가 이 책의 아이디어를 수용하면 기존 서비스 오퍼링을 개선하거나, 핵심 사업을 견고히 하고, 성장시키며, 유지하기 위한 최상의 조건을 갖출 수 있다. 한편으론 신규 시장이나 신흥 시장을 위한 새로운 서비스 오퍼링을 만들어 낼 수도 있을 것이다.

그 동안 저자를 포함하여 나와 마음 맞는 혁신가들이 여러 이론을 만들어 검증하고 정제하여 혁신을 과학으로 발전시키는 과정을 지켜보는 것이 매우 즐거웠다. 나는 저자의 이러한 'jobs-to-be-done' 혁신 이론이 지속적으로 실무에 적용될 수 있도록 많은 사람들이 도와주길 바란다.

| 감사의 글 |

서비스 마케팅과 매니지먼트 분야에 대한 열정은 캘리포니아 주립대학교, 베이커스필드 캠퍼스California State University, Bakersfield에 재학 중 시작되었다. 그 당시, 현재 캘리포니아 주립대학교, 산마르코스 캠퍼스California State University, San Marco의 학장이신 Dennis Guseman교수님의 서비스 마케팅 수업을 들을 수 있었던 것은 행운이었다. 시대를 앞서 나갔던 그의 수업에서 나는 서비스란 하나의 단순한 업무 영역을 넘어 나의 의견을 반영시킬 수 있는 비즈니스의 한 분야라는 것을 알게 되었다.

애리조나 주립대학교Arizona State University(ASU)에서 박사과정을 하며 서비스에 대한 열정은 더욱 깊어졌고, Steve Brown과 Mary Jo Bitner와 같은 서비스 마케팅과 매니지먼트 분야의 진정한 리더들과 함께 일할 수 있는 좋은 기회 또한 얻었다. 현재도 ASU의 서비스 리더십 센터는 서비스 연구와 교육을 발전시키는 데 앞장서고 있다. 나는 이 곳에서 내 커리어 전반에 도움이 될만한 지식과 역량을 쌓는 데 많은 기회를 얻었고, 매우 감사하게 생각한다.

서비스에 대한 나의 생각은 Strategyn에서 일하면서 많은 영향을 받았다. 내가 2003년 인디애나 대학교Indiana University에서 강의를 하던 시절, Strategyn의 CEO인 Tony Ulwick은 학계에 있었던 내게 이론을 실무에 적용해 볼 수 있는 기회를 주었고, 그러한 그의 결정에 나는 진심으로 감사한다. Tony는 내가 이 책에 기술한 서비스 혁신 접근법의 근간을 만들었고, 우리는 그 접근법을 계속해서 함께 발전시켜 나가고 있다.

나의 멋진 Strategyn컨설팅 동료들, Sandy Bates, Jeff Baker, Eric Eskey, Mark Jaster, Michael Lee, Zac Lyons, Rick Norman, Bob Pennisi, Rob Schade, Urko Wood와 Strategyn 컨설팅 팀에 감사 드린다. 이들은 이 책에 제시된 아이디어를 발전시키는 데 여러 방면으로 많은 도움을 주었다. 또한 책을 멋지게 편집해 준 Francesca Forrest에게도 특별한 감사를 드린다.

많은 훌륭한 고객들과 함께 일해왔지만, 특히 이 책의 아이디어와 콘텐츠에 직접적으로 도움을 주었던 Angelo Rago(Abbott Medical Optics), Dave Wascha(Microsoft), Andrea Johnson & Ben Allen(Kroll), Julie Lutz, Jay Johnson & Jeff Hynds(Ingersoll-Rand), Lance Reschke(Ceridian), Philicia Belzycki Cohen(TD Bank), Wade Powell(Lexmark), Eric Whipkey(Society for Human Resource Management), Craig Libby(Wachovia), Liz Alchimio(State Farm), Michael Reynolds(Wellpoint)에게 큰 감사를 드린다.

마지막으로 내 삶의 이유인 사랑하는 아내와 아이들에게 이 책을 바친다. 부모님과 형제 자매, 그들의 가족과 나의 친구들에게도 사랑한다고 전하고 싶다. 그리고 끝으로 이 모든 기회와 내가 가진 역량, 그리고 매일매일의 삶에 하나님께 깊이 감사 드린다.

| 추천사 |

오늘날 세계는 지역, 산업, 시장의 경계가 사라지면서 미래 예측이 불가능한 초경쟁의 시대로 접어들고 있습니다. 이러한 시대 변화는 과거의 성공에 안주하는 기업에게는 위기이지만 혁신을 추구하는 기업에게는 새로운 기회가 되기도 하며, 성공한 혁신기업이 만들어 내는 새로운 제품과 서비스는 산업 발전의 원동력이 되고 있습니다.

이러한 산업 발전으로 경제가 고도화됨에 따라, 국가 산업 구조에서 서비스업이 차지하는 비중은 크게 증가하는 형태를 보입니다. 일례로 미국에서는 1983년에서 2013년 사이에 서비스업의 비중이 69.6%에서 79%로 증가하였고 우리나라에서도 같은 기간에 46.9%에서 59.1%로 증가하였습니다. 이처럼 서비스업은 국가의 경제 발전에 큰 영향을 미칠 수 있으므로, 서비스업의 생산성 제고와 고부가가치 실현을 위한 혁신은 매우 중요한 과제라 할 수 있습니다.

하지만 과제의 중요성에 비해 제대로 된 서비스 혁신을 하기란 대단히 어려운 일입니다. 왜냐하면 독특성과 우월성을 지닌 서비스 혁신은 시장과 고객, 혁신 기술에 대한 깊은 이해는 물론이고 한정된 자원을 효율적으로 활용하는 차별화된 전략을 갖추었을 때 비로소 가능하기 때문입니다.

이와 같은 서비스 혁신의 필요성은 최근 Social Network, Mobility, Analytics, Cloud와 같은 파괴적 혁신 기술disruptive technology의 등장에 따라 본질적 변화를 겪고 있는 ICT서비스 산업에서 더욱 크게 나타나고 있습니다. 전통 ICT서비스 산업은 고객의 업무 효율화와 이에 따른 비용 절감만으로도 가치를 인정받을 수 있었으나, 오늘날의 ICT서비스 산업은 다양한 분야와의 창조적 융합을 통한 새로운 가치창출을 요구받고 있기 때문입니다.

ICT서비스 산업이 이러한 요구에 부응하기 위해서는 기술과 공급자 중심의 전통 사고에서 벗어나 서비스와 고객 중심의 사고로 전환하는 혁신이 필요합니다. 하지만 오랜 기간 꾸준히 발전해 온 제조업에서의 혁신과 달리 서비스, 특히 ICT서비스 분야에서의 혁신은 아직까지 체계적인 연구가 부족한 것이 현실입니다. 이로 인해 마음은 있으나 제대로 된 방법론을 몰라 효과적인 서비스 혁신을 실행하는 데 어려움을 겪고 있는 기업들이 많이 있습니다.

이러한 측면에서『서비스 이노베이션』은 고객에 대한 깊은 이해를 바탕으로 성공적 차별화 전략을 수립하고 이를 실천하려는 많은 기업에게 의미 있는 통찰을 제시한다고 생각합니다. 저자는 이 책에서 풍부한 현장경험을 바탕으로 서비스 산업에 체계적인 혁신 프로세스가 필요한 이유를 설명하고 있습니다. 또한 기업이 어떻게 하면 고객의 본질적 요구에 기반한 혁신 아이디어를 도출하고 이를 구체화시킬 수 있는지를 다양한 사례와 더불어 설명하고 있습니다.

따라서 창조적 서비스 혁신을 원하는 독자들은 이 책이 제시하는 과학적 방법론을 통해 독특성과 우월성을 내포하는 새로운 서비스 혁신을 만들어 낼 수 있으리라 확신합니다. 아울러 새로운 서비스 혁신을 통해 경영성과 개선과 新 성장 동력 창출을 이룰 수 있으리라 기대합니다. 모쪼록『서비스 이노베이션』이 우리 나라 서비스 산업의 혁신을 바라는 모든 분들에게 도움이 되기를 진심으로 바랍니다.

2015. 2.

삼성SDS 대표이사 사장 전동수

| 역자 서문 |

최근 정보통신기술ICT: Information and Communications Technology의 급격한 발전은 여러 산업에 새로운 성장 동력을 제공하고 있습니다. 모바일, 클라우드, IoT 등의 기반 기술은 스마트폰, 태블릿 PC, 웨어러블 디바이스와 같은 첨단기기들은 물론 집, 가구, 자동차 등 다양한 제품과 융복합되면서 일상 생활을 변화시키고 있습니다.

이러한 변화의 소용돌이 속에서 Google, Apple, Facebook, Amazon과 같은 신흥 글로벌 ICT기업들은 과거의 기업들이 지닌 하드웨어와 공급자 중심의 사고에서 벗어나 소프트웨어와 서비스에 기반한 고객 중심의 혁신 제품과 서비스를 출시하면서 ICT산업의 패러다임을 빠르게 변화시키고 있습니다. 일례로 하드웨어 중심의 사업을 벌였던 Sun Microsystems는 소프트웨어 솔루션 기업인 Oracle에 흡수되어 사라졌습니다. 또한 과거 IT분야의 절대강자였던 IBM도 지금은 하드웨어 중심의 사업구조에서 솔루션과 IT서비스로 주력 사업을 바꾸는 등 혁신의 노력을 거듭하고 있습니다. 이 밖에도 많은 기업들이 끊임없는 기술 개발과 적극적인 M&A를 통해 새로운 시장에서의 경쟁력 확보를 위해 노력하고 있습니다.

하지만 기업들이 시도하는 혁신이 꼭 의도하는 방향으로 진행되지는 않는 것이 현실입니다. 개방과 상호 작용의 문화에 익숙한 소비자, 하루가 다르게 진보하는 기술, 산업간의 융복합 현상 등은 뛰어난 기술력을 가진 ICT기업들 조차도 지속적인 경쟁 우위를 유지하기 어렵게 만들고 있습니다. 그러나 혁신 실패의 가장 중요한 원인은 고객이 진정으로 원하는 것에 초점을 맞추지 않은데 있다고 봅니다. 따라서 진정한 의미의 혁신을 하려는 기업은 고객의 관점에서 그들이 과연 어떤 효익을 얻기 위해 기업의 제품을 구입하고 서비스를 이용하려 하는지 근본적인 분석을 하는 것부터 시작해야 합니다.

그런 의미에서 Lance A. Bettencourt의 『서비스 이노베이션』은 서비스 혁신을 통해 새로운 도약을 하려는 기업에게 많은 시사점을 준다고 생각합니다. 저자는 오랜 기간 대학에서 수행한 많은 연구와 기업 현장에서 쌓은 풍부한 경험을 토대로 기존 관점에서 벗어나 고객 중심 사고를 토대로 서비스 혁신을 이룬 다양한 기업들의 사례를 소개합니다. 또한, 그 기업들이 어떻게 목표를 수립하고, 고객 요구를 분석해 서비스 혁신을 달성했는지에 대해 실용적이면서도 과학적인 분석의 틀을 제시합니다. 따라서 독자들은 이 책에서 제시하는 방법론과 사례를 통해 급변하는 환경에서 어떻게 독특하고 우월하면서도 지속 가능한 경쟁력을 만들어 갈 수 있을지에 대한 시사점을 찾을 수 있으리라 생각합니다.

창조경제를 통한 국가경제의 도약을 시급히 이루어야 하는 지금, 새로운 혁신을 위해 고군분투(孤軍奮鬪)하고 있을 대한민국 모든 기업

종사자 여러분들께 감사와 격려의 마음을 담아 이 책을 드립니다. 만약 독자들이 이 책에서 고객 중심의 서비스 혁신에 대해 이론에 그치지 않는 실천적 해결방법과 사례를 하나라도 발견하고 이를 통해 새로운 성장동력을 만들 수 있다면 역자로서 그보다 더 큰 보람은 없을 것입니다.

이 책의 출간을 위해 주말을 마다하고 헌신적으로 작업에 참여해준 서고은, 김예진, 김은지, 김현아, 정상윤, 정현철, 황수진 등 삼성 SDS ST사업기획팀원들과 한국어판 출간을 적극 지원해주고 번역의 명확성을 위해 많은 조언을 해준 저자 Lance A. Bettencourt와 출간 실무작업에서 뛰어난 역량을 발휘하며 아낌없는 지원을 해준 맥그로우힐 코리아 노예련님께 특별한 감사의 마음을 드립니다.

끝으로, 고객 중심의 서비스 혁신에 대한 뛰어난 사례가 우리 나라에서도 많이 나올 수 있기를 기원하며 독자 여러분들의 많은 관심과 따뜻한 격려를 부탁 드립니다.

감사합니다.

2015. 2.

삼성SDS ST사업기획팀장 상무 신재훈

서론
서비스 혁신: 혼란에서 명료까지

서비스는 우리 경제와 일상생활을 지배한다.[1] 20년 동안 서비스를 연구했지만, 다양한 비즈니스 영역에서 얼마나 많은 분야가 서비스이고, 이 서비스 산업이 미국과 글로벌 경제 전반에 얼마나 많은 영향을 미치는지 확인할 때면 여전히 놀랍다. 2007년 경제지표에 따르면, 미국 GDP의 80% 이상이 서비스 산업으로부터 나오며[2] 미국 근로자의 80% 이상이 서비스업에 종사한다. 다른 많은 선진국도 유사한 통계를 보여준다.

서비스 산업에는 교육, 건설, 헬스케어, 유틸리티, 도소매, 금융, 보험, 부동산, 접객hospitality, 교통, 엔터테인먼트, 개인 서비스와 전문 서비스 등이 있다. 대부분의 제조업에서도 제품과 함께 서비스를 제공한다. IBM사의 컨설팅 서비스와 HP사의 금융 서비스를 그 예로 들 수 있다.

서비스 산업이 경제에 큰 영역을 차지하는 만큼 서비스의 효율적인 관리 방법을 고민하는 것은 당연하다. 지난 30년 동안 서비스 전략, 관리, 마케팅 등에 관해 훌륭한 책이 많이 출간되었다. 여러 대학에서는 서비스를 주제로 한 과목을 개설하기도 하였다. 애리조나 주립대학교의 서비스 리더십 센터와 같은 리서치 센터나 정보 기술 서비스 마케팅 협회Information Technology Services Marketing Association와 같은 전문 협회도 크게 성장했다.

하지만 여전히 서비스 혁신은 혼란스러운 분야이다. 서비스업에 종사하는 경영진에게 혁신은 최우선 사항이지만, 의미 있는 혁신을 실현시키기 위한 지침이 부족한 상황이다. 혁신 전문가인 Henry Chesbrough는 몇 년 전 "서비스를 혁신한다는 것에는 문제가 있다. 시제품을 만들어보거나 눈으로 확인할 수 있는 유형의 제품tangible products 없이 고객이 원하는 것을 우리가 만들고 있는지 어떻게 알 수 있는가?"라며 한탄했다.[3]

대부분의 서비스 기업 경영진도 같은 생각을 할 것이다. 2007년에 IBM사와 Oracle사는 '서비스 리서치 & 혁신 기관Service Research & Innovation Institute'이라는 비영리 컨소시엄을 조직했다. 이 조직의 중요한 목적 중 하나는 서비스 혁신을 발전시키기 위한 산업, 교육, 정부 관계자 간의 협력의 장을 만드는 것이다. IBM사의 서비스 연구 책임자 Jim Spohrer는 이 조직의 설립 이유를 "사람들은 기술 혁신이 무엇인지 잘 알고 있다. 반면에 서비스 혁신은 상대적으로 생소한 분야이다"라고 설명하였다.[4] 서비스 혁신을 위한 지침의 부재는 80% 이상의 미국 기업에서 비즈니스의 가장 중요한 기능 중 하나를 경영진이 이해하지 못하고 있다는 것을 의미한다.

수익을 창출하고 전체 산업을 변화시킬 수 있는 서비스 혁신의 잠재력을 생각하면 의미 있는 서비스 혁신에 대한 통찰이 부족하다는 것을 주목해야 한다. 미국에서 짧은 대기 시간과 워크인walk-in 시스템 구축으로 성공한 MinuteClinic사*를 예로 들어보자. 2000년에 설립한 MinuteClinic사는 현재 미국 내 25개 주에서 500개 이상의 지점을 보유하고 있다. MinuteClinic사의 성공 요인은 무엇일까? MinuteClinic사는 소수의 몇 가지 가벼운 질병만을 치료한다. 또한 고객의 거주지 인근에 위치해 편리함을 제공하고, 연중 무휴로 운영하며 사전 예약이 필요 없다. 이러한 서비스 혁신으로 인해 보험이 없거나, 경제적으로 의료비가 부담이 되며, 예약에 어려움을 겪는 이유로 일상 질병everyday ailments을 위한 진료를 받지 못하는 환자는 빠르고 합리적인 가격으로 진료가 가능한 MinuteClinic사를 선택한다. MinuteClinic사는 고도로 차별화된 서비스를 제공함으로써 환자들의 니즈needs를 충족시킨 것이다.

서비스 혁신을 가이드하는 명확한 모델이 없다는 것 또한 이 분야의 큰 문제점이라 할 수 있다. 10개 중 4개 이상의 새로운 서비스가 실패하며, 이러한 통계 결과는 진정한 새로운 서비스의 개발이 드물다는 것을 의미한다.[5] 서비스 실패는 투자 손실, 고객 호감도 하락, 기업의 브랜드 이미지 실추 등의 부정적 결과로 이어진다. 한편, 고객 니즈에 대한 견고한 이해를 바탕으로 한 차별화된 서비스 콘셉트service concept가 서비스의 성공과 실패를 구분 짓는다. 여기서 우리는 다음과 같이 질문할 수 있다. 어떻게 고객의 니즈를 잘 이해할 수 있으며, 이를 바탕으로 어떻게 차별화된 콘셉트를 도출할 수 있는가?

---

* CVS Health 계열사로 미국 최대 소매클리닉Retail Clinic

혼란의 지배

안타깝게도 서비스 혁신을 가이드 하려는 대부분의 시도는 혼란을 더욱 가중시킨다. 대부분의 기업 내 관리팀은 서비스 혁신service innovation과 서비스 개발service development의 차이점을 명확히 구분하지 못한다.[6] 서비스 혁신은 고객이 만족하지 못한 니즈를 위한 새로운 서비스를 만들거나 개선하는 과정을 뜻한다. 반면, 서비스 개발은 서비스 콘셉트가 만들어진 이후에 시작되며, 서비스를 시장으로 옮기는 과정에서 생기는 모든 활동을 의미한다.[7] 혁신 전문가마다 서비스 혁신의 끝과 서비스 개발의 시작 시점에 대한 의견은 엇갈리지만, 서비스 혁신이 고객 니즈에 대한 이해를 바탕으로 가치 있는 콘셉트를 도출하고 상세한 개요를 만들어 낸다는 것에 동의한다. 또한 기업이 종종 이런 중요한 프런트엔드front-end활동*을 간과하며, 이러한 프로세스의 부재는 많은 새로운 서비스의 실패로 이어진다는 데도 동의한다.

하지만 대부분의 사람들이 서비스 혁신과 서비스 개발을 혼동하기 때문에, 고객 니즈를 바탕으로 서비스 콘셉트를 창안하는 서비스 혁신의 핵심을 놓친다. 의미 있는 새로운 서비스를 만들어 내는 것은 고객의 니즈를 제대로 파악할 때 비로소 가능한데, 여기서 많은 기업이 혼란에 빠지게 된다.

예를 들어, “R&D Comes to Services”라는 기사에서 Stefan Thomke는 서비스 개발 및 테스트service development and testing와 관련하여 몇 가지 의미 있는 조언을 제시했다.[8] 그러나 그가 제시한 다섯 단계의 서비스 혁신 모델은 해결책을 제시하기보다 더 많은 물음을 낳았다. 다섯 단계의

* 프로세스의 첫번째 단계로 외부로부터 다양한 입력을 받는 단계

모델 중 첫 번째 단계는 "아이디어의 평가"이다. 그러나 이 '아이디어'는 어디에서 오는가? 이 아이디어를 개발로 이끄는 고객의 니즈는 어떻게 파악할 수 있는가? MinuteClinic, PayPal, Facebook과 같은 서비스 혁신에 성공한 기업의 경영진들은 고객 니즈를 어떻게 파악했는가? 차세대 헬스케어, 컨설팅 서비스, 금융 서비스의 개발을 위해 기업은 어떠한 고객 니즈를 파악해야 하는가? 그 고객 니즈를 파악한 후에 혁신적인 서비스 콘셉트는 어떻게 만들 수 있는가?

서비스 혁신에 관련된 조언 대부분이 갖고 있는 또 다른 문제는 서비스 자체와 서비스의 독특한 특징에 지나치게 집중한다는 것이다. 서비스 혁신을 주제로 하는 책에서 이런 내용을 다루는 것이 이상할 수도 있지만 그럼에도 불구하고 이것은 사실이다.

서비스 혁신은 서비스가 고객 니즈를 해결하기 위한 솔루션이라는 인식에서부터 시작된다. 즉, 서비스는 목적을 위한 수단이지 그 자체가 목적이 아니라는 것을 알아야 한다. 환자에게 필요한 것은 의사나 신체검사, 약 처방이 아니라 정확한 진단과 그에 따른 병의 치료이다. 이러한 사실은 WebMD*나 임신 테스트기와 같은 셀프진단 기기의 등장으로 설명할 수 있다. 여기서 한 가지 중요한 사실은 서비스 혁신을 특정 서비스에만 지나치게 집중하면 목적보다는 수단에 집중하게 됨으로써 혁신이 제한된다는 것이다. 고객이 무엇을 원하는지 정확히 알지 못한 상태에서 기존의 서비스를 개선하는 것에 무슨 의미가 있겠는가? 기준점이 기존 서비스에 있으면서 어떻게 완전히 새로운 서비스 오퍼링을 만들어 낼 수 있겠는가?

---

* 건강 관련 뉴스, 질병 및 증상 정보, 전문가 조언 등을 지원하는 미국 의료 전문 웹사이트

서비스 자체에 집중하다 보면 서비스 경험 디자인service experience design과 같은 도구의 개발에 집착하게 만든다. 이런 도구가 서비스 혁신이라 착각하기 쉽지만, 이런 도구는 단지 기업이 보유하고 있는 기존 서비스로 고객 경험을 향상시키는 데 초점을 맞출 뿐이다. 필자 역시 훌륭한 서비스 경험에 대한 중요성을 부인하지 않는다. 오히려 개인적으로 이런 도구를 좋아한다. 그러나 새로운 서비스의 혁신을 도모하려면 서비스 경험에만 초점을 맞추어서는 안 된다. 좀 더 명확하게 생각해보자. 그 누구라도 단지 좋은 경험을 체험하기 위해 은행을 이용하지는 않는다. A은행이 더 좋은 경험을 제공하기 때문에 B은행 대신 A은행을 선택하는 사람은 있을 수 있지만, 고객이 은행을 이용하는 근본 목적과 혼동하면 안 된다. 금융권에서 서비스 혁신을 원하는 사람이라면 다음과 같은 질문을 생각해봐야 한다. 왜 사람들은 은행이나 금융서비스 제공자의 서비스를 이용하는가? 왜 그런 이유들이 생겨났는가? 그 목적을 달성하기 위해 고객이 마주할 어려움이나 힘든 일은 무엇일까?

아이러니하게도 서비스의 독특한 특징에 지나치게 집중해온 것은 고객 니즈가 아닌 솔루션 요구 사항을 파악하는 것에 치우치게 함으로써, 수십 년간 제품 혁신을 괴롭혀 온 함정에 서비스 혁신도 빠지게 만들었다. 미스터리 쇼퍼mystery shopper*, 거래 만족도 조사, 품질 조사는 서비스 품질에 대한 고객의 생각을 밝혀 내는 중요한 수단이며, 서비스 혁신의 시작에 중요한 자료가 될 수 있다. 그러나 이런 도구는 고객의 숨겨진 니즈보다 기존 서비스에 중점을 두고 있기 때문에 새로운 서비스의 혁신을 위해서는 제한된 인사이트를 제공할 뿐이다.

* 일반 고객으로 가장하여 매장 직원의 서비스 등을 평가하는 사람 (두산백과)

제품과 서비스 사이에는 중요한 차이점이 있다. 서비스는 제품과 다르게 형태가 없고 저장할 수 없으며, 대부분의 경우 생산과 소비가 동시에 이루어진다. 또한 고객과 직원이 서비스의 일부이기 때문에 제품보다 품질 관리가 힘들고 재고로 보관이 불가능하다. 이러한 차이점은 이 책에서 설명할 서비스 콘셉트 디자인service concept design에서 중요한 역할을 하지만, 서비스 혁신보다는 서비스 관리management of services와 더 깊은 관련이 있다. 안타깝게도 서비스의 고유한 특징에 지나치게 집중하느라 실제로 서비스 혁신 접근법은 그다지 발전하지 못했다. 서비스가 우리 경제에서 차지하는 비중이 크다는 점을 고려할 때 지금이야말로 서비스 혁신 자체를 혁신해야 할 시점이다.

혼란에서 명료까지

고객에게 차별화된 가치를 제공하는 서비스가 다른 서비스와 유사한 가치를 제공하는 서비스보다 성공할 확률이 3배 이상 높다. 고객 니즈와 명확하게 연계된 서비스가 그렇지 않은 것보다 5배 이상의 성공률을 보인다.[9] 한마디로 요약하면, 고객 니즈의 파악이 서비스 혁신에 있어 가장 중요하다.

하지만 대부분의 기업은 서비스 혁신을 위해 고객의 어떤 니즈를 찾아야 하는지 또는 그 니즈를 어떻게 파악할 수 있는지 모른다. 정확한 고객의 니즈를 파악하지 못하면 차별화되지 않은 남들과 비슷한 서비스의 개선만 증가하고, 서비스 실패율은 높아지며, 어떤 서비스를 제공해야 하는지에 혼동을 느끼고, 상호 기능 간의 불일치로 열악한 실행력을 갖게 된다. 그러나 이러한 문제점은 충분히 해결이 가능하다.

지난 7년간, 필자는 유형의 제품 혁신에 적용했던 접근법을 서비스 혁신과 관련해 다양한 산업군에 적용해왔다. 이 접근법은 '사람들은 하고자 하는 일을 완수하기 위해 제품이나 서비스를 이용한다'는 이해를 기반으로 한 혁신철학과 프로세스로서 결과 중심적 혁신outcome-driven innovation이라고 한다.[10] 예를 들면, 건강한 식사 준비를 위해 영양 계획nutrition plan을 참고하고, 정보를 얻기 위해 검색엔진을 사용한다. 집을 사고 팔 때는 부동산 중개인을 고용하고, 재무 설계를 위해 전문 재무설계사를 찾아 간다. 이 외에도 더 많은 예를 들 수 있다.

고객이 하고자 하는 일(고객의 작업customer job)에 집중하는 것은 서비스 혁신에 있어 여러 가지 도움을 준다. 첫째로 가장 중요한 것은 고객의 작업에 집중하면 더 이상 솔루션 자체가 관심의 대상이 아니므로 솔루션으로부터 생길 수 있는 선입견을 넘어서서 고객이 추구하고자 하는 가치를 이해할 수 있게 된다. 곧 초점의 대상은 서비스 자체에서 고객이 성취하고자 하는 것으로 바뀐다. 이것은 기존의 서비스를 개선하거나 새로운 서비스를 만들어 낼 수 있도록 고객의 관점에서 가치를 정의한다는 것을 의미한다(이것을 급진적 서비스 혁신radical service innovation이라고 부르기도 한다).

둘째, 고객이 하고자 하는 일을 파악하면 서비스 혁신을 위한 고객의 니즈를 파악할 수 있다. 어떤 전문가들은 고객은 그들이 원하는 것이 무엇인지 모르며, 설령 그들의 니즈를 알더라도 정확히 설명하지 못한다고 말한다. 하지만 이러한 문제점은 서비스 요구 사항보다 고객이 하고자 하는 일을 우선 파악함으로써 해결할 수 있다. 고객은 자신이 하고자 하는 일을 정확히 알고 있으며, 그 일의 완수에서 성공여부를 어떻게 판단하는지 명확하게 설명할 수 있다.[11]

셋째, 고객이 하고자 하는 일에 집중하면 서비스 혁신으로 이끄는 고객 니즈를 보다 깊고 넓게 이해할 수 있게 된다. 고객이 성취하고자 하는 다른 일을 발견하는 것 이 외에도 기업은 고객의 특정 작업을 해체하여 분석하면서 각각의 단계에서 기회를 찾을 수 있고, 사전에 간과했던 단계를 발견할 수도 있다. 또한 특정 단계에서 고객이 느끼는 어려움을 발견할 수 있다. 이러한 어려움을 파악함으로써 간과했을지도 모르는 서비스 혁신의 기회를 발견하게 된다(여기서 '어려움'은 고객이 성공 여부를 판단할 때 사용하는 결과물이 만족되지 않은 상황을 말한다).

넷째, 고객이 하고자 하는 일에 집중하면 기업은 대체 서비스substitutes와 경쟁 위협요소competitive threats를 파악하고 그에 대응하여 어떻게 혁신해야 하는지 더 잘 이해할 수 있다. 서비스는 단순히 다른 서비스와 경쟁하는 것이 아니라 고객이 원하는 일을 완수하기 위해 이용하는 다른 모든 수단과 경쟁한다. 미리 준비하면 잘 대처할 수 있는 것과 같이 고객이 하고자 하는 일은 솔루션의 범주를 넘어서기 때문에 고객의 작업에 집중하면 기업은 좁게는 경쟁업체의 다른 서비스, 넓게는 대체 서비스들과 경쟁하는 법을 알 수 있다. 예를 들어, 연말 세금 정산 서비스Tax Prep Service는 다른 리테일 서비스나 CPA, 연말정산 소프트웨어, 또는 종이, 연필, 계산기 세트와 비교해서 장단점을 파악할 수 있다.

마지막으로, 고객이 하고자 하는 일을 파악함으로써 더 넓은 범위의 잠재 고객에게 필요한 혁신의 기회를 발견할 수 있다. 고객이 하고자 하는 일은 경쟁력 있는 서비스 오퍼링뿐 아니라 솔루션의 사용자와 비사용자의 범주를 넘어선다. 현재 우리는 돈을 절약하고자 하는 은행 고객과 은행을 이용하지 않는 고객 모두에게 매력적인 혁신 기회를 찾기 위해 금융서비스 클라이언트와 작업 중이다. 은행의 고객과 은행을 이용하지 않는 고객 모두 절약이라는 작업을 완수하길 원하며, 작업의 성공여부를 결정하는 데 사용하는 작업의 결과물은 고객이 현재 어떻게 작업을 완수하는지와 상관없이 서비스 혁신에 매우 유용하게 활용된다.

혁신을 위해 고객으로부터 필요한 정보가 무엇이며 그 정보를 어떻게 얻을 수 있는지를 알면, 고객이 진정으로 가치 있게 생각하는 서비스를 만들어 내기가 더욱 쉬워진다. 결국 체계적이고 반복적인 방법으로 의미 있는 서비스 혁신을 위한 기회를 찾을 수 있게 될 것이고, 궁극적으로는 마켓 리더십market leadership을 얻게 된다.

리스크 컨설팅 기업 Kroll Ontrack*사의 기술 서비스 부서를 사례로 들어보자. Kroll Ontrack사는 1990년대 말 법률 업계에서 전자문서 검색 서비스를 제공하는 작은 사업으로 시작하였다. 하지만 당시 고객이 원하는 것에 기반을 둔 서비스 전략은 없었다. 서비스 혁신을 위해 Kroll Ontrack사는 소송 업무에 필요한 자료(초기 공개, 재판, 상기 재판 등) 관리와 관련 사례에 대한 전자문서를 검색하는 업무(정보 수집, 조회, 수정 등) 등 변호사들의 작업에 집중함으로써 혁신에 필요한 인사이트를 얻었다. 그리고 변호사들에게 이 작업의 각 단계와 연계된 결과물의 우선순위를 정하게 했다. 즉, 각 결과물이 그들에게 얼마나 중요한지와 그 결과물을 성취하기 위한 그들의 역량에 얼마나 만족하고 있는지를 조사했다. Kroll Ontrack사는 이 정보를 활용하여 컨설팅 서비스와 같은 새로운 서비스를 만들고, 지능 검색 알고리즘과 같은 보완 기술을 제시하는 제품 전략 로드맵product strategy road map을 개발했다.

Kroll Ontrack사의 혁신 전략과 접근법은 성공적이었다. 전자문서 검색 부문의 수익이 2001년에 천백만 달러에서 2008년에 2억 달러

---

* 미국 뉴욕에 본사를 둔 리스크 컨설팅 및 기업조사 전문업체

로 증가했으며, 시장 점유율과 수익률에서 산업을 이끄는 선두 기업이 될 수 있었다. Kroll Ontrack사의 CEO인 Ben Allen은 "만약 크고 안정적인 기업이 고객이 정말로 중요하게 생각하는 결과물을 정확히 이해했다면 이 산업 분야를 장악할 수 있었을 것이다. 하지만 대다수의 기업은 스스로를 검색 솔루션 기업이 아닌 단순 종이문서 관리 기업paper document processing company으로 생각해 혁신에 제한을 두었다. 현재 시장을 장악하고 있는 기업 중 과거의 종이문서 관리 기업은 없다"고 말했다.[12]

다음 단계는 무엇인가?

이 책은 고객이 하고자 하는 일을 시작으로 서비스 혁신을 이끌 수 있는 고객 니즈customer needs의 유형에 대해 상세히 알아보고, 그것을 어떻게 발견할 수 있는지, 그리고 어떻게 고객에게 독특한 가치를 제공하는 혁신적인 서비스 콘셉트를 만들어 내는지를 설명한다. 또한, 책의 전반에 걸쳐서 소위 말하는 Fuzzy Front End 단계*에서 필요한 서비스 혁신의 실용적인 가이드를 제시한다.

이 책은 서비스 혁신의 기회를 발견하는 것부터 시작하여 독창적이고 가치 있는 콘셉트를 만들어 내는 것까지를 포함하고 있다. 책의 서두에서는 고객 니즈의 상세한 이해를 바탕으로 서비스 혁신의 기회를 발견하기 위한 프레임워크를 다룬다. 이 책의 첫 다섯 장은 새로운 서비스를 위한 혁신의 기회를 발견하는 방법(고객이 더 많은 작업을 완수할 수 있게 돕는 것), 핵심 서비스를 혁신하는 방법(고객이 핵심 작업을 더 잘 완수할 수 있게 돕는 것), 서비스 딜리버리를 혁신하는 방법

* 신제품 개발 프로세스에서 제품 개발 이전에 아이디어나 콘셉트를 만들고 평가하는 단계

(고객이 서비스를 이용할 때 더욱 좋은 경험을 하게 돕는 것), 그리고 부가 서비스를 혁신하는 방법(고객이 제품을 보유하고 사용할 때 최대의 가치를 얻도록 돕는 것)에 대해서 설명한다. 나머지 장에서는 고객 니즈를 충족시키기 위한 혁신적인 서비스 콘셉트를 고안하는 방법에 대해 설명한다.

1장 "서비스 혁신을 이끄는 고객 니즈"에서는 고객 니즈에 대한 몇 가지 근본적인 명제fundamental truths를 소개한다. 이 내용은 서비스 혁신 기회의 유형을 설명하기 위한 기초가 된다. 특히, 서비스 혁신을 이끄는 두 가지 유형의 고객 니즈(작업을 완수하고자 하는 니즈와 작업을 실행하는 각각의 단계에서 만족스러운 결과물을 얻고자 하는 니즈)에 대해 설명한다. 그리고, 기업이 혁신하고자 하는 니즈로부터 시작하여 독창적이고 가치 있는 서비스를 도출해 내는 것을 돕기 위한 프레임워크를 제시한다.

2장 "새로운 서비스 혁신의 기회 모색"에서는 기업이 어떻게 하면 서비스로 도울 수 있는 더 많은 고객의 작업을 발견할 수 있는지 설명한다. 이 장은 많은 기업들이 어려워하는 새로운 서비스의 기회를 발견하는 매우 효과적인 방법을 제시한다. 새로운 서비스 혁신의 토대를 제공하는 고객 작업의 여러 유형을 소개하고, 이 작업을 발굴하는 방법을 설명한다.

3장 "핵심 서비스 혁신을 위한 기회 모색"에서는 고객이 특정 핵심 작업을 더욱 잘 완수하도록 돕는 혁신 기회를 발견하기 위한 공통 작업 지도universal job map에 대해 설명한다(핵심 작업은 종종 고객이 기존 서비스를 이용하는 주된 이유이기도 하다). 기업은 이 프레임워크를 사용해서 고객이 서비스를 평가할 때 사용하는 결과물을 이해할 수 있고, 그 결과물과 연관된 혁신의 기회를 찾을 수 있다. 또한, 그 기회를 통해 기존의 서비스를 개선할 수 있지만 이것으로 끝나지 않는다. 이 작업지도를 활용해 기존의 서비스를 보완하기 위한 새로운 제품이나 서비스를 만들어 낼 수 있는 기회도 발견할 수 있다.

4장 "서비스 딜리버리 혁신을 위한 기회 모색"에서는 고객이 기업의 서비스를 이용할 때 거치는 단계를 설명하는 작업지도를 소개한다. 3장에서 소개된 작업지도와 다르게 4장의 작업지도는 고객이 사용하는 솔루션이 곧 서비스라고 분명하게 알려준다. 서비스 이용을 위한 작업지도는 기업이 기존 서비스의 디자인을 개선하기 위한 명료한 가이드를 제공한다. 그러나, 이 장에서는 인터넷이나 대면in person 서비스와 같이 서비스를 제공하는 방식은 고려하지 않았다. 하지만 기업은 기존 서비스를 혁신적인 새로운 방법으로 제공하여 가치를 창출하는 기회에 대한 풍부한 인사이트를 얻을 수 있다.

5장 "부가 서비스 혁신 기회 모색"에서는 핵심 제품 오퍼링을 지원하는 새로운 서비스 또는 개선 서비스를 위한 기회를 발굴하는 방법을 설명한다. 이 장은 지원 서비스support services와 관련된 기회를 발견하는 방법을 알고 싶은 기업뿐 아니라 기존 제품 오퍼링을 지원하기 위해 새로운 수익원이 될 서비스를 개발하고자 하는 기업에 큰 도움이 될 것이다.

6장 "서비스 딜리버리 혁신을 위한 기회의 발견: 제공자 관점"에서는 서비스 딜리버리를 위한 작업지도를 설명함으로써 4장에서 설명한 내용을 보충한다. 이 장에서 소개할 작업지도는 서비스를 성공적으로 제공하기 위해 기업이 따라야 하는 각각의 절차를 도식화한다. 이 작업지도는 혁신적인 서비스를 디자인할 수 있도록 하고, 성공적으로 서비스를 제공하기 위해 필요한 모든 요소를 고려하게 함으로써 기업의 내부 고객 즉 직원의 입장에서 혁신 기회를 발견하는 것을 돕는다.

7장 “서비스 딜리버리 차별화 방법 모색”에서는 새로운 서비스를 디자인하거나 기존 서비스를 재구성할 때에 필요한 전략적 디자인 옵션strategic design options의 종합 모델을 제시한다. 이 모델은 서비스 딜리버리 혁신을 위한 주요 차별화 요소를 소개하고, 고객과 기업에 가치를 제공하는 혁신적인 서비스 콘셉트를 만들고자 하는 경영진을 위한 프레임워크를 제공한다. 또한, 이 장은 전략적 디자인 옵션 모델을 서비스 딜리버리를 위한 작업지도에 적용함으로써 관리자들이 서비스 콘셉트를 위한 상세한 디자인을 어떻게 도출할 수 있는지 보여준다.

8장 “혁신적 서비스 콘셉트 정의”에서는 기업이 새로운 서비스 또는 개선 서비스의 콘셉트를 정의할 때 고려해야 하는 구조나 요소를 설명한다. 서비스는 모두 다 다르고, 그래서 혁신 프로세스에서 서비스의 독특한 특징이 중요하게 부각되는 시점이 이 때다. 마지막으로 고객이 얻고자 하는 가치를 제공하는 혁신적인 서비스 콘셉트를 정의하는 방법을 설명한다.

서비스의 혁신에 중점을 둔 앞 장들에 덧붙여 이 책에서 소개한 접근법과 더 넓은 의미에서 혁신의 연관성을 설명하는 간략한 결론을 포함하였다. 많은 기업이 혁신은 본질적으로 체계적이지 못하며 구조화될 수 없다고 생각한다. 특히, 무형의 서비스만 다루고 있다고 생각하는 서비스기업 경영진 사이에 이런 오해가 만연하다. 하지만 제품 혁신과 같이 서비스 혁신 또한 체계적이고 예측가능할 수 있다. 따라서 이 책에서 서비스 혁신을 위한 체계적이고 반복적인 접근법을 제시하여 이와 같은 경영진들의 오해를 풀 수 있도록 했다.

지난 몇 년 동안 필자와 동료들은 수 많은 기업이 결과 중심적 혁신outcome-driven innovation을 실행하는 것을 도왔다. 그 과정에서 보험(e.g., State Farm, Anthem), 금융서비스(e.g., Toronto Dominion Bank, H&P

Block), 정보 서비스(e.g., Elsevier, Trend Micro), B2B 전문 서비스(e.g., Ceridian, Cintas)와 같은 다양한 서비스 산업에 종사하는 고객들과 함께 일해왔다. 서비스업뿐만 아니라 Aboott, Medical Optics, Ingersoll-Rand 등과 같이 제품으로 유명한 기업을 도와 서비스 혁신 기회를 창출한 경험도 있다. 이러한 기업의 서비스 혁신을 도우며 발전시켜온 접근법이 이 책에서 중점으로 다루는 내용이다. 이 책이 당신의 비즈니스에 새로운 서비스 혁신의 장을 열어줄 것이라 확신한다.

서비스
이노베이션

SERVICE INNOVATION

How To Go From Customer Needs To Breakthrough Services

CHAPTER 1

서비스 혁신을 이끄는 고객 니즈

Customer Needs That Drive Service Innovation

| 서비스 혁신을 이끄는 고객 니즈 |

성공적인 서비스 혁신의 비밀은 혁신의 관점을 솔루션에서 고객 중심으로 바꾸는 것이다. 다시 말해서 “기존의 서비스를 어떻게 혁신할 수 있을까”보다 “고객이 어떤 서비스를 원할까?”를 고민해야 한다. 기업이 이렇게 고객 중심으로 관점을 바꾸기 위해서는 고객이 그들의 니즈를 바탕으로 어떻게 가치를 정의하는지 다르게 생각해봐야 한다. 기업이 혁신을 시작하기 전에 고객의 니즈를 정확히 이해하면 고객이 정의하는 가치를 알 수 있다. 따라서 진정한 서비스 혁신은 기업이 그들의 시각을 기존 서비스나 역량 이상으로 확장하고, 고객이 하고자 하는 일(작업job[*])과 그 일의 성공 여부를 판단하는 결과물outcome에 보다 깊은 관심을 갖게 만든다.

서비스 혁신 기회를 발굴하는 최고의 가이드는 의미 있는 서비스

---

* 이 책에서 말하는 작업job이란 고객이 하고자 하는 일이며, 다시 말해 고객의 활동이나 행위의 목적을 의미한다.

혁신을 이끌어내는 고객이 가치를 정의하는 방법과 고객 니즈의 유형을 파악하는 것이다.[1] 이번 장에서는 고객이 가치를 정의하는 4가지 방법에 대해 살펴보고 혁신 기회를 발굴하기 위한 4가지 접근법에 대해서도 소개하려한다. 또한, 기업이 혁신하고자 하는 의지를 어떻게 하면 독특하고 가치 있는 서비스 콘셉트를 기반으로 한 구체적 서비스 전략으로 발전시킬 수 있는지 살펴보겠다.

고객은 가치를 어떻게 정의하는가?

서비스를 이용하는 고객은 가치를 어떻게 정의하는가? 이 질문의 정답을 알고 있는 기업은 거의 없다. 따라서 대부분의 기업이 성공적인 서비스 혁신을 위한 핵심요소를 놓치고 있다. 고객 니즈와 관련된 4가지 근본적인 명제fundamental truth가 이 질문에 정답을 제시해 줄 것이다. 이 4가지 명제는 독특하고 가치 있는 서비스 혁신 기회를 발견할 수 있는 발판을 마련해 줄 것이다.

1. 고객은 그들이 하고자 하는 일을 완수하기 위해 제품과 서비스를 이용한다

우리는 신용카드로 제품을 구매하고, 의사을 찾아가 진찰을 받고 질병을 치료한다. 직업 교육을 통해 개인의 직무 역량을 향상시키고, 주택 시공업체를 통해 주택을 짓는다. 또한, 고객지원 서비스를 통해 고장난 제품을 수리하고, 운송업체를 통해 물건을 배송한다.

이와 같이 서비스를 그 자체로 인식하는 것보다 고객이 완수하고자 하는 작업으로 이해할 때 우리가 정의하는 가치는 더 이상 현재 서비스에 결부되지 않는다. 고객은 특정 서비스 솔루션 그 자체가 아니라 그들이 하고자 하는 일을 잘 완수하도록 돕는 역량에 가치를 둔다. 따라서 기업에게 고객의 작업은 안정적이며 장기적인 시각에서 기존 서비스를 개선하거나 새로운 서비스를 개발하기 위한 서비스 혁신의 이정표라고 할 수 있다. 결국 고객에게 가장 중요한 것은 그들이 하고자 하는 일이고, 고객은 기업이 제공하는 솔루션과는 무관하게 자신들이 하고자 하는 작업을 원활하게 수행하도록 돕는 솔루션을 선택할 것이다.

신용카드사의 혁신 사례를 살펴보자. 전통적으로 카드사는 혁신의 대상을 신용카드 서비스 자체에 있다고 생각해왔다. 그들은 고객과의 인터뷰에서 고객이 단순히 신용카드의 어떤 점을 좋아하고 싫어하는지 묻고, 어떤 개선이 이루어지면 좋을지 질문한다. 이러한 접근법에서는 모든 관점이 신용카드 서비스 자체에 집중되어있다. 예를 들어, 카드사는 고객이 낮은 이자율을 원하고, 신용카드가 거절당하지 않기를 바라며, 신용카드를 이용한 금융사기를 당하지 않길 바란다는 것을 알아냈을 것이다.

하지만 고객이 신용카드 서비스를 이용하여 하고자 하는 일을 분석하면 고객 니즈와 관련하여 완전히 새로운 영역을 발견할 수 있다. 카드사는 고객이 구입하려는 제품을 찾아보고, 여러 브랜드의 제품 중 하나를 선택하며, 구매내역을 확인하는 등 하고자 하는 일을 수행하는 일련의 과정에서 고군분투하고 있음을 알 수 있다. 카드사는 이미 구매에 관련된 풍부한 데이터를 갖고 있기 때문에 고객들이 겪고 있는 작업 과정의 문제를 해결하는 데 있어 완벽한 위치에 있다. 예를 들어, 카드사는 Target* 사와 같은 상점에서 셀프 가격 스캐너Self-Serve Price Scanner를

* 미국 대형 할인 소매점

신용카드와 연동해 구매하고자 하는 제품의 다양한 브랜드의 내점 고객 제품 평가를 제공하는 서비스를 만들 수 있다.

이 외에도 고객이 하고자 하는 일을 분석하면 고객이 완수하고자 하는 연관 작업related jobs을 발견할 수 있다. 예를 들면, 고객이 신용카드를 사용할 때 구매라는 핵심 작업 이 외에도 제품의 보증기간을 확인하거나, 여행 시 지출 내역을 파악하고, 가끔은 충동구매를 하지 않으려고 노력할 수 있다. 이러한 핵심작업이나 연관된 다른 작업도 새로운 신용카드 서비스가 될 수 있다. 이것이 바로 신용카드 서비스가 아닌 고객이 완수하고자 하는 일을 분석하는 것의 힘이다.

2. 고객은 전체 작업을 완수하기 위한 단계들을 수행하기 위해 솔루션을 이용한다

고객의 작업, 다시말해 고객이 하고자 하는 일은 일련의 프로세스로 구성되어있다. 그리고 기업은 프로세스 상에 존재하는 모든 단계에서 서비스 혁신의 기회를 찾을 수 있다. 하지만 상당수의 기업이 프로세스의 특정 단계에서만 혁신 기회를 찾고 있다. 대표적인 예로 대부분의 카드사는 구매 작업의 단계 중 하나인 지불 단계만 그들의 사업영역이고 혁신 대상이라고 생각한다. 하지만 고객은 지불 전에 여러 브랜드 제품 중에 어떤 제품을 구매할 것인지 선택해야 하고, 지불 후에는 구매 내역을 확인하는 단계를 거친다. 이러한 단계를 인식하지 못한 카드사는 숨어있는 혁신 기회를 놓치고 있는 것이다. 따라서 기업은 서비스를 이용해서 완수하고자 하는 고객의 전체 작업을 볼 때, 핵심 서비스 오퍼링을 최적화하거나 완전히 새로운 서비스를 만들어 내는 데 유리한 위치를 점할 수 있다.

고객이 성공적으로 작업을 완수하기 위해 공통적으로 거쳐야만 하는 단계universal steps를 파악할 수 있다. 3장에서 자세히 소개하겠지만, 작업 완수를 위해서는 목표와 필요 자원을 설정하고, 필요한 정보를 찾아보고, 작업을 위한 준비 또는 평가를 하고, 준비 수준과 선택 사항을 확인하여 핵심 작업을 수행하며, 수행 내용을 평가하고, 필요 시에는 조정을 거쳐 작업을 완료하는 단계가 필요하다. 금융 상품에 투자하는 작업을 예로 들면, 고객은 투자의 목적과 목표를 설정하고 투자 상품을 찾아본다. 그 투자 상품을 평가하여 특정 투자 상품을 선택해 투자하고, 투자 수익을 평가해 포트폴리오를 수정하며, 투자 정보를 기록하고 찾아본다. 따라서 이런 관점에서 보면 서비스 혁신을 위한 많은 기회를 발견할 수 있다.

3. 고객은 작업완수의 성공을 평가하기 위해 결과물을 활용한다

결과물은 고객이 하고자 하는 일이나 그 일의 단계를 얼마나 잘 수행했는지 평가하는 기준이다. 고객이 작업을 완수하기 위해 제품과 서비스를 이용할 때 많은 솔루션 중 최상의 결과물을 제공하는 솔루션을 선택한다. 예를 들어, 제품을 구매하는 작업을 살펴보자. 해당 제품을 판매하는 여러 상점 중 하나를 선택해야 할 때, 아래의 조건들 중 하나 이상을 만족하길 바라는 것과 같이, 고객은 본인이 생각하는 높은 우선순위의 결과물을 가장 잘 만족시키는 상점을 선택할 것이다.

- 거래 소요 시간 최소화
- 지나친 구매 가능성 최소화
- 총 구매액 최소화

앞에서 언급했듯이, 어떤 작업이든지 고객이 완수하기 위해 반드시 거쳐야 하는 공통 단계가 존재한다. 그리고 고객은 각 단계에서 중요하다고 생각하는 5개에서 10개 이상의 결과물을 얻는다. 이 결과물은 솔루션에 관계없이 고객이 진정 성취하고자 하는 것이 무엇인지에 대한 풍부한 인사이트를 제공한다. 소득세를 납부하는 고객의 작업을 예로 들면, 전체 소득세액 중 공제금액을 확인하는 단계가 있다. 그리고 고객이 그 단계를 얼마나 성공적으로 수행했는지 판단하는 데 사용하는 많은 결과물이 있을 것이다. 다음의 기준들을 얼마나 잘 수행했느냐에 따라 고객은 공제금액 확인에 대한 성공여부를 판단할 것이다.

- 특정 지출의 공제 여부 확인 시간 최소화
- 적법한 공제 누락 최소화
- 국세청 회계 감사 시 문제발생 가능성 최소화

고객이 현재 이용할 수 있는 제품이나 서비스 솔루션이 없어도 고객은 작업의 단계나 작업 전반이 얼마나 잘 수행되었는지 판단할 수 있는 결과물을 갖는다. 다시 말해 기업은 서비스가 출시되기 이전에 고객이 그 서비스를 평가하는 데 사용할 기준을 알 수 있다는 것이다. 예를 들면, MinuteClinic이 설립되기 전에도, 대부분의 사람들은 아플 때 병원에 가서 의료진을 만나기 위해 기다리는 대기 시간이 줄었으면 하고 바랬다. MinuteClinic은 그들의 서비스로 이 문제를 해결했다. 현재의 서비스는 고객이 얼마나 작업을 잘 수행했는지 평가하는 데 사용하는 결과물을 얻게 해주는 단지 현재 시점의 솔루션point-in-time solution*일 뿐이

* 현재의 서비스는 현재 시점에서 고객의 결과물을 만족시키는 수단일 뿐이고, 그 수단은 시간이 지남에 따라 변할 수 있다. 그러나 고객의 결과물은 항상 동일stable하므로 서비스 혁신을 위해서는 현재의 서비스가 아닌 고객의 결과물에 집중해야 한다.

다. 따라서 작업과 결과물이 서비스 혁신에 있어 최적의 로드맵을 제공한다고 볼 수 있다.

4. 고객은 솔루션의 "소비"와 관련해 발생하는 명확한 니즈를 갖고 있다

고객은 작업을 완수하는 것과 관련된 니즈를 가지고 있다. 고객이 제품과 서비스를 이용하는 이유가 바로 이것이다. 실질적으로 고객이 서비스를 이용해서 완수하고자 하는 기능 작업functional jobs과 감정 작업emotional jobs 모두 고객의 니즈가 될 수 있다. 작업의 성공여부를 평가하는 데 사용하는 결과물 역시 고객 니즈라고 말할 수 있다. 이러한 니즈를 잘 파악하면 완전히 새로운 서비스 콘셉트를 개발하거나 기존 서비스의 개선을 이루어낼 수 있다.

반면에, 고객이 특정 솔루션을 선택한 후 '소비하는consuming' 과정에서 발생하는 니즈도 있다. 이런 유형의 니즈는 고객이 작업을 진행하는 과정이나 각 단계에서 수행해야만 하는 것으로, 이용 가능한 서비스를 검색하거나, 문의하고, 서비스에 대한 대가를 지불하는 일들이다. 즉, 고객은 서비스를 선택하고 원하는 혜택을 받기 위해서 여러 단계를 거쳐야만 한다. 식당에서 저녁을 먹거나, 미용실에서 이발을 하거나, 담보대출 신청 같은 일을 할 때도 마찬가지이다. 집을 사기 위해 담보대출을 받기로 결정하면, 담보대출을 받는 작업과 관련한 니즈가 생긴다. 이런 니즈는 어떻게 서비스가 디자인되고 제공되어야 하는지 결정할 때 중요한 고려사항이 되지만, 집을 사는 것과 같은 근본적인 작업을 완수하는 일과 같은 니즈와는 다르게 서비스 솔루션으로 여겨진다.

따라서 서비스 콘셉트 도출을 위한 니즈와 서비스 콘셉트 디자인을 위한 니즈는 구별되어야 하지만, 두 가지 유형의 니즈 중 어느 하나가 더 중요하다는 것은 아니다. 성공적인 혁신을 이루기 위해서는 두 가지 타입의 니즈를 모두 만족시켜야 한다. 예를 들면 고객이 MinuteClinic 서비스를 이용하여 신속한 진료를 받았다고 가정해보자. 하지만 그 비용을 지불하는 데에서 문제가 발생하여 고객이 불쾌한 경험을 하게 되었다면, MinuteClinic은 실패한 서비스가 되었을 것이다. 반대로 고객에게 최고의 지불 서비스를 제공하였으나 의료 서비스 자체가 형편없었다면, 이것 또한 좋은 서비스는 아니다.

고객이 왜 제품을 구입하는 지와 그들이 제품을 구입한 후에 제품을 사용하면서 생기는 니즈 사이에도 위와 비슷한 차이점이 존재한다. 만약 내가 교통의 수단이 필요하여 오토바이를 구입했다고 하자. 그러나, 구입한 이후에는 오토바이를 타는 방법, 수리하는 방법, 보관하는 방법, 그리고 팔거나 폐기하는 일과 관련된 니즈가 발생할 수 있다.

서비스는 어떻게 가치를 창출하는가?

기업은 서비스 혁신을 위해 4가지 유형의 서비스 혁신 기회 중 하나를 선택하게 되는데, 각 기회는 서로 다른 방법으로 접근해야 한다(그림 1-1 참조). 다음의 4가지 접근법은 고객이 완수하고자 하는 작업과 고객이 특정한 솔루션을 '소비'하기 위해 수행해야만 하는 두 가지 작업 모두에 집중함으로써 서비스 혁신 기회를 발견할 수 있는 전체적인 옵션을 설명한다. 서비스 혁신을 위한 4가지 접근법은 다음과 같다.

- 새로운 서비스 혁신: 새로운 서비스 또는 기존 서비스로 고객을 도울 수 있는 새로운 작업이나 연관 작업을 발견하는 것

그림 1-1 서비스 혁신 기회 발굴을 위한 4가지 접근법

새로운 서비스 혁신

목적: 새로운 서비스 또는 기존 서비스로 고객을 도울 수 있는 새로운 작업이나 연관된 작업을 발견하는 것

핵심: 고객의 새로운 작업 또는 연관된 작업

핵심 서비스 혁신

목적: 기존 서비스를 개선하거나 새로운 서비스를 제공하여 고객이 핵심 작업을 더 잘 수행하도록 돕는 것

핵심: 서비스를 이용하여 수행하는 핵심 작업의 결과물

서비스 딜리버리 혁신

목적: 고객이 핵심 작업을 수행할 때 서비스의 혜택을 제공받는 방법을 개선하는 것

핵심: 서비스를 이용할 때의 결과물

부가 서비스 혁신

목적: 고객의 제품 사용이나 소비와 연관된 작업 수행에 도움을 주는 것

핵심: 제품의 사용 또는 소비에 관련된 특정 작업의 결과물

- 핵심 서비스 혁신: 기존 서비스를 개선하거나 새로운 서비스를 제공하여 고객이 핵심 작업을 더 잘 수행하도록 돕는 것
- 서비스 딜리버리 혁신: 고객이 핵심 작업을 수행할 때 서비스의 혜택을 제공받는 방법을 개선하는 것
- 부가 서비스 혁신: 고객의 제품 사용이나 소비와 연관된 작업 수행에 도움을 주는 것

이 4가지 접근법을 고려해 봤을 때, 여러 가지 다양한 관점에서 서비스 혁신을 생각해 볼 수 있다. 그러나 한 가지 방식만을 고집할 필요 없이 4가지 접근법이 서로 겹치는 영역도 존재하기 때문에 여러 접근

법을 동시에 활용해도 된다. 예를 들면, 여행 예약과 같이 핵심 서비스를 완수하는 유일한 방법이 서비스를 이용해야 하는 것이라면, 핵심 서비스 혁신과 서비스 딜리버리 혁신을 완벽하게 구분하는 것이 쉽지 않을 수 있다. 따라서 기업이 혁신 기회의 유형에 따라 다른 접근법을 사용하면 보다 많은 혁신의 기회를 찾을 수 있다. IBM사의 경우, 서비스는 주로 그들이 판매하는 제품을 지원하는 것이라고 생각했다. 즉, 서비스 혁신을 생각할 때 4가지 접근법 중 부가 서비스 혁신만을 고려했던 것이다. 그러나, 지난 20년간 IBM사는 서비스 혁신이 제공할 수 있는 더 넓은 범위의 가능성을 확인하고, 90년대 초반 100억달러에 불과했던 서비스 관련 수익을 현재 500억달러까지 끌어올릴 수 있었다.

다음 단락에서는 4가지 접근법이 무엇인지 알아보고, 각 장에서 각각의 접근법에 대해 자세히 설명하겠다.

새로운 서비스 혁신

우리는 작업을 성공적으로 완수하기 위해 서비스를 이용한다. 그리고 하나의 서비스 제공자service provider를 통해 여러 서비스를 이용하여 다양한 작업을 수행하기도 한다. 예를 들면, 우리는 전문협회에서 개최하는 세미나 또는 콘퍼런스를 통해 최신 경영, 기술정보를 공유하고, 유관부서에서 일하는 사람들과 네트워킹을 하며, 전문자격증을 취득하기도 한다. 이렇듯 새로운 서비스를 개발하고자 하는 기업은 고객이 성취하도록 도울 수 있는 더 많은 작업을 파악해야 한다.

PetSmart사의 사례를 살펴보자. PetSmart사는 1989년까지 PetFood WareHouse라는 이름으로 애완동물 사료를 판매하는 기업이었다. 이 기업은 고객이 애완동물의 사료를 구입하는 작업을 돕는 서비스를 제공해왔다. PetSmart사는 수년 간 '애완동물을 위한 라이프타임 케어 lifetime care for pets'로 비전을 확장해왔고, 그 결과 애완동물에게 사료를 먹이는 일 외에도 새로운 서비스를 통해 고객을 도울 수 있는 수많은 작업이 존재함을 깨달았다. 새로운 서비스는 애완동물의 미용관리, 건강관리, 훈련, 숙박시설, 영양관리 영역까지 애완동물의 삶 전반에 이르는 것들이다. PetSmart사는 모든 애완동물과 주인들을 위한 종합 라이프타임 케어 서비스로 2000년부터 매년 20% 이상의 성장을 이루게 되었다.

새로운 서비스 혁신은 고객이 성취하고자 하는 새로운 작업이나 연관 작업에 집중하는 것이다. 작업은 솔루션에 독립적이기 때문에*, 고객은 작업을 완수하기 위해 특정 솔루션을 사용하지 않을 수도 있다. 여기서 가장 중요한 것은 고객은 작업을 완수하길 원한다는 것이다. 이렇게 고객이 하고자 하는 작업을 상세히 분석하다 보면 솔루션이 현재 존재하지 않는 작업이 매우 많다는 것을 알게 될 것이다. 따라서 새로운 작업과 연관 작업에 집중하면 혁신의 무한한 기회를 발견할 수 있다.

핵심 서비스 혁신

고객은 다양한 서비스를 활용하여 작업을 수행하지만, 대부분은 핵심 작업을 수행하기 위해 서비스를 이용한다. 다음의 작업과 그것을 돕는 서비스를 살펴보자.

➤ 학습 능력 및 이해력 향상 (개인과외)

➤ 건강 상태 진단 (MRI 스캔)

---

* 고객이 하고자 하는 일, 작업은 여러가지 다양한 솔루션으로 해결할 수 있다. 따라서 작업은 솔루션에 독립적이다.

- 부동산 매물 검색 (MLS.com, 온라인 부동산 광고 업체)
- 대학 학자금 납부 (529 College Saving Plans*)
- 자택 외에서 숙박 (호텔)
- 화물 수송 (화물 운송 서비스)

핵심 작업은 고객에게 중요하기 때문에, 기업은 고객이 기존 서비스를 이용하며 핵심 작업을 수행할 때 어떤 어려움을 겪는지 분석해야 한다. 이러한 핵심 서비스 혁신을 통해 기업은 기존의 서비스를 개선 또는 확대하는 기회를 발견할 수도 있지만, 완전히 새로운 서비스 또는 새로운 서비스 모델을 만들 수도 있다.

1990년대에 UPS사는 '글로벌 사업 수행'이라는 비전을 세우고 기존 사업 영역인 물류 배송 서비스를 넘어 다른 특화 서비스를 제공하기 시작했다. 이 서비스 오퍼링은 고객이 수행하고자 하는 특정 핵심 작업으로부터 개발된 것들이다. 대표적인 예로 UPS 공급망 솔루션Supply Chain Solutions은 물류 네트워크 설계, 주문서 작성, 환불 관리 작업 등 고객의 핵심 작업과 관련된 여러 가지 절차를 돕는 컨설팅 서비스를 제공했다. 예를 들어, 효과적인 배송체계가 필요했던 정기 간행물의 유통업체는 UPS 컨설턴트를 고용해서 현 배송체계의 문제점을 파악한 후, 새로운 업무 표준을 작성하고, 시스템 요구 사항을 만들었다. 그리고 기술 업체들을 파악하고 평가해, 새로운 배송 시스템을 개발하고 시스템의 전체 구축과정을 감독하는 데 도움을 받았다.

기업은 핵심 서비스 혁신을 위해 작업 수행의 성공 여부를 판단하는 데 사용하는 결과물을 파악하여 새로운 서비스나 개선 서비스를 위

---

* 미국 각 주정부에서 운영하는 대학 학자금 저축 프로그램. 미래에 자녀의 대학 학자금을 감당해야 하는 학부모를 대상으로 운영하며, 세금 면제 또는 우대 혜택이 있다.

한 기회를 발견할 수 있다. 핵심 작업 완수를 위한 공통 작업지도를 활용하면 핵심 작업의 프로세스를 도식화할 수 있다. 이 작업지도의 각 단계별로 산출되는 결과물을 파악하면, 고객이 기존 서비스에 얼마나 만족하는지를 확인할 수 있다. 고객이 만족하지 못한 어느 영역이든지 혁신을 위한 기회가 된다. 그리고 기업이 새로운 서비스 콘셉트나 개선 서비스 콘셉트를 개발하면, 그 콘셉트에 대한 고객 만족도를 평가할 때에도 결과물을 활용할 수 있다.

서비스 딜리버리 혁신

많은 기업이 서비스 딜리버리를 이용해 그들의 서비스를 차별화해왔다. Enterprise사*의 "필요한 렌터카가 있는 곳까지 모셔다드립니다.We'll Pick You Up" 캠페인과 Burger King사의 "마음대로 즐기세요.Have It Your Way" 라는 광고가 좋은 예이다. 또한 공항에서 쉽게 접할 수 있는 체크인 키오스크, 은행이 제공하는 온라인 뱅킹, 인터넷 소매상의 실시간 온라인 채팅과 같은 서비스도 같은 예이다. 이러한 예시에서 말하고자 하는 것은 모두 서비스를 제공하는 방법에 대한 것이다.

Progressive사의 예시는 서비스 딜리버리 혁신의 좋은 사례이다. 현재 미국에서 4번째로 큰 자동차 보험회사인 Progressive사는 지난 3년간 신규 가입자 신청이 2배로 증가했다.** 이 기업은 그동안 자동차 보험 혜택의 차별화보다 고객에게 어떻게 타사의 서비스와 다른 방법으로 서비스를 제공할지 고민해왔다. 50년 이상 거슬러 올라가

---

* 1957년 설립된 미국 자동차 렌탈 회사

** 2010년 기준

면 Progressive사는 업계 최초로 드라이브인 클레임 서비스drive-in claims service*와 보험료를 분할 납부할 수 있는 옵션을 제공했다. 또한 1990년대에는 두 가지 핵심적인 서비스 딜리버리 혁신을 통해 기업의 이름과 같은 획기적인 혁신을 이뤘다. 첫째로 1994년에는 '1-800 보험료 비교 서비스1-800 rate comparison service'를 출시하여 고객이 한 통의 전화로 Progressive사 자동차 보험 견적금액과 최대 3개 보험사의 보험료를 즉각 비교할 수 있게 하였다. 둘째로 같은 해에 현장 출동부서를 신설하여 사고 현장으로 보험청구 전문가를 보내는 서비스를 제공했다. Progressive사는 최근까지도 서비스 딜리버리 혁신을 지속하고 있다. 2003년에는 '청구대행 서비스concierge claims service'를 개발하여 영업사원들이 고객의 전체적인 청구 내용을 검토하고 고객을 대신해 절차를 처리한다. 또한 최근에는 맞춤형 약정이나 연중무휴 실시간 상담서비스24/7 live support, 고객이 보험료를 지정할 수 있는 옵션name your price 등을 제공하고 있다.

서비스 딜리버리 혁신은 고객이 서비스 이용의 성공 여부를 판단하는 데 사용하는 결과물을 파악함으로써 고객이 서비스를 이용하는 방법을 개선하는 일에 집중한다. 서비스 이용을 위한 공통 작업지도는 고객이 서비스를 이용하는 과정인 소비사슬 작업consumption chain을 도식화한 것이다. 이 과정은 고객이 서비스를 이용하기 위해 수행해야만 하는 단계로, 서비스 니즈를 정의하는 것으로 시작해 서비스 제공자와 접촉을 하고 서비스를 이용하고 비용을 지불하는 단계로 구성된다. 이렇게 나열된 각 단계에서 산출되는 결과물을 파악하고 우선순위를 정했다면, 기업은 비로소 서비스 딜리버리 혁신을 시작할 수 있다.

---

* 차량 소유주인 고객이 직접 사고 차량을 Progressive 서비스 센터 또는 지정 정비소에서 점검받음으로써 보다 투명하고 객관적으로 보험금을 산정할 수 있도록 하는 서비스

부가 서비스 혁신

구입한 제품으로부터 최대의 가치를 얻기 위해 고객은 부가적인 도움을 요청하기도 한다. 구체적으로 고객은 제품의 선택, 구매, 설치, 사용 방법의 습득, 사용, 이동 또는 보관, 관리, 업그레이드, 폐기 등과 같은 일련의 소비사슬 작업을 수행한다. 사실상, 많은 서비스들의 핵심 작업은 고객이 제품을 구입하고 사용하는 것과 관련된 소비사슬 작업을 돕는 것이다. 다르게 말하면, 기업은 제품의 구입이나 사용과 관련한 작업을 연구함으로써 부가 서비스를 만들어 내거나 개선할 수 있는 기회를 발견할 수 있다. 이런 부가 서비스는 제품의 구입과 사용을 지원한다는 의미에서 부가적이라는 뜻이지 중요하지 않다는 의미로 받아들이면 안 된다. 한편으로 고객 입장에서 부가 서비스는 전체적인 가치 산정에 매우 중요한 역할을 하며 기업에게는 큰 수익원이 되기도 한다.

Hewlett-Packard[HP]사는 기술 제품의 소비사슬 전 영역에 걸친 서비스를 제공하고 있다. HP사는 서버, 저장장치, 네트워킹 허브, PC, 프린터 등 다양한 기술 제품의 설치와 배포 서비스를 제공하고 있다. 이 제품들이 잘 운영될 수 있도록 하드웨어와 소프트웨어 지원 서비스부터 고장에 대비한 유지 보수 서비스까지 제공한다. 그리고 HP 제품을 이용하는 전문인력이 구입한 제품에서 최대의 혜택을 받을 수 있도록 공인 강사를 활용해 교육 서비스를 실시하고 있으며, 기술 자산의 활용을 최적화하는 서비스도 제공한다. 마지막으로 제품 구입을 위한 금융 서비스와 장비 폐기를 위한 자산 회수 서비스도 제공한다.

부가 서비스 혁신은 고객이 제품을 구입하거나 사용하면서 발생할 수 있는 문제를 파악하여 새로운 서비스나 개선 서비스의 기회를 발견하는 것이다. 다시 말해 고객이 소비사슬 가운데 특정 작업 또는 핵심 작업을 수행하면서 만족하지 못한 결과물을 파악하는 것을 의미한다. 다른 유형의 혁신과 마찬가지로 기업이 혁신해야겠다고 생각하는 소비사슬 작업이 결정되면 그 작업을 수행하기 위한 단계를 도식화하고, 그 작업에서 고객이 성공 여부를 평가하는 결과물이 무엇인지 파악해야 한다. 수많은 결과물 가운데 고객이 가장 중요하다고 생각하지만 가장 만족스럽지 못했던 결과물이 바로 혁신의 타깃이 된다.

성공적인 서비스 전략은 어떻게 수립하는가?

기업은 혁신과 성장의 목표로부터 시작해 독특하고 가치 있는 서비스 콘셉트를 어떻게 만들어낼 수 있을까? 그림 1-2는 고객이 만족하지 못한 니즈로부터 효과적인 서비스 전략을 수립하는 중요한 단계를 나타낸 것이다. 이를 통해 기업은 체계적이고 반복적으로 적용이 가능한 서비스 혁신 로드맵을 수립할 수 있다. 각 단계를 차례대로 살펴보자.

1단계. 혁신의 핵심을 선정하라

혁신의 핵심을 선정하기 위해 기업은 세 가지 중요한 의사결정을 해야 한다. 첫째로 서비스 혁신의 목적에 근거하여 어떤 혁신 기회 발굴 접근법을 선택할 것인지 결정해야 한다. 그림 1-1에서 살펴본 바와 같이 서비스 혁신 접근법에 따라 발굴해야 할 고객 니즈의 유형을 알 수 있기 때문이다.

두 번째로 기업은 반드시 어떤 고객을 공략할 것인지 결정해야 한다. 고객은 하고자 하는 일을 완수하기 위해 기업의 서비스를 이용하는 사람들이다. 따라서 고객은 누구보다 서비스의 가치를 가장 정확하게 알고 있다. 또한 기업은 여러 고객군을 대상으로 혁신 전략을 수립하기

그림 1-2 성공적인 서비스 전략 수립

1단계. 혁신의 핵심을 선정하라

- 혁신 기회 모색 방법을 선택하라
- 고객을 결정하라
- 혁신의 작업 또는 작업 영역을 결정하라

2단계. 고객의 니즈를 파악하라

- 고객과 대화를 나눠라
- 알맞은 질문을 던져라
- 양질의 작업 관련 진술과 결과물 관련 진술qaulity job and outcome statements을 확보하라

3단계. 고객 니즈의 우선순위를 정하라

- 고객 설문조사를 실시하라
- 중요도와 만족도를 평가하라
- 기회 점수를 산출하라

4단계. 서비스 전략을 수립하라

- 특별하고 가치 있는 포지션을 확보하라
- 서비스 콘셉트를 정의하라

도 한다. 왜냐하면 여러 고객군이 여러 가지 작업을 수행하기 위해 한 기업의 서비스를 이용하기도 하고, 다양한 고객군이 한 가지 특정 작업을 함께 수행하기도 하기 때문이다. 예를 들면, 컴퓨터 데이터 복구 서비스는 데이터 소유자가 하나의 고객군이고, 데이터를 관리하는 IT 매니저가 또 다른 고객군이다.

고객군의 범위는 가능하면 넓게 규정한다. 특히 새로운 서비스 혁신 또는 핵심 서비스 혁신을 위해서는 특정 솔루션만을 이용하는 고객

뿐만 아니라 다양한 솔루션을 이용하는 고객군을 선정해야 한다. 여기서 한 가지 명심해야 할 점은 고객군은 직책이나 나이, 소득 또는 기업의 규모, 산업의 종류 같은 기준이 아니라 책임 영역responsibility area으로 정의해야 한다. 그리고 업체를 결정하거나 서비스 비용을 지불하는 것과 같이 소비사슬 작업에만 관여하는 고객은 부가 서비스의 혁신이 목적일 때를 제외하고는 타깃 고객으로 선정해서는 안 된다.

마지막으로 기업은 반드시 혁신의 명확한 범위를 설정해야 한다. 다시 말해 핵심 서비스 혁신을 이루고자 한다면 핵심 서비스가 무엇인지 먼저 정의하거나 새로운 서비스 혁신을 발굴하고자 하는 작업의 범위를 결정해야 한다는 것이다(각 접근법을 설명하는 장에서 더 상세히 알아보겠다). 여기서 중요한 것은 기업은 모든 범위의 작업과 고객군을 대상으로 연구할 수 없다. 따라서 기업이 전략, 수익성, 시장성 등을 기준으로 포트폴리오의 우선순위를 정하는 것과 마찬가지로 타깃 고객이나 작업의 우선순위를 정할 때에도 같은 기준을 적용하면 된다.

2단계. 고객의 니즈를 파악하라

기업이 무엇을 혁신할지 결정했다면 다음 단계는 고객의 니즈를 파악하는 것이다. 하지만 기업이 집중해야 하는 것은 서비스의 특징이나 아이디어가 아니라 고객이 하고자 하는 일과 그들이 얻고자 하는 결과물에 대한 니즈이다. 이러한 니즈를 파악하기 위해 일대일 인터뷰나 그룹 인터뷰를 하거나 고객의 행동을 직접 관찰하는 방법이 있다.

몇몇 경영 관련 서적에서는 고객 니즈를 분석하는 일은 시간 낭비라고 얘기한다. 그리고 소위 전문가라고 불리는 이들도 고객은 그들이 원하는 것이 무엇인지 정확히 알지 못하고, 행여 그들이 니즈를 안다고 하더라도 그것을 정확히 설명하지 못한다고 말한다. 하지만 필자는 이것이 틀렸다고 생각한다. 솔루션보다 고객이 하고자 하는 일에 집중하면 고객은 가장 신뢰할 수 있는 정보의 근원이 된다.[2] 바로 다음 단락에서 고객 니즈와 관련된 작업과 결과물을 찾기 위해 고객에게 어떤 질문을 해야 하는지 설명할 것이다. 이 단락에서는 고객이 하고자 하는 일에 집중해야 하고 고객이 그 일을 수행할 때 발생하는 니즈를 파악해야 된다는 것을 기억하면 충분하다.

기업이 고객 니즈를 파악하기 위해서는 범위에 따라 다르지만 일반적으로 열 다섯 차례 정도의 인터뷰를 진행하는 것이 좋다. 여기서 얻은 데이터는 어떤 유형의 서비스 혁신에도 적용할 수 있을 정도로 충분한 자료가 된다(하나의 그룹과의 인터뷰는 6명의 고객으로 이루어진 그룹이라도 한 개의 인터뷰로 본다). 열 다섯번의 인터뷰를 통해 보통 80개에서 100개 정도의 양질의 고객 니즈가 도출되는데, 이 니즈들은 고객이 하고자 하는 일을 설명하는 작업 관련 진술job statements 또는 고객이 어떤 일을 수행하면서 얻고자 하는 결과물을 나타내는 결과물 관련 진술outcome statements로 표현된다.

숙련된 진행자는 1시간의 인터뷰 동안 20개에서 30개의 양질의 작업 관련 진술이나 결과물 관련 진술을 얻을 수 있다. 연령, 소득 수준, 산업군, 기업 규모, 경력 수준 등으로 하나의 고객군을 가능한 다양한 고객들로 구성하면 몇 번의 인터뷰만으로도 효과적으로 다양한 고객 니즈를 얻을 수 있다.

작업

작업job은 서비스가 필요한 활동이라고 정의할 수 있다. 이 활동은 고객이 달성하고자 하는 목적이 될 수도 있고 해결하고자 하는 문제가 될

그림 1-3 작업 관련 진술의 구조

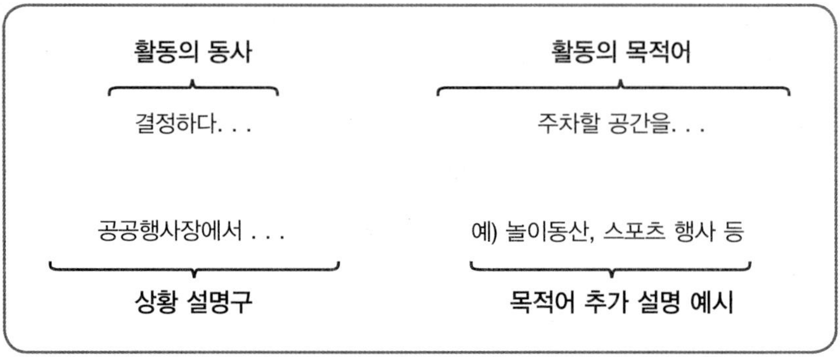

수도 있다. 서비스를 이용해 목적을 달성하려는 활동은 노후 생활을 대비한 투자[Charles Schwab]*, 택배를 보내는 일[FedEx], 그리고 도서 구입[Amazon] 등을 예로 들 수 있고, 서비스를 통해 문제를 해결하려는 활동에는 도난 방지[ADT], 시력 조정 안과 수술[LASIK], 그리고 흰개미 박멸 작업[Terminix]이 있다.

작업 관련 진술은 아래 그림 1-3과 같은 구조를 가지고 있다.[3] 앞에서 설명한 것과 같이 작업은 서비스가 필요한 활동을 설명하기 때문에 작업 관련 진술은 반드시 활동의 목적어와 동사를 포함하고 있어야 한다(e.g., 기타를 배우다, 집을 구입하다, 배우자를 찾다 등).

또한 작업 관련 진술은 작업을 수행하는 상태나 상황을 묘사하기 위해 상황 설명구를 포함한다(e.g., 몸이 아플 때 약 처방을 받는다, 가족과 여행하면서 하룻밤을 머문다 등). 또한 활동의 목적어를 좀 더 명확히 하기 위한 예시를 포함할 수도 있다. 작업 관련 진술에 하나의 특

* 1971년 설립된 미국 최대 디스카운트 브로커 증권사

정 상황이 구체화되었다면, 작업 수행과 연관된 다른 상황들도 고려해 봐야 한다.

작업 관련 진술이 서비스 혁신에 효과적인 가이드가 되기 위해서는 고객이 진정으로 성취하고자 하는 것을 나타내야하고, 고객의 성별, 나이, 또는 지역에 관계없이 하나의 고객군 안의 모든 개인과 연관이 있으며, 시간이 지나도 유효하고, 명백하게 필요한 활동을 수행할 수 있도록 구체적이어야 한다. 이러한 요구 사항을 만족시키는 작업을 정확히 표현하기 위해 작업 관련 진술은 특정 규칙을 따라야 한다. 특히 진술을 확보할 때 주의해야 할 점은 진술 내용에 솔루션이나 기술, 서비스 등을 언급해 어떻게 니즈를 해결했는지 설명하면 안 된다는 것이다. 예를 들어, 건강진단이 혁신의 대상이라면, "MRI를 이용해 결과를 얻었다"보다 "부러진 뼈가 있는지 확인한다" 혹은 "등 아래 통증이 발생한 이유를 밝힌다"와 같은 작업 관련 진술이 더 좋은 작업 관련 진술이다.

또한 작업 관련 진술은 단순히 고객이 무엇을 성취하기 위해 필요한 활동이 아니라, 고객이 성취하려는 것을 나타내야 한다. 예를 들어, 개인 건강 작업과 관련해서 '운동'은 고객이 '체중을 감량하고', '근육을 만들며', '유연성을 유지하는 것'을 돕는 활동일 뿐이다. 마지막으로 작업 관련 진술은 명백한 언어를 사용해 고객과 내부 이해관계자들이 모두 같은 의미로 이해할 수 있어야 한다. 따라서 '유용한', '상황에 따라', '효과적으로'와 같이 의미가 불분명한 단어의 사용은 피한다. 그런 불분명한 단어를 사용하면 해석에 차이가 생겨 혁신을 방해한다. 궁극적으로 작업 관련 진술은 혁신을 특정 솔루션으로 제한하지 않으면서 혁신 프로세스를 위해 필요한 세부 사항을 제공해야 한다.

요구 결과물

결과물outcome은 고객이 수행한 작업의 성공 여부를 판단하는 기준이다. 그래서 결과물은 작업에 속하게 된다. 단순한 작업에는 몇 개의 결과물만 있을 수 있지만 복잡한 작업에는 수십 개의 단계들과 100개에서 150개의 결과물이 존재할 수 있다.

결과물 관련 진술은 그림 1-4의 구조로 나타낼 수 있다. 이 구조에 따르면 결과물 관련 진술은 개선의 방향성, 고객이 평가하고자 하는 평가의 단위와 대상을 포함해야 한다. 또한 작업 관련 진술과 결과물 관련 진술은 평가와 관련한 상태나 상황을 묘사하는 상황 설명구와 대상을 명확히 표현할 수 있는 예시를 포함한다. 결과물 관련 진술의 개선 방향성은 '최소화한다minimize' 혹은 '증가시킨다increase'라는 표현을 사용해 서비스 개선의 방향을 명확하게 제시한다. 사실상 고객은 대부분 시간이나 변동성, 이상적인 산출물로부터의 편차를 기준으로 성공을 평가하기 때문에, 대부분의 결과물은 무언가를 최소화하고자 하는 것으로 표현된다. 평가의 단위에는 많은 것들이 있지만 대부분의 결과물은 시간, 가능성, 숫자, 금액, 빈도수와 같은 몇 가지 기본적인 평가 단위를 사용한다.

작업 관련 진술과 마찬가지로 결과물을 효과적으로 설명하기 위해 결과물 관련 진술에는 솔루션을 포함해서는 안되고, 고객이 평가하고자 하는 것을 구체적으로 작성하며 명확하게 표현해야 한다. 물론, 이 결과물 관련 진술은 특정 작업을 수행하기 위한 어떤 단계의 성공을 평가하는 것이 될 수도 있다. 가끔 인터뷰 도중 고객이 무심코 하는 말이 결정적인 진술 내용이 될 수 있다. 예를 들어, 고객과 인터넷 검색에 관련된 인터뷰를 진행한다고 가정해보자. 고객이 "내가 찾고 있는 정보

그림 1-4 결과물 관련 진술의 구조

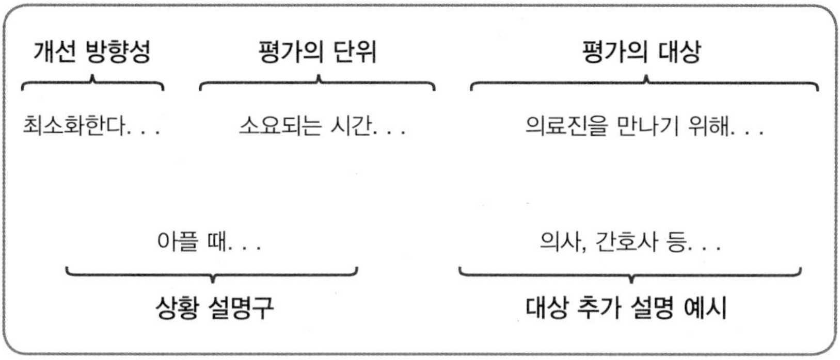

와 관련 없는 정보가 너무 많이 검색되는 것 같아요. 원하는 정보만 검색되면 좋을 텐데"라고 얘기하면, 그 고객은 인터넷 검색이라는 작업의 성공 기준을 '관련 없는 정보의 양'이라고 생각하는 것이다. 따라서 이 예시를 그림 1-4의 구조에 맞게 결과물 관련 진술을 구성해보면 "검색어를 통해 찾은 관련 없는 정보의 양을 최소화하는 것"이라고 기술할 수 있다. 비록 이 내용이 고객이 말한 문장과 동일하지는 않지만, 이 진술은 고객이 성공 여부를 판단하는 기준을 포함한다. 그리고 혁신 프로세스의 일부로서 인터뷰 중에는 작업 관련 진술과 결과물 관련 진술 모두를 고객에게 다시 들려줌으로써 고객이 성취하고자 하는 것이 그 문장에 정확히 담겨 있는지를 확인해야 한다.

3단계. 고객 니즈의 우선순위를 정하라

고객의 니즈를 파악했다면, 다음 단계는 고객 니즈의 우선순위를 정하는 것이다. 고객의 관점과 혁신을 추구하는 관점에서 보면, 고객의 모든 니즈가 동등한 가치를 지니지는 않는다. 기업은 고객에게 중요하지만 기존의 솔루션으로는 만족하지 못한 니즈에 시간과 자원을 집중하고 싶어한다.[4] 이러한 니즈가 서비스 혁신을 위한 최적의 기회를 제공한다.

이러한 우선순위 작업을 위해서는 샘플 고객군을 선정하고, 그들에게 중요도importance와 만족도satisfaction 두 가지 기준으로 니즈를 평가하도록 한다. 구체적으로, 각각의 작업과 결과물에 대해서 "당신이 …을 할 수 있다는 것이 얼마나 중요한가요?"라는 질문을 시작으로 "대단히 중요함"에서부터 "전혀 중요하지 않음"까지 다섯 가지 레벨로 중요도를 평가한다. 마찬가지로 "당신이 …을 할 수 있는 역량에 대해 얼마나 만족하고 있나요?" 또는 "현재 솔루션을 사용하여 … 할 수 있는 것에 대해 얼마나 만족하시나요?"와 같은 질문을 시작으로 "매우 불만족함"부터 "대단히 만족함"까지 다섯 가지 레벨로 만족도를 평가한다. 만약 기업이 분석하려는 것이 고객이 하고자 하는 일이라면, 고객에게 작업 관련 진술을 평가하게 한다. 만약 고객의 특정 작업을 집중해서 분석하려고 한다면, 그 작업을 수행하는 단계의 결과물 관련 진술을 평가하게 한다. 경우에 따라, 어떠한 분석 과정에서는 현재의 작업의 결과물 뿐만 아니라 새로운 작업의 결과물 또는 연관 작업의 결과물을 모두 발견하게 되는 경우가 있는데, 이런 경우 작업 관련 진술과 결과물 관련 진술 모두를 평가해야 한다.

앞서 말했듯이, 고객의 여러 니즈 중 중요하지만 만족하지 못한 니즈가 서비스 혁신을 할 수 있는 가장 좋은 기회를 제공한다. 따라서, 중요도와 만족도 평가 결과를 결합하는 간단한 알고리즘을 통해 니즈의 우선순위를 정할 수 있다. 그림 1-5의 기회 알고리즘 공식을 보면, 기회 점수는 (중요도) + (중요도 − 만족도)와 같다.[5]

기회 점수가 10점 이상이면 그 기회는 훌륭한 기회라고 볼 수 있

그림 1-5 기회 알고리즘

기회 점수 Opportunity = 중요도importance + max (중요도importance − 만족도satisfaction, 0)

다. 만약, 85%의 고객이 특정 작업에 대한 수행 역량을 '매우 중요함very important' 또는 '대단히 중요함extreamly important'(중요도 평가 다섯 가지 레벨 중 상위 두 가지)이라 평가하고, 45퍼센트의 고객만이 '매우 만족함very satisfied' 또는 '대단히 만족함extreamly satisfied'(만족도 평가 다섯 가지 레벨 중 상위 두 가지)이라고 평가한다면, 이 작업에 대한 기회 점수는 8.5 + (8.5 − 4.5) = 12.5가 된다.[6] 이는 매우 확실한 기회라고 볼 수 있다. 높은 기회 점수를 보여주는 고객의 작업이나 결과물이 고객이 가장 가치 있게 여길 서비스 혁신의 영역인 것이다.

또한, 분석에 참여한 고객 중 서브 그룹subgroup의 기회 점수를 비교해 각 그룹에 특화된 기회를 식별할 수도 있다. 예를 들면, 같은 작업을 수행하는 데 어떤 고객은 A사의 브랜드, 다른 고객은 B사의 브랜드를 이용한다면, 두 브랜드의 기회 점수를 비교해볼 수 있다. 대기업과 중소기업, 남자와 여자 등 분석에 참여한 모든 다른 고객군에서도 마찬가지이다. 마지막으로, 일부 고객에게는 하나의 상황에서 작업을 수행한 결과물을 평가하게 하고, 다른 고객에게는 같은 결과물이지만 다른 상황에서 평가를 실시하게 한 뒤, 특정 상황이 유니크한 기회를 제공할 수 있는지에 대해서도 고려해보아야 한다. '학급 전체를 위해 과제를 준비하는 교사와 학생 한 명을 위해 과제를 준비하는 교사의 작업의 결과물은 우선순위가 어떻게 달라지는가?' 또는 '직업을 가진 사람과 실업자는 개인의 자금을 관리하면서 어떤 다른 어려움을 겪는가?' 등을 예시로 들 수 있다.

종종 이러한 우선순위 도출 과정에 문제 제기를 하는 사람들이 있다. 다섯 가지 평가 레벨보다 일곱 가지 혹은 세 가지를 선호하거나, 총 다섯 가지의 평가 중 상위 2개 대신 평균값Mean을 사용해야 한다고 주장하거나 그 외 다른 사소한 불만을 제기한다. 하지만 이러한 세부적인 내용에 크게 신경 쓰지 않아도 된다. 여기서 중요한 것은 작업 또는 결과물에 집중하고, 파악한 작업과 결과물 모두 중요도와 만족도에 근거해 우선순위화하는 것이다. 매우 중요하지만 만족하지 못한 고객의 니즈가 바로 혁신을 위한 좋은 기회를 나타낸다.

4단계. 서비스 전략을 수립하라

혁신 프로세스의 마지막 단계는 우선순위화를 통해 발견한 높은 기회 점수를 가진 고객의 니즈를 성공적인 서비스 전략 수립에 활용하는 것이다. 다시 말해서, 서비스 전략은 기업이 고객에게 독창적이고 가치 있는 서비스를 제공할 수 있게 만든다. 성공적인 서비스 전략은 타깃 고객이 누구인지, 서비스가 어떤 고객 니즈를 만족시키는지, 서비스 콘셉트를 구성하는 중요한 요소들은 무엇인지 명확하게 나타난다. 서비스 콘셉트는 (1) 마케팅, 인사, 운영, IT 관점에서 본 서비스 디자인의 주요 요소들과 (2) 인력, 장비, 절차, 시설이 고객 만족을 위해 수행하는 역할을 포함한 서비스 딜리버리 시스템의 주요 요소를 나타내며, 고객 만족을 위해 마케팅, 인사, 운영, IT가 수행하는 역할을 포함한다.[7] 고객이 추구하는 가치를 정의하고 제공하기 위해 마케팅, 인사, 운영, IT가 수행하는 역할과 함께 서비스의 고유한 본질을 고려해야 하는 단계가 이 시점이다. 이 내용에 대해서는 6장과 8장에서 더 자세하게 다루겠다.

혁신적 서비스를 만들어 낼 때, 기업은 그들의 역량, 자원, 조직문화, 전략과 제공하려는 서비스가 일치하는지 고민해야 한다. 성공적인 서비스 전략이란 고객이 가치있다고 여기는 것과 기업이 딜리버리할 수 있는 것을 정확하게 연결하는 것이다. 그러나, 좋은 혁신의 기회가 나타났을 때 놓치지 않도록, 기업은 내부 개발팀이나 기업 인수, 파트너십 등을 통한 역량 확대에도 노력을 기울여야 한다. 기업의 역량, 자원, 전략과 일치하는 서비스 콘셉트를 도출했다면, 다음 단계는 실제로 서비스를 디자인하고 개발하는 것이다.

요약

성공적인 서비스 혁신의 비밀은 고객이 어떻게 가치를 정의하는지 이해하는 것에 있다. 고객은 하고자 하는 일을 수행하기 위해 제품이나 서비스를 이용하고, 원하는 결과물을 얼마나 잘 얻었는지 평가하여 작업의 성공 여부를 판단한다. 또한, 서비스에 대한 고객의 평가는 서비스를 "소비하는" 경험에 영향을 받는다. 기업은 고객이 하고자 하는 일과 그 일을 도와주는 특정 솔루션을 소비하기 위해 해야 하는 작업들을 고려할 때, 서비스 혁신의 4가지 접근법을 발견할 수 있다. 서비스 혁신의 4가지 접근법은 새로운 서비스 혁신, 핵심 서비스 혁신, 서비스 딜리버리 혁신, 그리고 부가 서비스 혁신이다.

기업의 서비스 혁신 목적을 독창적이고 가치 있는 서비스 콘셉트를 가진 서비스 전략으로 발전시키려면, 기업은 (1) 혁신의 핵심을 선정하여, (2) 고객 니즈를 발굴하고, (3) 고객 니즈를 우선순위화하여, (4) 서비스 전략을 수립해야 한다. 더 자세히 말하자면, 먼저 기업은 고객을 정의하고 파악하고자 하는 고객 니즈의 유형과 범위를 선정해야 한다. 그리고 고객과 인터뷰를 통해 고객이 어떤 작업을 완수하길 원하고 어떤 결과물을 원하는지 파악한 후, 샘플 고객군을 통해 그런 작업과 결과물의 중요도와 만족도를 평가하게 하여 혁신을 위한 최상의 기회를 찾아내는 것이다. 그리고 경쟁사와 차별화되고 우월한 서비스 솔루션을 고객에게 제공하기 위해 서비스 디자인과 서비스 딜리버리 체계의 중요 요소들을 찾아내야 한다.

CHAPTER 2

새로운 서비스 혁신의 기회 모색

Discover Opportunities for New Service Innovation

| 새로운 서비스 혁신의 기회 모색 |

고객은 다양한 작업을 완수하기 위해 서비스를 이용한다. 모든 고객(소비자 또는 비즈니스 고객)은 많은 작업을 완수해야 한다. 고객이 하고자 하는 일을 분석의 대상으로 보면 서비스 혁신의 목적이 바뀐다. 서비스 혁신의 가장 중요한 목적은 서비스 자체를 혁신하는 것이 아니다. 서비스 혁신의 주목적은 고객이 작업을 더 잘 수행하거나 더 많은 작업을 수행할 수 있도록 돕는 것이다. 고객을 돕기 위한 무형의 서비스를 제공하는 것은 부차적인 목적이다.

Apple사는 고객이 더 많은 작업을 완수하도록 돕는 것이 서비스 혁신의 주목적이라는 것을 이해했다. Apple사는 일반 소비자와 전문가들이 보다 많은 작업을 더욱 잘 수행할 수 있도록 아이튠즈iTunes, 아이폰iPhone, 오픈 개발 환경 등을 제공하여 큰 수익을 내고 있다. 아이폰의 애플리케이션들을 살펴보자. 대부분의 애플리케이션이 여가시간을 보내기 위한 것들이지만(우리의 정의에 따르면, 지루함을 달래고 지적으로 자극을 받는 것도 고객들이 완수하고자 하는 작업이다), 전문적인 특정 작업을 돕는 애플리케이션도 많다. 예를 들어, 이 책을 집필하는 시점에는 성범죄자 주거지역 알림Offender Locator, 노래 가사 검색Lyrics+, 새로운 운동 방법 추천iFitness, 아이폰 카메라 확대 기능CameraZoom, 그리고 사진 보정ColorSplash 등이 인기순위 상위 25위권 내에 있다. 이 밖에 의료, 교육, 비즈니스 관련 애플리케이션도 많은 관심을 받고 있다. Apple사는 바쁜 직장인들이 이동 중에 하고자 하는 작업을 잘 이해하는 것이 비즈니스 전문 시장에 진입하기 위해서는 필수라고 생각했다. 예를 들어, 이동 중에 프로젝트 진행 상황을 점검하거나, 실시간으로 경쟁 업체의 신제품 정보를 확인하고, 진행 중인 소송을 위한 증거 자료를 수집하는 작업이다.

이 장에서는 고객이 완수하고자 하는 작업을 파악하여 새로운 서비스 혁신의 기회를 찾는 방법을 소개하겠다. 많은 기업이 서비스 혁신의 기회를 찾는 것을 어려워한다. 고객의 어떤 작업을 위해 새로운 서비스를 제공해야 하는지 확실하지 않기 때문이다. 이러한 작업을 찾기 위한 여러 가지 접근법을 살펴보겠다. 고객의 작업을 파악한 후에 1장에서 설명한 것처럼 어떤 작업이 서비스 혁신의 기회를 제공하는지 확인하기 위해 고객 작업의 우선순위를 정한다. 서비스 혁신 기회를 파악한 기업은 안정적으로 콘셉트 도출 단계로 넘어갈 수 있을 것이다. 이제 새로운 서비스 혁신의 기회를 제공하는 작업을 발굴하는 방법을 살펴보자.

서비스 선택의 이유

고객은 작업을 완수하기 위해 서비스를 이용한다. 예를 들어, 투자자는 재무적으로 연관된 가족, 교육, 은퇴 관련 다양한 작업을 성취하기 위한 재정 계획을 수립하기 위해 재정 전문가를 만난다. 학생은 희망하는 직업과 관련된 다양한 역량을 개발하기 위해 관련 수업을 듣는다. 그래서 새로운 서비스 혁신의 가장 좋은 시작점은 고객이 이미 기업의 서비스를 이용해 수행하는 작업을 찾아내는 것이다.

최근 우리는 라식 장비 제조업체와 일하면서 그들의 고객인 라식 기술자들에게 라식 장비 제조업체의 지원 서비스나 자료를 요청하는 이유를 질문했다. 판단이 필요했던 임상 결정, 해결하려고 했던 임상 문제, 그리고 제조업체가 제공하는 서비스와 지원으로 혜택을 받은 다른 작업에 대해 질문했다. 그 결과, 라식 장비 제조업체 지원 서비스를 이용하는 이유로 50가지 작업을 찾을 수 있었다. 그 작업은 환자 상담(e.g., 받을 수 있는 치료 옵션에 대해 환자를 교육하는 것), 시술 계획(e.g., 레이저 치료 허용 범위를 확인하는 것), 수술 후 관리(e.g., 환자가 회복 가이드라인을 따르도록 하는 것), 레이저 사용(e.g., 업그레이드 이후 변경사항을 확인하는 것)과 같은 넓은 임상 책임 범위를 포괄하고 있었다. 이런 작업은 기존 서비스를 통해 파악이 가능하지만, 이 중 어떤 작업이라도 기술자들에게 더 많은 가치를 줄 수 있는 새로운 서비스를 위한 기초가 될 수도 있다.

온라인 과학정보 제공 업체와도 비슷한 연구를 진행했다. 이 업체의 서비스를 이용하는 이유를 파악하기 위해 연구원들에게 연구 자료 검색을 할 때 하고자 하는 작업이 무엇인지를 인터뷰하였다. 연구원에게 어떤 정보를 찾는지, 어떤 결론을 도출하려고 하는지 등을 물었다.

개별 인터뷰 여섯 차례, 그룹 인터뷰를 두 차례 진행하면서 100개가 넘는 서비스를 이용하는 이유를 발견하였다. 연구원들이 과학정보를 검색하는 이유는 세 가지였다. 먼저 가장 기본적인 수준에서는 연구 분야의 현재 상황과 인과관계를 이해하기 위해 검색을 했다. 다음으로 중간 수준에서는 연구 결과에 대한 설명 방법 또는 다른 사람들은 그 상황에서 어떤 조치를 취했는지 등을 알기 위해, 마지막으로 가장 높은 수준에서는 실험 결과에 대한 원인을 찾거나, 이론을 발전시키기 위해 가설을 수정하는 것과 같은 작업을 위해 과학정보를 검색한다는 것을 알 수 있었다. 라식 장비 제조업체와 마찬가지로 이런 작업과 모든 연관 작업은 새로운 서비스와 개선 서비스를 위한 기초가 될 수 있다.

이런 예시에서 볼 수 있듯이 기업은 고객에게 다음과 같이 몇 가지 간단한 질문으로 현재 서비스를 이용하는 이유를 알 수 있다.

- 서비스를 통해 성취하고자 하는 것은 무엇인가?
- 서비스를 이용하는 목적은 무엇인가?
- 어떤 문제를 해결 또는 예방하려고 하는가?

또한 고객이 서비스를 이용하는 각각의 상황과(언제, 어디서, 누구와) 관련된 작업을 생각해 보는 것도 중요하다. 음식점을 예로 들면, 생일 파티할 때, 공원으로 소풍을 갈 때, 저녁 식사에 초대할 때, 여행 중 차에서 식사할 때, 아이들과 함께 식사할 때 등의 상황이 있다. 물론 이런 상황에서 추가로 발견된 작업이 좋은 작업 관련 진술인지는 더 확인해야 하겠지만, 이런 간단한 질문을 통해 풍부한 인사이트를 얻을 수 있다.

서비스 선택의 가능성

간단한 발상의 전환으로 기존 서비스 또는 새로운 서비스를 "이용할 수 있는" 작업을 발견할 수 있다. 이를 위해서 이상적인 서비스가 고객이 성취하도록 돕는 것이 무엇일지 고민해야 한다. 이러한 발상의 전환은 새로운 작업을 도출하는 데 도움이 된다. 라식 기술자에게 이상적인 서비스나 지원이 어떤 작업을 완수하는 것을 돕는지 물었을 때, 치료 결과에 대한 환자의 기대치를 파악하는 작업, 치료 중에는 환자의 불안을 완화시키는 작업, 그리고 합병증의 원인을 예측하는 작업이 있다는 것을 파악하였다. 이런 작업은 현재 라식 장비 제조업체가 목표하지 않은 작업이지만, 현재 제공하고 있는 서비스와 매우 밀접한 관련이 있었다.

또 다른 유용한 접근법은 고객이 현재 사용 중인 서비스를 이용하기 전, 이용 중, 그리고 이용 후에 고객이 완수하고자 하는 작업을 파악하는 것이다. 이 접근법은 기업이 현재 제공하고 있는 서비스와 밀접하게 연관된 작업을 파악하는 데 효과적이다. 이것은 기존의 서비스에 새로운 오퍼링을 추가하거나 완전히 새로운 서비스로 이어질 수 있다. 모바일 서비스 제공자가 고객에게 통화 중에 통화와 관련된 어떤 작업을 하는지 질문한다면, 고객은 노트 필기나 일정 확인이라고 대답할 것이다. 물론 노트 필기는 고객이 수많은 작업을 완수하기 위해 사용하는 솔루션이다. 몇 가지 후속 질문으로 고객이 노트 필기를 통해 완수하고자 하는 작업을 알 수 있다. 예를 들어, 고객은 노트 필기로 통화의 중요한 점을 적는다거나, 통화의 핵심 사항을 다른 사람들과 공유하고, 일정을 변경하거나, To-do 리스트를 만들고자 할 수 있다. 이런 작업이 새로운 서비스 혁신의 출발점이다.[1]

서비스가 필요한 작업을 발견하기 위해서는 다음과 같은 질문이 도움이 될 것이다.

- 이상적인 서비스를 통해 하고자 하는 작업은 무엇인가?
- 기존 서비스를 이용하기 전, 이용 중, 이용한 후에 하고자 하는 작업은 무엇인가?
- 기존 서비스를 이용하기 전, 이용 중, 이용한 후에 어떤 책임responsibility을 갖는가?
- 기존 서비스를 이용하기 전, 이용 중, 이용한 후에 필요한 서비스는 무엇인가? 각 서비스는 어떤 작업을 도와주는가?

Microsoft(MS)는 이 접근법을 이용해 소프트웨어 보증 서비스Software Assurance Service를 혁신했다. 2004년까지 MS는 소프트웨어 보증 서비스를 단순히 효율적인 소프트웨어 업그레이드 서비스로 취급했다. 다년간 계약한 고객은 일정 수수료를 내며 운영체제 업그레이드 권한을 부여 받았다. 하지만 재계약율이 감소하면서 소프트웨어 보증 서비스가 고객의 어떤 니즈를 만족시킬 수 있는지를 재검토했다. 즉, 직접적인 소프트웨어 라이선스의 구매를 촉진하는 것이 아니라, 고객이 이 서비스를 이용함으로써 처리할 수 있는 다른 작업이 있는지를 고민했다.

이를 확인하기 위해서 MS는 소프트웨어 라이선스를 구입하고 계약 갱신 작업을 하는 IT 의사결정자 30명과 IT 전문가 20명을 인터뷰했다. 그 결과, IT 의사결정자와 관련된 작업 34개와 IT 전문가와 관련된 작업 61개를 발견할 수 있었다. IT 의사결정자들은 다음과 같은 작업을 수행하며,

- 내년도 소프트웨어 라이선스 가격 결정
- 기존 라이선스 계약 상태 확인

IT 전문가들은 다음의 책임이 있다고 말했다.

- 소프트웨어 사용자 교육
- 불법 소프트웨어 확인
- 신규 소프트웨어와 기존 응용프로그램의 호환성 확인
- 신규 소프트웨어 배포를 위한 최적의 출시 계획 수립

IT 의사결정자와 IT 전문가들이 해야 하는 전체 작업을 분석함으로써, MS가 지금까지 제공해왔던 서비스는 전체 고객 작업의 일부분을 돕는 것에 불과하다는 것을 깨달았다. 그래서 MS는 중요도와 만족도에 따라 고객 작업의 우선순위를 정하고 비즈니스 관점의 수명관리life cycle management를 도입해, 소프트웨어 보증 서비스에 새로운 제품과 서비스를 추가했다. 일례로 고객이 소프트웨어 재고와 사용 중인 라이선스의 수량을 파악하는 데 어려움이 있다는 것을 발견하고, 사내 컴퓨터에 설치된 소프트웨어의 정확한 수량을 알 수 있도록 도와주는 온라인 재고 확인 서비스online asset inventory service를 고안하였다. 이를 통해 IT 의사결정자들은 향후 라이선스의 필요 수량을 정확히 예측할 수 있다. 또한 IT 전문가들이 공인 MS 강사에게 소프트웨어 배포와 업그레이드 관련 교육을 직접 받을 수 있도록 트레이닝 바우처 서비스를 도입했다. IT 전문가가 종합적인 배포 계획을 세울 수 있도록 배포 컨설팅 서비스도 추가했다. 이러한 변화가 일어난 해에 MS는 매출 목표를 10% 이상 초과 달성했으며 라이선스 갱신율과 이에 따른 수익도 지속적으로 증가했다.

고객의 다양한 작업

새로운 서비스 혁신을 위한 작업을 서비스 자체가 아니라 고객으로부터 발견하는 것도 가능하며 매우 생산적이다. 이 경우에 서비스 이용 여부에 따라 그룹을 나누고, 어떤 유형의 고객 작업을 발굴할 것인지 고객 책임 영역area of customer responsibility을 표현하는 한 두 개의 수식어(e.g., 혁신 작업, 개인 재무관리)나 간단한 구(e.g., 소규모 사업체 운영 관련 작업, 노부모 부양 관련 작업)를 사용해 결정한다.

고객의 책임 영역이 넓은 경우, 현재 이용 중인 서비스에 대해 묻는 것 보다 다음과 같은 질문이 도움이 될 것이다.

- 작업 영역job area 내에서의 역할과 해야 할 일은 무엇인가?
- 작업 영역 내에서의 목표와 목적은 무엇인가?
- 예방 또는 해결해야 할 문제점은 무엇인가?
- 의사결정이 필요한 것은 무엇인가?

예를 들어, MS의 HealthVault는 각기 다른 고객군에게 서비스를 제공하기 위한 서비스 혁신 기회를 찾기 위해 이 접근법을 활용했다. HealthVault는 체중 관리, 체형 관리, 혈압 관리, 가족력 관리, 응급상황 대비라는 5가지 작업 영역에서 개인 건강 및 웰빙과 관련된 작업을 돕는다. 웹사이트에서 HealthVault는 “당신은 무엇을 하길 원하십니까?” 라고 묻고, 고객은 5가지 주제 중 원하는 것을 선택한다. 선택된 주제에 따라 HealthVault는 다양한 웹 애플리케이션이나 건강 장비에 대한 추천 정보를 제공한다. 이 외에도 HealthVault 경영진은 다른 건강 및 웰빙과 관련된 작업을 발굴하기 위해 힘쓰고 있다.

이 접근법을 사용할 때 고객군의 범위를 가능한 넓게 잡는 것이 중요하다. 특히, 그 기업의 특정 제품이나 서비스를 이용하는 고객을 대상으로 고객군을 국한시키지 않아야 한다. 대신, 대상 작업 영역에 책임을 갖는 모든 사람과 기업이 제공하는 것에 관심있는 모든 사람(e.g., 소규모 사업가나 노부모를 모시는 성인)을 포함해야 한다.[2]

고객 작업 유형을 분석할 때 기업은 서비스를 제공하는 타깃을 고려해야 한다. 그리고 작업 유형을 결정할 때는 기업의 전략, 구체적인 혁신 목표, 역량, 자원을 고려한다. 주택보험기업 Chubb은 주택자산가치의 보호가 필요한 고급 주택 소유자를 타깃으로 하고 있다. Chubb은 개인 수집품과 관련해 고객이 더 나은 의사결정을 내릴 수 있도록 돕는 콜렉터 서비스collector service와 건물의 유지 보수가 필요한 곳이나 숨겨진 결함을 찾아내는 마스터피스 홈스캔masterpiece homescan 서비스를 제공하고 있다.

기업이 타깃하는 매우 중요한 작업 영역은 다양한 고객 작업을 포괄하는 넓은 범위로 설정해야 한다. 현재 고객이 사용하는 서비스와 연관 지어 고객의 책임 영역을 일반적인 영역으로 확장하면 되는데, 보통 특정 작업을 높은 수준으로 추상화하면 된다. 예를 들어, PetSmart사처럼 애완동물 사료나 필수품 판매 서비스를 제공하고 있다면, 더 넓은 영역을 포괄하는 작업 영역은 애완동물 돌봄 서비스다.[3] 그 영역에서 찾아보면 기업이 서비스를 제공할 수 있는 더 많은 작업을 발견할 수 있을 것이다.

고객 작업의 하위 카테고리를 파악한다면 작업 발굴 프로세스는 훨씬 더 쉬워질 수 있다. 하지만 기업이 이것을 몰라도 문제될 것은 없다. 고객을 인터뷰하다 보면 공통된 작업 영역이 생기기 때문이다. 예를 들어, 애완동물의 주인을 인터뷰를 하면 아픈 애완동물을 간호하거나, 애완동물이 가구 위에서 점프하는 것을 방지하고, 애완동물에서 벼

록을 제거하는 것과 같은 고객 작업을 발견할 수 있다. 그렇다면 추가 인터뷰를 이끌어낼 수 있는 애완동물의 간병, 이상 행동 교육, 건강과 복지 관리라는 하위 카테고리를 만들 수 있다.

또한, 고객이 서비스 이용을 통해 도움 받을 수 있는 활동을 생각해 보는 것을 추천한다. 고객 작업을 특징짓는 동사를 떠올리면 도움이 된다. 의료와 관련된 작업의 동사로는 '예방하다prevent, 치료하다relieve, 관리하다maintain'가 있고, 교육관련 작업은 '배우다learn, 발전하다develop, 알아내다determine', 보험 관련 작업에서는 '보호하다protect, 보장하다cover, 보증하다ensure'가 대표적인 동사이다. 각 상황에 맞는 동사를 미리 예측했든, 고객과 인터뷰 중에 알게 되었든지 간에 그 활동을 활용해 더 많은 작업을 발굴할 수 있을 것이다. 치료하고자 하는 다른 질환은 무엇인가? 그 외에 어떤 것을 보증해야 하는가? 어떤 것을 더 배우고 싶은가? 표 2-1은 고객 작업과 관련된 행동에 쓰일 수 있는 대표적인 작업 동사들이다.

인적자원관리센터SHRM*는 이 접근법을 사용해 새로운 서비스의 혁신을 만들어 냈다. 인사 직종의 발전을 위해 설립된 회원제 조직인 SHRM의 관리자는 고위급 인사 전문가가 고민하는 다양한 작업을 발굴하고자 했다. 조사를 담당한 SHRM 관리자들은 인사 전문가들에게 채용, 교육, 성과 관리, 보상 및 복지, 준법, 조직문화 등 24가지 작업 영역에서 하고자 하는 작업을 설명하도록 했다. 그리고 각 작업 영역에서 하고자 하는 일과 목표 및 문제점에 대해 물었다.

인사 전문가가 경쟁사의 경영진 급여 수준 벤치마킹과 같은 솔루션을 언급하면 인터뷰 진행자는 그 솔루션이 어떤 작업 수행에 도움이

* Society for Human Resource Management

표 2-1 자주 쓰이는 고객 작업 동사

성취하다 Achieve	발견하다 Discover	배우다 Learn	치료하다 Relieve
허락하다 Allow	보장하다 Ensure	찾다 Locate	기억하다 Remember
확인하다 Confirm	경험하다 Experience	관리하다 Maintain	삭제하다 Remove
조정하다 Coordinate	찾다 Find	만들다 Make	공유하다 Share
바르게 고치다 Correct	고정시키다 Fix	입수하다 Obtain	머무르다 Stay
창조하다 Create	얻다 Get	계획하다 Plan	멈추다 Stop
입증하다 Demonstrate	돕다 Help	준비하다 Prepare	가르치다 Teach
감지하다 Detect	확인하다 Identify	예방하다 Prevent	이해하다 Understand
결정하다 Determine	개선하다 Improve	보호하다 Protect	갱신하다 Update
발전시키다 Develop	유지하다 Keep	제공하다 Provide	확인하다 Verify

되었는지를 추가 질문했다. SHRM 인사 전문가 38명을 개별 또는 그룹으로 인터뷰한 결과 새로운 작업 195개를 발견하였다. 그 후 SHRM은 400명 이상의 인사 전문가에게 설문을 요청하고, 작업의 중요도와 그 작업을 수행하는 역량에 대한 만족도를 평가하게 했다. 그 결과 새로운 교육 프로그램, 콘퍼런스 세션, 다른 기업과의 협력 방법 등 새로운 혁신의 기회를 포착했다.

실제로 현재 고객이 서비스를 이용하고 있거나 서비스를 이용할 가능성이 있는 작업과 고객의 다른 작업은 독립적으로 분리되지 않고 상당 부분 공통점이 있을 수 있다. 그러나 다양한 관점에서 새로운 서비스를 개발하고자 노력하는 것은 더 많은 고객의 작업을 발견하는 또 다른 방법이 된다. 표 2-2는 다양한 서비스업에서 고객 작업을 발견한 예이다.

경험 작업

경험 작업experience jobs은 특별한 유형의 작업이다.[4] 고객은 경쟁을 하거나, 자연을 체험하거나, 육체적 도전이나 역사적 체험을 원할 수 있다. 예를 들어, 놀이동산이나 극장은 특별한 경험을 제공하는 것이 핵심 서비스이다. 문제해결이 핵심인 서비스도 경험 작업을 수행하는 데 이용될 수도 있다. 예를 들어, 음식점에 가는 이유는 음식을 준비하는 것이 귀찮아서일 수도 있지만, 다른 문화권의 요리를 맛보기 위해서일 수도 있다. 마찬가지로 값싼 물건을 구입하기 위해 쇼핑몰에 갈 수 있지만, 친구들과 즐거운 시간을 보내기 위해 갈 수도 있다.

경험 작업을 특별히 주목하는 이유는 경험 작업으로부터 발굴할 수 있는 서비스 혁신의 가능성—특히 경험이 서비스를 이용하는 이유가 될 때—을 간과하지 않기 위해서다. 그러나, 고객의 경험 작업을 위한 서비스 혁신에 새로운 접근법이 있는 것은 아니다. 즉 다른 고객 작업을 탐색할 때와 같은 접근법을 사용한다.

소셜 네트워킹 서비스 업체 Facebook의 사례를 살펴보자. 서비스를 출시한 지 불과 5년 만에 페이스북 가입자는 350만 명을 넘어섰다. 페이스북은 사용자에게 특별한 사회적 경험social experience을 제공함으로

표 2-2 새로운 서비스 혁신 예시

산업	고객	작업 영역	작업 예시
건설	현장 관리자	공사 관리	• 적임 근로자의 채용 • 건축자재 가용성 확인
교육	교육자	교육	• 강의 계획 수립 • 역량 개발 계획 수립
금융	소비자	자금 관리	• 충동구매 제어 • 온라인 구매
의료	소비자	개인 건강	• 질병 원인 파악 • 원치않는 임신 방지
접객	소비자	(호텔 또는 쇼핑몰에서) 화장실 사용	• 옷 얼룩 제거 • 아이 훈육
보험	복리후생 담당자	보험 관리	• 신입 사원의 건강 보험 가입 • 전년 대비 복리후생 사용 실적 확인

(계속)

표 2-2 새로운 서비스 혁신 예시(계속)

산업	고객	작업 영역	작업 예시
서비스 (개인)	소비자	지역 검색	• 업체 연락처 검색 • 음식점 메뉴 검색
서비스 (기업)	인사 책임자	직원 관리	• 지원자 배경 조사 • 기업 보상 체계 수립
소매	소비자	온라인 쇼핑	• 파손 제품 교환 • 구매하려는 상품군의 트렌드 조사
공공	빌딩 관리자	에너지 관리	• 에너지 공급 중단 방지 • 빌딩의 에너지 비효율 요인 식별

써 많은 인기를 얻고 있다. 하지만 이것이 페이스북을 이용하는 이유일까? 다른 작업은 발견할 수 없다는 것을 의미할까? 절대 아니다. 페이스북을 이용하는 이유는 이용자에게 활동이나 포스트를 남기는 이유를 물어보면 쉽게 알 수 있다. 이용자들은 페이스북을 통해 옛 친구를 만나고, 여러 친구와 더 친밀한 관계를 형성하고, 다양한 경험이나 기분을 공유하고, 문제 해결 방안을 찾고, 어떤 주제에 대해 다른 사람의 의견을 묻고, 흥미로운 것을 공유하고, 직장에서의 지루함을 달래고 있다.

경험 작업을 찾고자 할 때는 다른 작업을 찾을 때와 동일한 질문을 하지만 다른 동사를 사용하게 된다. 경험 작업을 찾을 때 떠올릴 수 있는 일반적인 동사는 '경험하다experience, 발견하다discover, 감사하다appreciate, 배우다learn, 격려하다inspire, 탈출하다escape, 즐기다enjoy, 달성하다achieve, 지원하다support, 공유하다share, 기억하다remember, 잊다forget' 등이 있다. 이 동사를 생각하면서 경험 작업 파악을 위한 유도 질문을 해보자. 질문은 다음과 같다.

- 경험하고자 하는 것은 무엇인가?
- 이 서비스를 통해 경험하고, 발견하고, 감사하고자 하는 것은 무엇인가?
- 이상적인 솔루션은 무엇을 경험하고, 발견하고, 감사하게 만드는가?

마지막으로 교육, 휴가, 여가생활, 미용과 같이 고객 경험의 분류를 분석하는 것은 경험 작업을 찾는 데 도움이 된다.[5] 일례로 필자는 청소년의 삶에 대한 경험 작업을 알기 위해 내가 누구인지 알아보기, 내가 누구인지 표현하기, 어른으로 성장하기, 정신 건강 증진하기, 세계를 이해하기, 삶을 돌아보기, 사람 사귀기, 다른 사람 돕기, 관계 구축하기 등을 연구했다.

감정 작업

사람들은 보통 완수해야 하는 일task을 작업이라고 생각한다. 하지만 고객은 때때로 제품이나 서비스의 기능적인 것 이상의 감정적인 만족감을 얻기 위해 서비스를 이용한다. 그렇기 때문에 감정 작업emotional jobs은 중요하다. 상담, 건강관리, 접객과 같은 서비스나 마사지, 아이 돌봄과 같은 다양한 개인화 서비스에서 감정 작업은 핵심이다. 감정적 니즈가 상대적으로 덜 필요해 보이는 서비스에서도 감정 작업은 중요하다. 예를 들어, FedEx*는 주로 불안함을 해소하고 유능함을 강조하는 등의 감정 작업을 강조하는 광고를 제작한다.

감정 작업은 두 가지로 나눌 수 있다. 개인이 특정한 감정을 느끼거나 피하고 싶은 감정 작업(e.g., 사랑 또는 자신감을 느끼거나, 죄책감을 피하는 것)과 다른 사람에게 인식되는 방식에 관한 감정 작업(e.g., 뛰어난 사고력을 가졌다거나 훌륭한 부모로 인식되거나, 전문가답지 못하다고 인식되는 것을 피하는 것)이다. 감정 작업은 기능 작업과는 다르게 우울증 극복, 배우자 찾기, 스트레스 해소와 같이 감정 요소를 포함한다. 기능 작업은 궁극적으로 기능이 잘 제공되었느냐가 핵심이지만, 감정 작업은 고객을 얼마나 만족시켰느냐가 핵심이다. 두 작업을 동사로 구분하면 차이점을 명확히 알 수 있다. 모든 감정 작업은 '느끼다feel', '느껴지지 않게 하다avoid feeling', '인식되다be perceived as', '인식되지 않게 하다avoid being perceived as'를 포함한다. 작업 관련 진술이 이 동사들을 포함하지 않는다면 감정 작업이 아닌 것이다.

어떤 감정 작업(e.g., 사랑 받고, 중요하다고 느끼며, 안전하다고 느끼는 것)은 일상생활과 관련 있는 반면 다른 감정 작업은 특정 서비스

---

* 세계 최대 물류 특송 서비스 업체

나[6] 기능 작업과 연관되어 있다. 앞서 말했던 MS의 소프트웨어 보증 서비스는 후자의 좋은 예다. IT 전문가들과의 인터뷰에서 기능 작업 외에도 조직에 가치를 더하는 사람으로 인식되고 싶어한다는 감정 작업을 발견했다. 이 IT 전문가들은 더 이상 그들의 조직이 비용부서cost center가 아니라 다르게 인식되길 원했다. 이 감정 작업을 위해 MS는 IT리서치 및 고문기관인 Gartner와 함께 소프트웨어 보증 서비스를 구입하는 것이 시간과 비용을 효과적으로 절약한다는 것을 확인할 수 있는 객관적인 ROIreturn on investment 툴킷을 개발했다. 이 툴킷은 소프트웨어 보증서비스를 구매한 IT 전문가들이 현명한 결정을 했다는 것을 증명해, 그들이 조직에 추가적인 가치를 제공한다고 인식되도록 했다. 현재 ROI 툴킷은 표준 판매 계약의 일부가 되었다.

대부분의 경우 특정 기능 작업이나 작업 영역과 연관 지으면 감정 작업을 쉽게 발견할 수 있다. 필자가 가장 선호하는 감정 작업을 찾는 방법은 "작업을 수행하는 데 완벽한 서비스를 이용한다면 어떤 느낌이겠습니까? 다른 사람은 당신을 어떻게 생각할 것 같습니까? 피하고 싶은 감정이나 인식이 있습니까?"라고 직접 묻는 것이다. 금융서비스를 이용하는 고객에게 이러한 질문을 하면, "걱정 없이 안전한 느낌을 원하고, 죄책감을 피하고 싶으며, 책임감 있는 사람으로 인식되고 싶다."고 대답한다. 이런 고객의 감정 작업을 위해 금융기관은 자금 관리와 관련된 기능 작업뿐 아니라 고객에게 안전한 느낌과 책임감이 있다고 인식되는 감정 작업을 수행하는 당좌대월overdraft* 방지와 자동 납부 서비스를 제공할 수 있다.

서비스 혁신은 궁극적으로 기능 작업과 감정 작업을 모두 이해하

---

* 은행이 당좌예금 거래처에 대해 예금 잔고 이상으로 발행된 수표나 어음에 대해서도 일정 한도까지 지불함으로써 대부하는 형태 (두산백과)

는 데 달려있다. 기능 작업은 서비스가 수행하는 활동, 고객에게 제공하는 가치, 서비스가 작동하는 방식, 직원들의 숙련도와 서비스의 기술 역량처럼 서비스 내부의 동작에 대한 혁신의 주요 근간이 된다. 반면 감정 작업은 서비스 딜리버리의 실체를 포지셔닝, 전달, 관리하는 것의 근간이 된다(e.g., 물리적 환경, 직원, 서비스 요소의 룩앤필look and feel). 따라서 기능 작업과 감정 작업 모두 기능 제공과 고객 경험에 영향을 미치는 서비스 디자인의 기반을 제공한다(e.g., 서비스 정책, 레이아웃, 가격체계).

새롭게 생겨나는 작업

고객이 하고자 하는 일은 시간이 지나도 크게 변하지 않는다. 이 장에서 언급된 많은 작업을 떠올려 보라. 그리고 고객이 20년 전에도 이러한 작업을 했는지, 20년 후에도 이 작업을 할 것인지 스스로에게 질문해보자. 거의 모든 경우에 두 질문에 대한 답은 "그렇다"일 것이다. 물론 솔루션도 변하고 작업을 실행하는 방법도 변한다. 하지만 대부분의 경우 작업 자체는 변하지 않는다. 비록 작업은 크게 변하지 않지만, 새로운 작업은 계속 생겨나기 때문에 기업은 항상 새로운 작업을 위한 새로운 서비스를 준비해야 한다.

새로운 작업이 생기는 세 가지 근본적인 이유는 지식의 진보, 법률 및 정책의 개정, 규정의 변화, 그리고 새로운 솔루션 또는 기술의 출현이다.

- 지식의 진보: 인류 지식의 진보를 통해 새로운 작업이 생겨난다. 일례로 DNA의 발견과 관련 연구의 결과로 게놈 시퀀싱, 단백질 합성, 유전자를 기반으로 한 질병 예측 등 많은 작업이 새로 생겼다.

- **법률 및 정책의 개정, 규정의 변화**: 사생활 보호를 위해 개인건강정보 보호법이 제정된 것처럼 법률과 정책의 개정이나 규정의 변화로 새로운 작업이 생기기도 한다. 예를 들어, 환경보호를 위해 제정된 법 때문에, 집을 짓거나 수자원 보존을 위한 환경 설계를 할 때 제조와 건설 과정에서 발생되는 환경오염을 줄이는 것과 관련한 수많은 새로운 작업이 생겼다.
- **새로운 솔루션 및 기술의 출현**: 새로운 솔루션이나 기술로 인해 새로운 작업이 생기기도 한다. 컴퓨터와 소프트웨어의 발명으로 소프트웨어 개발, 데이터 복구, 보안 관리와 같은 새로운 고객 작업이 생겨났다. 소프트웨어 개발 서비스, 데이터 복구 서비스, 인터넷 보안 서비스 등 이 작업을 지원하기 위한 다양한 서비스가 만들어졌다.

새로 생긴 작업을 지원하는 서비스를 위해 기업은 산업이나 핵심 경쟁력 분야와 관련된 지식, 법률, 정책, 규정, 그리고 기술의 변화에 지속적으로 관심을 가져야 한다. 어떻게 작업이 정의되는지 정확하게 이해하고 있는 기업의 직원은 "결과적으로 어떤 새로운 작업이 생겨날 것인가?"라는 질문에 쉽게 답할 수 있다.

"지식의 진보, 법률, 정책, 규정의 변화, 새로운 기술의 출현으로 생겨날 새로운 활동과 일들은 무엇일까?" 업계의 전문가나 업계에 영향을 미칠 가능성이 큰 발명, 법률, 혁신에 대한 인사이트를 가진 고객에게 이 질문을 해야 한다. 이미 많은 기업이 이 질문을 위해 고객 자문단customer advisory boards과 핵심 오피니언 리더들을 활용하고 있다.

서비스 혁신을 위해 주목해야 할 다음 항목은 트렌드다. 트렌드로 인해 새로운 작업이 생기지 않더라도, 작업을 더 중요하게 만들고 고객의 관심과 성취하고자 하는 니즈를 더 확대시킬 수 있기 때문에 트렌드는 매우 중요하다. 그러므로 기업은 고객, 자연, 사회문화, 경제, 산업, 정치, 그리고 법률 환경 등 고객 작업에 영향을 미치는 다양한 분야의 트렌드를 예의 주시해야 한다.

트렌드는 단순히 시간의 흐름에 따른 궤적을 보여주기 때문에, 어떤 고객은 이미 트렌드에 영향 받는 이슈를 이미 다루고 있을 수 있다. 그런 경우 기업은 트렌드에 예민한 고객의 작업 우선순위를 파악함으로써 도움을 얻을 수 있다. 예를 들어, 전 세계적으로 인구 고령화는 하나의 핵심 고객 트렌드이다. 인구 고령화에 따른 새로운 서비스를 제공할 작업을 발견하기 위해 기업은 특히 노화와 관련된 작업이나 나이가 들면서 완수하기 힘들어지는 작업과 같이 현재 노인의 최우선순위 작업을 분석해야 한다. 예를 들어, 기업은 나이가 들면서 필요할 수 있는 노인의 작업을 발견할 수 있다. 노인을 위한 욕실 개조, 건강상태 모니터링, 침입자 방지와 같은 새로운 서비스가 필요한 작업일 것이다.

요약

고객이 하고자 하는 일이 서비스 혁신의 핵심이라는 것을 이해했다면, 고객이 완수하고자 하는 작업을 이해함으로써 새로운 서비스 혁신을 할 수 있다는 것을 알 수 있다. 이 장에서 설명한 고객 작업 발굴을 위한 접근법을 표 2-3에 요약했다.

고객이 서비스를 이용 중이거나 서비스를 이용할 가능성이 있는 작업을 알아내기 위해 기업은 고객이 특정 서비스로부터 얻고자 하는 것이 무엇인지, 원하는 이상적인 서비스가 어떤 작업을 도와줄 수 있는지, 서비스를 이용하기 전, 이용 중, 이용 후에 어떤 작업을 추가로 해야 하는지, 그리고 어떤 목표를 가지고 특정

표 2-3 고객 작업 발굴 접근법

접근 방식	고려 사항
서비스 선택의 이유	• 서비스를 통해 성취하려고 하는 것은 무엇인가? • 서비스가 어떤 목표나 목적을 성취하도록 돕는가? • 예방 또는 해결해야 하는 문제는 무엇인가?
서비스 선택의 가능성	• 이상적인 서비스를 통해 성취하고자 하는 것은 무엇인가? • 서비스를 이용하기 전, 이용 중, 이용 후에 그 밖에 무엇을 성취하고자 하는가? • 서비스 이용 전, 이용 중, 이용 후 어떤 책임을 갖는가? • 서비스 이용 전, 이용 중, 이용 후 필요한 서비스는 무엇이며, 그 서비스는 무엇을 성취하게 도와주는가?
고객의 다른 작업	• 작업 영역 내에서의 역할과 해야 할 일은 무엇인가? • 작업 영역 내에서의 목표와 목적은 무엇인가? • 작업 영역 내에서 문제점이나 예방해야 하는 것은 무엇인가? • 작업 영역 내에서 의사 결정을 내려야 하는 부분은 무엇인가?
경험 작업	• 경험하고자 하는 것은 무엇인가? • 이 서비스 이용하여 경험하고자 하는 것은 무엇인가? • 이상적인 서비스가 제공하는 경험은 무엇인가?
감정 작업	• 이상적인 서비스가 제공되었을 때 어떤 감정을 느끼고 어떻게 인식되는가? 피하고 싶은 감정 또는 인식은 무엇인가?
새롭게 생겨나는 작업	• 새로운 지식, 법규 변경, 기술 개발, 트렌드의 결과로 생길 수 있는 새로운 작업은 무엇인가?

(계속)

영역의 문제점을 해결하고자 하는지 등을 질문한다.

또한 기업은 특정 경험을 하는 것이 고객의 작업일 수 있다는 것과 고객은 기능 작업을 위해 서비스를 이용할 뿐만 아니라 감정 작업을 만족하기 위해 서비스를 이용한다는 것을 알아야 한다. 마지막으로, 기업은 항상 지식, 법률 및 정책 개정과 규정의 변화, 새로운 솔루션과 기술, 다양한 트렌드로부터 생겨날 수 있는 새로운 작업을 주시해야 한다.

이 장에서 새로운 서비스 혁신을 위해 고객의 작업을 탐색하는 종합적인 접근법에 대해 설명했다. 고객 작업과 이 장에서 소개된 접근법을 잘 이해한다면 기업은 새로운 서비스 혁신을 시작할 수 있을 것이다. 또한 가장 많은 혁신의 기회가 있는 곳, 즉 고객에게 중요하지만 현재 고객이 만족하지 못한 작업을 찾는다면 서비스 혁신을 위해 집중해야 할 영역을 발견할 수 있을 것이다.

CHAPTER 3

핵심 서비스 혁신을 위한 기회 모색

Discover Opportunities for Core Service Innovation

| 핵심 서비스 혁신을 위한 기회 모색 |

SERVICE INNOVATION

핵심 서비스 혁신의 목표는 고객이 특정 작업을 더 잘 수행할 수 있도록 돕는 것이다. 먼저 "고객이 서비스(또는 보완 서비스complementary services)를 활용해 완수하려는 핵심 작업core job이 무엇인가?"를 질문해야 한다. 핵심 작업을 파악한 후에는 고객이 작업을 성공적으로 완수하기 위해 거치는 각 단계를 알아야 한다. 왜냐하면 각각의 단계에서 혁신의 기회를 찾을 수 있기 때문이다. 핵심 서비스 혁신은 기존 서비스 오퍼링current service offerings을 혁신하는 것으로 시작하는 경우가 많다. 하지만 진정한 핵심 서비스 혁신은 고객이 완수하고자 하는 작업에서 시작해야 한다. 즉, 핵심 서비스 혁신은 현재 서비스current services를 개선하거나 확대하는 것일 수도 있고, 완전히 새로운 서비스 모델new service models을 만드는 것일 수도 있다.

필자와 필자의 동료들은 10년 넘게, 기업이 혁신의 기회를 발견할 수 있도록 특정한 고객 작업 도식화하고 작업의 우선순위를 정하는 것을 도왔다. 그 과정에서 우리는 고객의 작업이 특정 패턴을 가지고 있다는 점을 깨달았다. 이런 패턴을 이해하면 체계적으로 핵심 서비스 혁신의 기회를 찾을 수 있다.

핵심 작업의 정의

핵심 서비스 혁신 기회를 식별하기 위해서 먼저 고객이 기업의 서비스를 이용하여 해결하고자 하는 핵심 작업이 무엇인지 고객의 입장에서 생각해 보아야 한다. 기업의 서비스는 고객이 어떤 핵심 작업을 완수할 수 있도록 돕는가? 핵심 작업이란 서비스가 존재하는 가장 중요한 이유이며, 고객이 서비스를 이용해 완수하려고 하는 특정 작업이다.[1] 한 가지 작업을 완수하기 위한 서비스도 있고, 여러 작업을 완수하기 위한 서비스도 있다. 하지만 여러 작업을 완수하기 위해 서비스를 이용할 때에도 다른 작업의 근간이 되는 핵심 작업은 항상 존재한다. 예를 들어, 투자자는 다양한 재무 목표를 달성하려고 하지만, 재무 전문가를 고용하여 완수하고자 하는 핵심 작업은 '**재무계획 수립**'이다. 마찬가지로, 학생들은 교실에서 많은 작업을 수행하지만, 모든 작업을 포함해 이루고자 하는 핵심 작업은 '**배우는 일**'이다.

최근 Toronto Dominion[TD*] 은행은 당좌예금, 보통예금, 체크카드, 신용카드와 같이 현재 제공하는 서비스를 혁신하려고 고객에게 다른 은행 서비스의 장단점을 질문하던 기존의 접근법과 다른 방법을 시도했다. 이번에는 고객에게 은행 솔루션에 대해 질문하는 것이 아니라 고객이 하고자 하는 일에 집중하기로 한 것이다.

내부 회의에서 TD은행의 혁신팀은 고객의 핵심 작업인 '일일 자금

* 캐나다 토론토에 본사를 둔 다국적 은행

관리manage day-to-day cash flow'를 위해 당좌예금, 보통예금, 체크카드, 신용카드와 기타 모든 은행 서비스를 통합하기로 결정했다. 결국 혁신팀은 고객의 작업을 광범위하게 정의하여 기존에 솔루션에만 집중하던 근시안적인 시각에서 벗어날 수 있었다. 또한 업계의 전통적인 서비스 영역을 넘어서 서비스 혁신의 기회를 발견했다. 예를 들어, 혁신팀이 발견한 기회들은 당좌예금이나 보통예금과 같은 기존 은행 서비스가 제공하던 혜택이 아닌 서비스 혁신 기회로, 합리적 구매 의사 결정이나 단기 부채 상환, 지출 내역 조회 등과 관련한 기회들이었다. '일일 자금관리' 작업에 집중함으로써 TD은행은 다른 은행이나 금융기관뿐만 아니라, MyProgress.com*과 같은 신규 인터넷 서비스와 잔돈 모으기나 지출내역 기록과 같은 고객 솔루션도 경쟁 대상임을 깨달았다.

표 3-1은 여러 산업의 서비스 분야에서 연구했던 핵심 작업의 예시들이다. 작업 관련 진술은 항상 동사 뒤에 활동의 목적어와 상황을 설명하는 상황 설명구가 포함되어야 한다고 1장에서 언급했다. 핵심 작업 관련 진술은 작업 관련 진술의 규칙을 따르며 고객의 관점에서 작성되어야 한다. 기업은 고객의 작업을 기업이 제공하는 서비스로 정의하는 경우가 많지만, 고객의 작업과 기업이 제공하는 서비스는 절대 같지 않다. 예를 들어, 기업은 배움의 의지가 있는 고객에게 교육 서비스를 제공하고, 은퇴 계획을 수립하고 싶어하는 고객에게는 은퇴 상담 서비스를 제공한다. 하지만 기업이 제공하는 교육 서비스와 상담 서비스는 고객이 원하는 것(배우는 것, 은퇴 계획을 수립하는 것)을 얻기 위한 최선의 방법이 아닐 수도 있다. 따라서 기업은 혁신을 위해 현재 기업이 제공하는 서비스보다 고객이 하고자 하는 일에 집중해야 한다.

---

* 2007년 출시된 개인 금융 관리 인터넷 서비스

표 3-1 핵심 서비스 혁신 연구 예시

산업	고객	핵심 작업	결과물 예시
교육	학생	과제 제출	• 과제를 위해 어떤 정보가 필요한지 파악하는 시간 최소화 (사실 조사, 통계 자료 등) • 오류 포함한 과제 제출 가능성 최소화
금융 서비스	소비자	일일 자금 관리	• 납부금을 잊을 가능성 최소화 • 납부에 걸리는 시간 최소화
의료	수술 간호사	수술 시 필요한 물품 준비	• 추가로 필요한 물품을 가지고 오기 위해 수술 중 수술실을 비우는 횟수 최소화 • 수술 중 사용한 물품을 기록하는 시간 최소화
보험	소비자	안정적 재정 관리	• 은퇴 후 소득이 소비자 물가 지수에 따른 생활비에 미치지 못할 가능성 최소화 • 불의의 사고나 질병으로 인한 수입 단절의 가능성 최소화

(계속)

표 3-1 핵심 서비스 혁신 연구 예시(계속)

산업	고객	핵심 작업	결과물 예시
서비스 (개인)	소비자	소득세 환급 준비	• 세금 정산 시 공제액이 누락될 가능성 최소화 • 세금 정산 금액 확인에 걸리는 시간 최소화
서비스 (전문)	연구원	과학 정보 검색	• 질문에 대한 답이 정확한지 파악하는 데 걸리는 시간 최소화 • 질문에 대한 답을 찾기 위해 검색해야 하는 정보출처의 양 최소화
소매	마케팅 임원	온라인 마케팅 프로그램 실행	• 적정한 수준의 구매 인센티브를 결정하는 데 걸리는 시간 최소화 • 마케팅 효과 검증 비용 최소화

핵심 작업지도

서비스 혁신의 기회를 모색하기 위해서 기업은 고객의 핵심 작업을 정의하고 고객이 특정 핵심 작업을 완수하기 위해 거쳐야 하는 단계를 도식화한다.[2] 고객의 작업을 처음부터 끝까지 도식화하면, 기업은 고객이 제품이나 서비스로부터 원하는 가치를 파악할 수 있고, 그에 따른 혁신의 기회를 발견할 수 있다.

작업 또는 그 작업이 수행되는 상황에 관계없이 핵심 작업을 수행하기 위한 단계들은 사실상 동일하다. 그렇기 때문에 공통 작업 지도 universal job map라고 부르고, 각 단계들은 일반적으로 적용된다(그림 3-1 참조). 거의 모든 고객 작업에서 찾을 수 있는 첫 번째 단계는 작업이 무엇을 요구하는지 정의하는 것이다. 다음 단계는 작업을 완수하기 위해 필요한 자원을 찾는다. 그 밖에 고객은 준비, 확인, 실행, 모니터링, 수정, 종료 단계를 거친다. 이러한 단계를 거치는 과정에서 예상하지 못한 문제가 발생할 수 있기 때문에 고객은 해결 단계를 거치기도 한다.

공통 작업지도를 활용하면 고객의 작업을 잘못 정의하거나 작업을 완료하기 위해 거치는 단계를 간과하는 것을 방지할 수 있다. 각 단계에서 고객은 작업의 성공 여부를 평가하는 데 사용하는 결과물을 찾기 때문에 각 단계들은 매우 중요하다. 각 단계에서 산출된 결과물 중에 고객이 만족하지 못한 결과물이 핵심 서비스 혁신 기회이다. 왜냐하면 고객이 작업을 더 잘 완수할 수 있도록 도울 수 있기 때문이다.

이 체계적인 접근법은 서론에서 언급한 Kroll Ontrack사의 전자문서 검색 서비스 성공의 근간이 되었다. Kroll Ontrack사는 고객의 '전자문서 검색' 작업을 도식화하고, 각 단계에서 결과물을 찾아냈다. 각 단계들은 정보 수집 준비, 정보 수집, 수집한 정보 정리, 정보 검사, 정보

그림 3-1 공통 작업지도

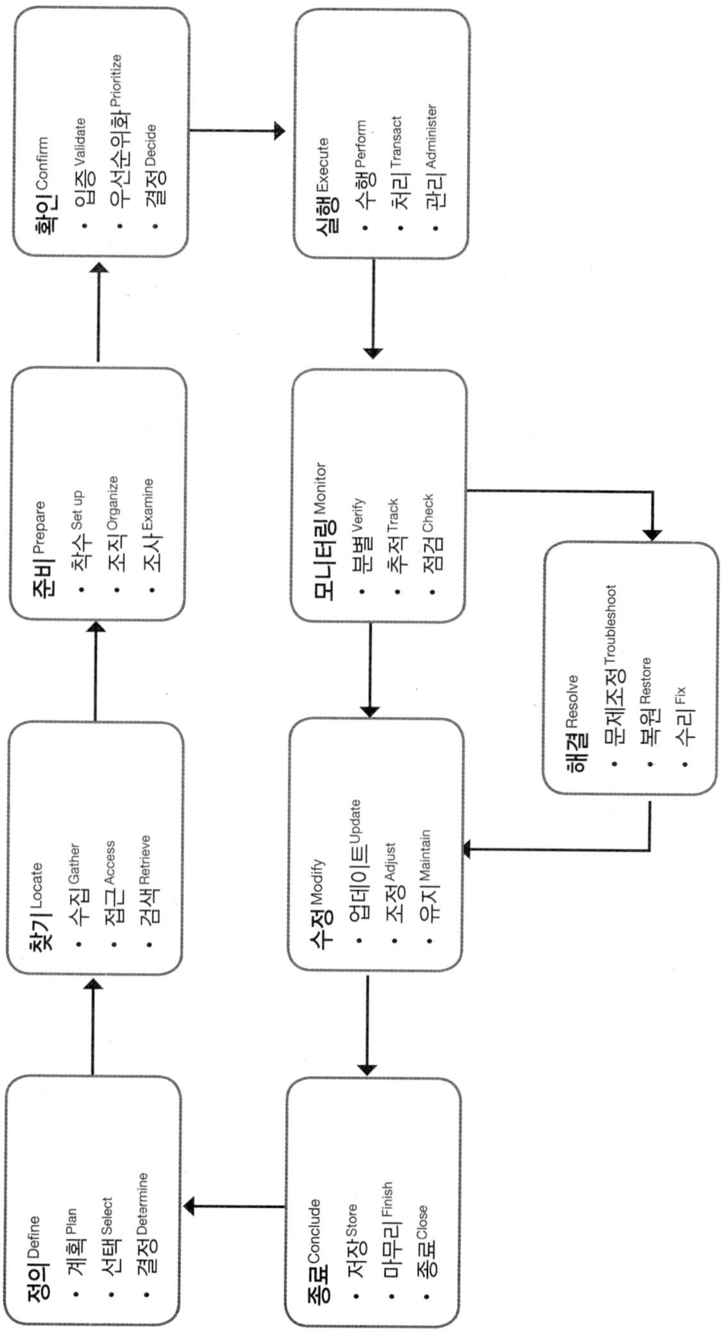

정의 Define
· 계획 Plan
· 선택 Select
· 결정 Determine
찾기 Locate
· 수집 Gather
· 접근 Access
· 검색 Retrieve
준비 Prepare
· 착수 Set up
· 조직 Organize
· 조사 Examine
확인 Confirm
· 입증 Validate
· 우선순위화 Prioritize
· 결정 Decide
실행 Execute
· 수행 Perform
· 처리 Transact
· 관리 Administer
모니터링 Monitor
· 분별 Verify
· 추적 Track
· 점검 Check
해결 Resolve
· 문제조정 Troubleshoot
· 복원 Restore
· 수리 Fix
수정 Modify
· 업데이트 Update
· 조정 Adjust
· 유지 Maintain
종료 Conclude
· 저장 Store
· 마무리 Finish
· 종료 Close

검색, 정보 분석, 정보 수정이다.

Kroll Ontrack사는 고객 인터뷰를 통해 40개가 넘는 결과물을 발견했다. 고객이 만족하지 못한 결과물을 목표로 업계에서 가장 정교하다고 평가받는 온라인 리뷰 툴online review tool을 개발했다. 또한 우선순위가 높은 결과물로 핵심 작업 완수를 위한 새로운 서비스도 개발했다. Kroll Ontrack사의 조사에 따르면 최우선순위 결과물은 정보 수집 단계에서 "관련 문서가 검색에서 제외되는 것을 최소화하는 것"이었다. 2007년 Kroll Ontrack사는 기업의 데이터 저장 방식의 평가부터 전자문서 검색 계획이나 전체 프로세스를 관리하기 위한 정책 또는 지침 수립을 돕는 문서 수집관련 전문 가이드인 ESI* 컨설팅 서비스를 시작했다.

전통적인 프로세스 매핑과는 다르게 작업지도는 고객이 하고 있는 일What customers are doing을 기록하는 것이 아니라, 완수하고자 하는 작업What customers are trying to get done이나 작업을 성공적으로 완수하기 위해 거쳐야 하는 단계를 도식화하는 것이다. 작업 단계의 유효성을 검증하기 위해 두 가지를 확인한다. 첫째, 작업 단계는 작업을 수행하는 모든 고객에게 적용 가능해야 한다. 만일 해당 작업을 수행하는 일부 고객에게만 단계가 해당된다면 유효한 작업 단계가 아니다. 신뢰할 수 있는 작업 단계는 고객이 어떻게 하는지가 아닌 고객이 무엇을 완수해야 하는지가 바탕이 되어야 하기 때문이다. 둘째, 고객이 궁극적으로 달성하려는 것을 구체화해야 한다. 예를 들어, 어떤 고객은 예산을 수립하고, 어떤 고객은 매일 계좌의 잔액을 체크하지만, 이런 업무들은 작업지도의 단계가 될 수 없다. 왜냐하면 위와 같은 행동은 매일 자금을 관리하는 모든 고객에게 적용되지도 않고 궁극적인 목표를 반영하고 있지도 않기

* Electronically Stored Information

때문이다. 자금 관리라는 상황에서 '예산 수립'의 궁극적인 목표는 지출 계획을 세우는 것이지만, '예금 잔액 조회'의 궁극적인 목표는 사용 가능한 금액 확인이다. 이런 궁극적인 목표가 작업 단계이고, 공통 작업지도의 단계가 된다.

작업지도를 도식화할 때 가장 가치 있는 인사이트를 얻는 방법은 고객 인터뷰다. 표 3-2는 작업지도를 만들 때 사용할 수 있는 질문을 요약해 놓았다.

고객의 작업을 제대로 도식화하려면 적절한 질문을 해야 한다. 예를 들어, "작업을 완수하기 위해 거치는 다양한 단계에서 고객이 무엇을 달성하려고 노력하는가?" 그리고 "작업을 성공적으로 완수하기 위해 해당 단계에서 어떤 일을 해야 하는가?"와 같은 질문을 한다. "고객이 작업을 어떻게 실행하는가?"와 같은 질문은 유의해야 한다. 왜냐하면 이 질문은 솔루션이나 고객의 활동을 도식화하는 것이지 고객이 완수하고자 하는 핵심 작업을 도식화하는 것은 아니기 때문이다.

이제부터 소개할 공통 작업 단계에서는 특정 작업의 도식화와 가치 창출의 기회 모색을 위한 일반적인 가이드general guidance를 제공한다. 하지만 이것은 그저 가이드일 뿐이다. 특정 고객의 작업을 도식화할 때 그림 3-1에서 사용한 동사와 다른 동사를 사용할 수도 있을 것이다. 또한 공통 작업지도에서 사용된 단계 외에도 다양한 단계가 존재할 수도 있고, 그 단계들은 상황에 따라 순서가 달라질 수 있다. 하지만 기업이 그림 3-1과 표 3-2의 질문을 참고하면, 고객의 작업을 도식화할 때 필요한 중요한 단계들을 놓치지 않을 것이다. 작업 도식화 후에는 핵심 서비스 혁신을 위한 기회를 발견할 수 있다.

표 3-2 핵심 작업지도 작성 질문

혁신의 기회를 찾기 위해서는 고객이 완수하려고 하는 작업을 분석해야 한다. 다음에 제시되어 있는 질문들을 활용함으로써, 고객 또는 내부 전문가internal expert와의 간단한 인터뷰만으로도 고객의 작업을 도식화할 수 있다. 　먼저, 작업의 상황context and a frame of reference을 이해하기 위해 '실행execution' 단계를 파악해야 한다. 다음으로 작업을 완수하기 위한 각 단계의 역할을 알아보기 위해 '실행' 이전과 이후의 단계들을 각각 조사한다. 　프로세스 솔루션(현재 무엇을 수행하고 있는가)이 아닌 작업 단계(고객이 무엇을 완수하고자 하는가)를 도식화하고 있는지 확인하기 위해 각 단계에서 유효성 검증을 실시한다.
유효성 검증 Validating Questions 이 단계가 고객이 완수하고자 하는 것을 설명하는가, 아니면 단지 근본적인 목적을 달성하기 위해 수행한 것을 설명하는가? *유효한 단계*. 고용 기록의 타당성을 입증한다. *유효하지 않은 단계*. 지원자의 과거 고용주에게 연락을 한다. 이 단계는 그 작업을 수행하는 모든 고객에게 보편적으로 적용되는가? 아니면 고객에 따라 달라지는가? *유효한 단계*. 투자 성과 모니터링하기 *유효하지 않은 단계*. 투자 금액을 스프레드시트에 기입하기
실행 단계 정의 Defining the Execution Step 작업을 완수하는 과정에서 반드시 성취해야 하는 가장 핵심 과제는 무엇인가? • **단계 유효성 검증**
실행 전 단계 정의 Defining Preexecution Steps 성공적으로 작업을 완수하기 위해 고객은 실행 단계 전에 무슨 일을 해야 하는가? • 고객은 실행 단계 이전에 무엇을 정의하고 계획해야 하는가? • 고객은 무엇을 찾고 수집해야 하는가? • 고객은 무엇을 준비하고 정립해야 하는가? • 고객은 실행 단계 전에 무엇을 확인해야 하는가? • **단계 유효성 검증** (계속)

실행 후 단계 정의 Defining Postexecution Steps

성공적으로 작업을 완수하기 위해 고객은 실행 단계 후 무슨 일을 해야 하는가?

- 고객은 작업이 성공적으로 완수되었는지 확인하기 위해 실행 단계 후 무엇을 모니터링하고 확인해야 하는가?
- 고객은 실행 단계 후 무엇을 변경하거나 조정해야 하는가?
- 작업을 마무리 짓기 위해서 혹은 다음 작업을 준비하기 위해서 하는 일은 무엇인가?
- **단계 유효성 검증**

출처: Lance A. Bettencourt와 Anthony W. Ulwick, "Customer-Centered Innovation Map", 하버드 비즈니스 리뷰 86. 5호 (2008년 5월): 109-114.

정의 단계

작업을 성공적으로 완수하기 위해서 무엇을 정의해야 하는가?

정의 단계에서 작업을 완수하기 위해 필요한 개인의 요구 사항과 작업의 필수 사항을 정의하고, 작업에 어떻게 접근할지 계획하고, 작업 완수를 위해 필요한 자원과 투입요소를 확인하고 선택한다. 투자자들은 투자의 우선순위investment priorities와 투자 위험 감수도risk tolerances를 정의해야 하기 때문에 이 단계를 '재무목표수립' 단계라고 한다. 마찬가지로 연구원들은 수많은 과학 관련 정보 중에서 성공적인 연구를 위해서 필요한 정보를 파악해야 하기 때문에 정의 단계를 '연구 질문 설정' 단계라고 한다. 또 학생들은 필요한 역량을 파악하는 것이 성공적인 학습을 위한 전제 조건이기 때문에 이 단계를 '필수 역량 진단'이라고 정의한다.

기업은 정의 단계에서 고객이 자신의 목표를 정확히 이해할 수 있도록 도와주고, 자원 계획 과정을 간소화하고, 필요한 계획의 양을 줄여줌으로써 가치를 제공할 수 있다. Weight Watchers사*가 체중 감량을 위해 식단을 계획하는 고객을 어떻게 돕는지 살펴보자. 첫째, 기업은

* 다이어트 제품과 프로그램 서비스 브랜드

고객(체중 감량을 원하는 사람)이 칼로리나 탄수화물을 계산하는 번거로움을 덜어주기 위해서 모든 식품 정보를 알려주는 핵심 체중 감량 플랜을 제공한다. 또한 다이어트에 적합한 요리법과 식단도 제공한다. 탄력적인 다이어트를 원하는 고객을 위해 Weight Watcher사는 27,000여 가지의 식품 정보와 그들이 좋아하는 음식이 다이어트에 미치는 영향을 알려준다.

찾기 단계

성공적으로 작업을 완수하기 위해 어떤 자원을 투입해야 하는가?

투입되는 자원은 유형(e.g., 수술을 위해 간호사가 준비하는 수술 도구)일 수도 있고 무형(e.g., 연구원들이 찾고자 하는 정보의 출처)일 수도 있다. 고객은 찾기 단계에서 필요한 자원을 찾고, 필요하지 않은 자원을 걸러내는 작업을 한다. 수술실 간호사는 의사의 선호도 또는 수술의 특성을 고려하여 다양한 수술 도구를 확보한다. 투자자는 가능성이 있는 투자 상품의 정보를 찾는다. 납세자는 소득세 신고에 필요한 다양한 문서와 서식을 검색한다.

유형 자원의 경우, 찾기 단계를 간소화하여 새로운 가치를 창출할 수 있다. 찾기 단계를 간소화하면 고객은 필요한 자원을 쉽게 모을 수 있고, 자원이 필요할 때 언제 어디서든 사용할 수도 있으며, 자원을 낭비하는 작업을 최소화할 수도 있다. 정보와 같은 무형 자원의 경우, 유형 자원을 사용할 때보다 더 많은 가치를 창출할 수 있다. 기업은 고객이 저장된 정보를 검색할 수 있게 돕고, 새로운 정보를 이용할 수 있도록 하며, 정확한 정보를 수집할 수 있게 한다. U-Haul사*가 이사에 필요

* 미국 트럭 트레일러 전문 렌탈 업체

한 물품을 어떻게 공급하는지 살펴보자. U-Haul사는 고객이 이사할 때 필요한 상자와 물품을 종류별로 갖춘 이사용품 세트를 제공하며, 모든 물품을 한 곳에서 공급하여 고객 편의를 도모했다. 또한 eMove사*와 제휴하여 고객이 포장업자, 보모, 청소부, 페인트 공에게 신속한 도움을 받을 수 있도록 하였다.

준비 단계

성공적으로 작업을 완수하기 위해 무엇을 준비해야 하는가?

대부분의 고객의 작업에는 작업에 투입되는 자원 또는 재료를 준비하고 정리하는 단계가 포함된다. 예를 들어, 소득세를 신고하는 납세자는 소득 공제나 세금 공제를 받기 위해서 다양한 양식을 준비한다. 연구원은 올바른 연구 결과를 얻었는지 확인하기 위해 구체적인 질문을 준비한다. 자재 관리자는 물량을 주문하기 전에 재고량을 조사한다. 또한 고객이 하고자 하는 많은 일은 물리적 환경 준비를 필요로한다. 수술실 간호사는 수술실을 마련하고, 수술받을 환자를 준비시킨다. 교사는 강의 자료와 교재를 준비한다. 소프트웨어 테스트 담당자는 테스트를 하기 위한 테스트 환경을 준비한다.

물리적 자원physical inputs의 경우, 사용 방법을 고려해 자원을 정리하고, 필요한 자원들이 제대로 준비되었는지 확인하고, 복잡하지 않은 서비스를 제공해야 한다. 만약 준비해야 하는 자원이 정보인 경우, 고객에게 의미 있는 방식으로 정보 수집, 통합, 평가를 지원하는 서비스를 제공해야 한다. 예를 들어, RBC Direct Investing사**는 투자 옵션을 쉽

* 미국 이사 관련 원스톱 서비스 제공 업체

** 캐나다 Royal Bank of Canada의 디스카운트 브로커 증권사

게 비교하는 툴을 제공한다. 투자자들은 비교 툴을 이용해 각 투자 옵션의 기본적인 특징, 장단점을 파악할 수 있으며, 각 투자 옵션에 어떤 유형의 위험 요소가 있는지 판단할 수 있다.

확인 단계

핵심 작업을 성공적으로 완수하기 위해 고객은 무엇을 확인해야 하는가?

준비 단계를 마치면 고객은 실질적으로 작업을 실행하기 위해 어느 정도 준비가 진행되었는지를 확인한다. 확인 단계에서 고객은 재료와 작업 환경이 제대로 준비되었는지 확인하고 자원의 품질을 검증한다. 그리고 실행 가능한 옵션 중 우선순위를 정한다. 작업 실행은 철저한 준비에 달렸기 때문에 확인은 최우선 사항이다. 예를 들어, 납세자는 소득세를 신고하기 전에 소득 공제나 세금 공제 여부를 확인하고, 인사팀은 채용 전에 입사 지원자의 배경을 조사한다.

이 단계에서 가치를 제공하고자 하는 기업은 고객이 확인 단계에 필요한 정보와 피드백을 얻을 수 있도록 도와야 한다. 일례로, 실행 단계에서 선택할 수 있는 옵션이 여러 가지일 때 고객의 결정을 도와주는 것이다. 확인 단계를 준비 단계 또는 찾기 단계에 접목시켜 고객이 좀 더 쉽고 빠르게 작업을 진행할 수 있도록 도울 수 있다. 예를 들어, Kroll사의 경력 조사 서비스background screening services를 활용하여 입사 지원자와 기존 직원들의 신원과 경력을 검증하고, 업무에 영향을 미칠 수 있는 문제점을 색출하여 자격을 갖춘 사람을 고용할 수 있다. 또한 Kroll사는 법률, 범죄, 정부 서비스 전문가들로 팀을 구성해 공문서 같은 주요 정보를 찾고, 입사 지원자의 신원 보증인과 면담을 하여 보다 정확하고 완벽한 경력조사 서비스를 제공하고 있다.

실행 단계

이루고자 하는 핵심 목표를 성공적으로 완수하기 위해 고객은 무엇을 해야 하는가?

실행 단계는 작업에 따라 다양한 이름으로 불린다. 소득세 신고, 정보 출처 검색, 수술 집도, 역량 개발 등이 실행 단계에 해당된다. 실행 단계는 핵심 단계이기 때문에 고객이 작업을 성공적으로 완수했는지를 평가하는 데 중요한 기준이다. 특히 문제 예방avoiding problems과 결과 최적화optimizing results라는 두 가지 핵심 측면을 관리함으로써 가치를 높일 수 있는 기회를 많이 발견할 수 있다. 인사 관리자는 높은 기대치를 갖고 입사해서 쉽게 퇴사하는 직원을 채용하고 싶어하지 않고, 직원의 역량과 자격 조건의 괴리를 최소화하여 최적의 결과를 얻고자 한다. 정보를 수집하는 사람은 관련된 모든 정보를 수집하고 싶어하지만 정확하지 않은 정보는 피하려고 한다. 병원 자재 관리자는 수술에 필요한 도구를 잊지 않고 주문하고, 효율적인 재고 관리를 원한다.

기업은 실행 단계에서 작업 실행의 상황적 요소(언제, 어디서, 누가)와 무관하게 뛰어난 성과를 내는 서비스를 제공하여 가치를 더할 수 있다. 또한 고객에게 실시간 피드백을 제공하거나, 실행 시 발생할 수 있는 문제나 지연, 병목 현상을 방지하고 최적의 결과를 얻을 수 있도록 하는 자동 실행 조정automatic execution correction 같은 기술적 노하우가 적용된 서비스를 제공할 수도 있다. H&R Block사*의 TaxCut Signature 서비스는 세금 신고 중에 발생할 수 있는 문제를 최소화하기 위해 기술적 지원과 전문가 지원 서비스를 모두 제공한다. TaxCut Signature는 납세를 미리 준비하려고 하는 사람에게 자동으로 오류를 점검해주고

---

* 미국의 세금 전문 업체. 세금 보고 대행 외에도 은행 업무나 개인 자산 관리, 비즈니스 컨설팅 등의 서비스 제공 (Wikipedia)

납세자의 생활패턴을 토대로 세금 혜택에 관해 조언을 해주는 온라인 서비스다. 또한 H&R Block사의 세무사에게 소득 신고서를 제대로 작성했는지 확인받거나 세금 관련 조언을 받을 수도 있다.

모니터링 단계

작업을 성공적으로 완수하기 위해 무엇을 모니터링하는가?

어떤 작업은 제대로 실행되지 않으면 손실이 크다. 그 손실을 방지하기 위해서는 적극적인active 모니터링이 필요하다. 물론 모니터링이 소극적인passive 작업도 있다. 어느 쪽이든 모니터링 단계는 실행 단계(관계 있다면 단기 결과 검증과 장기 성과 모니터링 포함)의 결과나 산출물을 분석하여 조정이 필요한지 파악하는 단계다. 실행 조정이 필요한지를 확인하기 위해 작업 환경의 모니터링이 필요한 경우도 종종 있다. 특정 유형의 인사이트를 얻고자 하는 연구원은 검색 쿼리를 통해 타당하고 적절한 결과를 얻었는지 그리고 충분한 정보를 수집했는지를 확인해야 한다. 납세자는 소득 공제나 세금 공제가 제대로 됐는지 확인하기 위해서 완성된 소득 신고서를 다시 검토한다. 소비자는 개인의 우선순위와 가용 자금을 고려하여 소비 계획을 조정해야 하는지 확인하기 위해 지출 내역을 모니터링해야 한다.

모니터링은 많은 시간이 소요되는 힘든 일이다. 그렇기 때문에 작업 실행에 있어 조정이 필요할 수 있는 문제점이나 환경 요소의 변화를 알려주는 것이 매우 중요하다. 더욱 가치 있는 서비스는 모니터링을 통해 작업 실행을 개선하거나 진단하여 피드백을 제공하는 것이다. 예를 들어, Aetna*사의 MedQuery 프로그램은 환자 관리라는 모니터링 단계

---

* 미국의 의료 보험 회사. 의료 보험 상품뿐만 아니라 의료, 제약, 치의료, 정신 건강 등 관련 서비스 제공 (Wikipedia)

에서 필요한 가치를 제공한다. MedQuery는 의료진이 실수로 누락할 수 있는 추천 치료법이나 약물과 질병의 상호작용과 같은 까다로운 사항들을 Aetna사의 데이터 분석과 의약청이 허용한 가이드라인에 따라 알려준다. 누락되거나 까다로운 사항이 발견되면, 담당 의료진에게 치료법을 개선할 수 있도록 알려준다.

수정 단계

전체 작업을 성공적으로 완수하기 위해서 어떤 수정이 필요한가?

자원이나 환경이 실행 단계에서 바뀌거나, 자원이 시간이 지남에 따라 보충되어야 하거나, 실행의 결과가 최적에 미치지 못할 때 업데이트, 조정, 유지 보수는 일반적으로 일어난다. 연구원은 연구 주제와 더 밀접하게 관련이 있는 결과를 얻으려고 검색 쿼리의 요소를 수정한다. 고객은 더 많은 돈을 저축하거나 지출 패턴을 개선하기 위해 자신의 지출 계획을 수정한다. 소프트웨어 아키텍트는 하드웨어, 비즈니스 프로세스, 인터페이스의 기술이 발전함에 따라 애플리케이션 디자인을 계속 업데이트한다.

수정 혹은 업데이트를 해야 한다면 고객은 언제, 어떻게, 무엇을, 어디서 수정해야 할지 판단해야 한다. 모니터링 단계와 마찬가지로 수정 단계는 많은 시간과 비용이 든다. 그렇기 때문에 고객이 언제, 어떻게 업데이트할지 판단하는 데 드는 시간과 원하는 결과를 얻기 위한 반복적인 조정 작업을 줄이는 것이 이 단계에서 최상의 서비스다. 추가적으로, 계획 단계와 준비 단계를 위한 서비스라면 수정 횟수 또는 빈도수를 줄이거나 생략할 수 있도록 해야 한다.

수정 단계의 좋은 예로 Martin's Point*가 제공하는 Martin's Point

---

* 미국의 비영리 목적의 의료 서비스 단체

건강 코치 서비스를 들 수 있다. 건강을 걱정하는 고객은 수신자 부담 전화 서비스를 이용하여 건강 전문가에게 다이어트, 운동, 생활 방식의 조정을 포함한 건강과 관련된 상담과 가이드를 받을 수 있다.

종료 단계

작업을 성공적으로 종료하기 위해 무엇을 해야 하는가?

단순한 작업의 실행과 종료 단계의 업무는 서로 밀접하게 연결되어 있다. 하지만 복잡한 작업을 성공적으로 종료하기 위해서는 한 가지 이상의 특수한 단계가 필요하다. 투자자는 향후 사용을 대비해 과거 투자 정보를 보관해야 하며, 새로운 지식을 학습하는 학생은 배웠던 지식을 활용할 줄 알아야 한다. 예비 주택 소유자는 그 주택에 대해 잘 알아야 하고, 소프트웨어 아키텍트는 개발 단계에 맞춰 디자인 계획을 공유해야 한다. 종료 단계는 고객에게 두 가지 측면에서 가치를 제공하는 좋은 단계이다. 첫째, 작업들은 서로 연결되어 순환하는cyclical 구조를 가지고 있다. 그래서 한 가지 작업의 결과는 주로 또 다른 작업의 시작이거나, 그 다음 순환의 시작에 영향을 미친다. 둘째, 고객은 핵심 작업이 끝나면 다른 작업을 하고 싶어 하기 때문에 이미 완료한 작업의 종료 단계를 거치는 것을 꺼리는 경우가 많다.

순환적인 작업은 하나의 작업 종료 단계가 새로운 작업의 시작으로 긴밀히 연결될 때 가치를 제공할 수 있다. 예를 들어, 문서 보관이라는 작업은 보관한 문서 찾기라는 작업으로 연결되어야 한다. 그리고 다른 단계와 마찬가지로 종료 단계를 돕는 것은 무엇이든 가치를 더할 수 있다. PayPal사*는 인터넷 상거래의 종료 단계를 돕는 효과적인 결제 서비

* 미국의 온라인 결제 및 송금 서비스 기업

스를 제공함으로써 인터넷 상품 판매의 종료 단계가 매우 편리해졌고, 엄청난 부가가치를 창출했다. 또한 PayPal사는 위험 감지 서비스, 판매자 보호, 구매자 및 판매자의 금융 계좌를 직접 연결하는 서비스를 통해 판매자의 판매 대금 회수 시간을 단축했고 대금 회수 방법을 다양화하였으며 인터넷 판매사기를 방지함으로써 새로운 가치를 창출하였다.

해결 단계

성공적인 작업 완수를 위해 어떤 문제가 해결되어야 하는가?

가장 단순한 작업이라도 중간 단계에 문제가 생기면 작업을 완수할 수 없다. 예를 들어, 주문한 물건이 늦게 도착하거나, 소득세 감사 대상이 되거나, 여행 계획이 취소되거나, 다이어트 중 예상치 못하게 체중이 증가하면 목표한 대로 작업을 완수할 수 없다. 이런 문제가 발생하면 핵심 작업을 실행하는 과정에서 손을 떼고 당면한 문제를 해결하기 위한 보조 작업ancillary job을 수행한다. 이 시점에서 고객이 원하는 것은 신속한 문제 해결이고, 올바른 관점에서 해결책을 제시해야 한다. "회계 감사 고지를 받은 납세자는 무엇을 준비를 해야 하는가", "간호사가 수술 중 상처를 입었다면, 혈액 감염 질환bloodborne disease에 걸리지 않기 위해 무엇을 해야 하는가?", "배송 받은 물품에 결함이 있다면 반품 시 판매자에게 어떤 조치를 요구해야 하는가?"

기업은 문제가 발생했을 때 문제점 진단 및 자원 지원, 고객 및 자원 보호 보장, 그리고 문제 해결 검증을 포함하는 문제해결 방안을 고객에게 제공하여 가치를 더한다. 각 단계에서 일어날 수 있는 문제점을 해결하는 것은 명백한 서비스의 가치다. Priority Traveller사*는 고객

---

* 영국의 Priority Travel Group의 자회사 · 항공권, 호텔, 렌터카 예약과 골프, 스파, VIP 라운지 등 여가 활동을 포함한 여행 산업 전반에 거친 서비스 제공

이 여행 중에 겪을 수 있는 문제를 해결하는 서비스를 제공한다. 만약 고객이 수화물을 분실하면, 수화물을 추적해 주고, 추적의 모든 과정을 고객에게 알린다. 또한 입원, (출장 중)예기치 않은 업무기기의 손실, 가지 못한 여행의 계약금 손실, 출발 지연으로 인한 숙박 시설 관련 문제와 같이 여행 중 겪을 수 있는 다양한 문제를 해결하는 여행 보험 서비스를 제공한다.

결과물 도출

고객의 작업을 도식화한 후에는 결과물을 도출할 수 있다. 고객은 요구 결과물desired outcome을 이용하여 작업의 결과를 평가한다. 고객은 작업지도의 각 단계에서 얻고자 하는 결과물이 있기 때문에 작업지도는 결과물 도출을 돕는 훌륭한 도구다.

고객은 작업을 평가할 때 세 가지 유형의 결과물만 생각한다. 세 가지 유형은 작업의 완수를 위해 투입하는 자원input, 작업의 실행 과정process, 그리고 산출물output이다. 직관적으로 작업은 프로세스이며 작업 단계는 하위 과정이다. 투입하는 자원의 결과물input outcome은 속도가 가장 중요하다. 세금을 납부할 때 공제를 받을 수 있는지를 판단하는 시간을 단축시키는 것이 좋은 예다. 하지만 정신적인 노력이나 필요한 재료 최소화도 고객의 주요 관심사가 될 수 있다. 프로세스 결과물process outcome의 핵심은 변동성variability을 줄이는 것이다. 즉, 작업을 계획대로 실행하지 못하게 만드는 문제를 미연에 방지하고 제거하는 것이 고객이 원하는 결과물이다(e.g., 합법적인 공제 사항 누락 최소화). 마지막으로, 산출물의 결과물output outcome에 관한 고객의 주요 관심사는 최적화된 결과다(e.g., 국세청 감사를 받게 될 가능성 최소화).

투입하는 자원, 작업의 실행 과정, 산출물을 고객이 중요하게 생각한다는 것을 이해한다면, 작업의 성공 여부를 평가하는 데 사용하는 결과물이 무엇인지 알아내는 것은 크게 어렵지 않다. 작업지도의 각 단계에 필요한 질문은 아래와 같다.

- 무엇이 [이 단계를] 많은 시간이 걸리게, 혹은 느리게 하는가? 무엇이 복잡하고 불편하게 만드는가?
- 무엇이 [이 단계를] 문제로 만들거나 혹은 어렵게 만드는가? 무엇이 작업을 일관성 없게 하거나 계획대로 실행되지 못하게 하는가?
- 무엇이 [이 단계를] 무의미하게 혹은 원하지 않는 결과물을 도출하게 하는가? 이상적인 결과물은 무엇인가?

작업을 완수하기 위해 고객은 솔루션을 사용하고, 결과물은 솔루션을 평가하는 기준이 된다는 것을 언급했다. 고객은 결과물을 토대로 솔루션을 선택하기 때문에 솔루션 선택의 이유를 분석하면 결과물이 무엇인지 알 수 있다. 여기서 효과적인 질문은 "[이 단계를] 완수할 때 무엇이 다른 솔루션보다 더욱 우월하거나 열등하게 만드는가?"이다. 작업 관련 진술과 마찬가지로, 질문자는 좋은 결과물 관련 진술 규칙을 따르는 결과물 관련 진술을 얻을 때까지 조사를 진행해야 한다. 비록 질문 리스트는 단순하더라도 좋은 직업 관련 진술을 얻기 위해서는 숙련된 인터뷰 진행자의 노력이 필요하다.

결과물을 도출하기 위해 일대일 인터뷰, 소규모 그룹 인터뷰, 관찰 인터뷰observational interviews를 취합한다. 고객은 작업 수행을 돕는 제품이나 서비스가 존재하지 않더라도 원하는 결과물에 대해 안다. 고객이 임시방편으로 마련한 솔루션이나 스스로 만든 솔루션을 이용해서라도 어떻게든 작업을 진행하고 있다면, 그들은 어디에서 작업의 지연, 문제점, 빈약한 결과가 발생하는지 안다. 따라서 가장 좋은 참고자료(작업)를 활용해 적절한 질문을 하는 것이 가장 중요하다.

숙련된 인터뷰 진행자는 고객과의 인터뷰를 통해 고객 작업의 성공 여부를 판단할 수 있는 최소 80개에서 120개 이상의 많은 결과물을 알아 낼 수 있다. 이 결과물을 통해 고객이 작업을 완수할 때 가치를 어떻게 판단하는지를 정확히 알 수 있다. 그 다음 기업은 고객이 현재 가장 중요하게 생각하지만 가장 만족하지 못하는 결과물을 찾아야 한다. 중요하지만 불만족스러운 결과물은 핵심 서비스 혁신에 가장 좋은 기회이기 때문이다.

우리는 TD은행으로부터 고객의 '일일 자금 관리'라는 작업의 결과물을 파악해 달라는 의뢰를 받았다. 약 50명의 소비자와 개인 인터뷰나 그룹 인터뷰를 진행해 10개의 핵심 작업 단계에 총 82개의 결과물이 존재한다는 것을 밝혀냈다. 또한 '매 급여지급 주기당, 계획한 저축액을 예금할 가능성 증대'와 같은 결과물 조사를 통해 Simply Save 프로그램을 제공하게 되었다. Simply Save는 고객이 TD 은행의 직불카드를 사용하거나 출금할 때마다 일정 금액이 저축 예금 계좌로 이체되는 서비스이다. 거래 건마다 저축 예금 계좌로 이체되는 금액은 고객이 설정할 수 있다. 또한 온라인 계산기 서비스를 제공하여 Simply Save에 참여할 때 저축 금액을 추정할 수 있도록 하였다.

보완 솔루션을 활용한 핵심 작업의 정의

현재 제공하는 서비스를 점검하고 핵심 서비스 혁신을 고려할 때, 기업은 "우리의 서비스는 고객이 어떤 작업을 완수하는 것을 돕는가?"를 질문함으로써 시작할 수 있다. 다양한 관점의 대답이 있을 수 있다. 예를 들어, 어떤 사람은 고객이 공과금 납부를 위해 기업의 서비스를 이용한다고 할 수도 있고, 다른 사람은 고객이 자금 관리를 위해서 기업의 서비스를 이용한다고 말할 수도 있고, 두 가지 관점 모두를 포함한 대답을 할 수도 있다. 종종 높은 수준의 작업higher-order job을 완수하는 데 있어서 낮은 수준에서 정의된 작업이 하나의 단계가 되기도 한다. 즉, 공과금 납부는 자금 관리라는 작업을 완수하기 위한 하나의 단계일 수 있다. 높은 수준의 작업을 완수하기 위해서, 고객은 개별적distinct이지만 서로 상호 보완적인complementary 솔루션이 필요하다. 즉, 기업의 서비스는 고객이 완수하고자 하는 높은 수준의 작업 중 하나의 단계를 돕지만, 높은 수준의 작업을 완수하기 위한 다른 단계를 고려함으로써 더 많은 서비스 혁신의 기회를 찾을 수 있다. 자동차 수리, 인테리어 디자인처럼 서비스 제공자에게 작업의 실행을 맡기는 경우 더욱 그렇다.

더 높은 수준의 작업을 식별했다면 기업은 초기의 핵심 작업을 정의하고 "이 작업은 서비스 혁신을 위해 더 많은 인사이트를 제공할 수 있는 높은 수준의 작업의 일부인가?" 또는 "우리의 서비스가 다른 서비스와 상호 보완할 수 있는 작업이 있는가?" 같은 질문을 해야 한다. 예를 들어, Kroll Ontrack사는 손상된 데이터를 복구하는 서비스를 제공한다. 그러나 고객의 작업을 그저 '손상된 데이터 복구'라고 생각하기보다 '데이터 손실 방지'라는 더 높은 수준으로 작업을 정의한다면 계획, 실행, 모니터링과 같은 새로운 서비스를 제공할 수 있다. 비슷한 예로 Elsevier사는 과학 리서치 자료 검색 서비스를 제공한다. 하지만 작업을 **'정보 검색'**이라고 정의하기보다 리서치 질의서 작성, 출판 경로 선택, 논문 작성 단계를 포함하는 더 높은 수준의 작업인 **'학술 연구'**로 정의하는 것이 더 바람직하다. 마지막 예시는 Travelocity사*가 제공하는 여행 예약 서비스다. 이 작업을 '여행 예약'으로 정의하는 것보다 사전 계획, 여행, 귀가 단계를 포함하는 '여행'이라는 더 높은 수준의 작업의 준비 단계로 인식한다면 더 많은 혁신의 기회를 찾을 수 있다.

대체 솔루션을 활용한 핵심 작업의 정의

의미 있는 핵심 서비스 혁신을 모색하는 기업은 핵심 작업을 특정서비스로 정의하거나 서비스와 전혀 관련 없게 정의해서는 안 된다. 작업 관련 진술이 **제공받다**obtain와 동의어인 **얻다**get, **취하다**take, **받다**receive, **가지다**have 같은 동사들이 반복되거나 작업 정의가 작업이 아닌 서비스 또는 서비스 제공자를 정의하고 있다면 핵심 작업이 잘못 정의된 것이다. 주로 문제가 되는 핵심 작업 관련 진술의 예로는 **이발하다**get a haircut, **투자하다**have money invested, **호텔에 투숙하다**stay at a hotel, **집을 짓다**have a home built, **의료 서비스를 이용하다**receive health care services, **변호사로부터 자문을 구하다**get advice from a lawyer, **전시회에 가다**attend a show 등이 있다. 서비스 딜리버리의 혁신에 초점을 맞춘 4장에서는 서비스를 솔루션으로 간주하는 서비스 이용을 위한 공통 작업지도를 소개한다. 위에서 제시한 작업 관련 진술은 4장에서 소개할 방법으로 해결 가능하다. 그러나 지금은 더 넓은 범위에서 살펴보겠다.

이미 언급한 바와 같이 핵심 작업을 서비스 자체로 정의하는 오류를 범하지 않기 위해서는 보완 솔루션을 활용해 작업을 정의해야 한다. 또 다른 방법은 대체 솔루션substitutes을 활용해 작업을 정의하는 것이다.

---

* 미국 인터넷 여행사: 항공권, 렌터카, 호텔 예약 안내 및 여행 상품 정보 제공

즉, 유용한 솔루션을 제공하는 제품뿐 아니라 여러 유형의 서비스로써 작업을 정의한다. 많은 시장에서 고객의 서비스는 작업을 완수하기 위해 이용하는 주요 수단이지만, 서비스가 작업을 완수하기 위한 솔루션의 일부에 불과한 시장도 있다. 특히, 대체 솔루션을 활용해 작업을 완수하는 고객의 핵심 작업이 그렇다. 예를 들어, '저축(절약)'이라는 작업은 은행에 가는 고객이나 물건을 구입하는 고객에게 동일하다. 마찬가지로 '학습'이라는 작업은 이러닝, 개인과외, 독학을 하는 사람에게 동일한 작업이다. 또한 '건강 상태 진단'이라는 작업은 WebMD를 이용하는 고객이나 의사를 찾아가는 고객에게 동일하다.

대체 솔루션을 활용해 작업을 정의한 후에, 기업은 작업의 단계에 대체 솔루션을 어떻게 적용하는지를 도식화하고 솔루션 종류와 관계없이 어떤 결과물을 가지고 작업의 완수 여부를 평가하는지를 알아야 한다. 이것은 서비스뿐 아니라 제품을 이용하는 고객 그리고 비고객non-customers에게 필요한 핵심 서비스 혁신의 기회이다.

감정 작업과 결과물의 연관성

2장에서는 기업이 고객의 감정 작업을 어떻게 발견하는지를 다뤘고, 이 장에서는 고객이 특정 작업의 성공 여부를 판단하는 결과물을 파악하는 방법에 대해 다뤘다. 그렇다면, 결과물과 감정 작업은 서로 어떠한 연관이 있을까?

감정 작업은 결과물이 없다. 대신 감정 작업의 성공 여부는 핵심 작업의 성공 여부에 따라 영향을 받는다. 예를 들어, 체중 감량 시 '자신감을 느낀다'는 감정 작업은 솔루션이 건강에 해로운 음식을 먹고 싶은 니즈를 얼마나 잘 줄여주는지, 특정 음식을 먹어도 되는지 결정하는 데 걸리는 시간을 줄여줄 수 있는지와 같은 핵심 작업의 결과물에 달려있다. 다시 말해, 특정 솔루션이 핵심 작업을 완수하는 과정에서 만족스러운 결과물을 산출할 수 있도록 도와준다면, 이것은 고객의 감정 작업도 만족시키는 것이다.

핵심 서비스 혁신 기회를 추구하는 데 있어서 기업은 어떠한 감정 작업이 핵심 작업의 결과물과 연관이 있는지 궁금할 것이다. 간단한 확인법은 설문조사를 통해 감정 작업과 결과물 만족도의 상관관계를 분석하는 것이다.[3] 어떤 감정 작업이 결과물과 매우 밀접하게 연관되어 있는지를 파악하면 감정 작업을 포함한 핵심 서비스 혁신을 만들어낼 수 있다. TD은행의 경우, 어떤 감정 작업이 '일일 자금 관리'와 관련된 가장 중요한 결과물과 강한 연관성을 갖는지 분석했다. 그 결과, '걱정 없음을 느끼는 것'과 '신뢰를 느끼는 것'이라는 감정 작업을 강조하도록 핵심 서비스를 혁신해야 한다는 것을 깨달았다. 기업의 브랜드 이미지가 특정 감정 작업과 연관되어 있다면 기업은 반대의 과정을 거쳐야 한다. 즉, 어떤 결과물이 감정 작업과 연관되어 있는지를 파악하는 것이다. 이 과정은 기업이 핵심 서비스 혁신을 위한 결과물 기회를 선정할 때에도 도움이 될 것이다.

요약

핵심 서비스 혁신은 고객이 특정 작업을 더 잘 완수하는 것을 돕는 기회를 찾는 것에 달려있다. 이를 위해, 기업은 먼저 고객이 현재 서비스를 이용해 완수하고자 하는 핵심 작업을 정의한다. 가장 혁신적인 인사이트를 얻기 위해서 보완 솔루션과 대체 솔루션을 포함한 범위로 고객이 하고자 하는 일을 정의한다. 이 과정을 통해 기존 서비스를 개선할 수 있을 뿐만 아니라 새로운 서비스를 창출할 수도 있다.

혁신의 기회는 고객의 작업을 완수하는 것을 돕는 것에 있다. 이 기회는 고객이 작업을 완수하며 거치는 각 단계마다 존재한다. 공통 작업지도는 이러한 기회를 찾는 데 도움이 된다. 작업지도는 고객이 무엇을 하고 있는지를 나타내는 것이 아니라, 작업을 성공적으로 완수하기 위해 성취해야 하는 단계를 표현하기 때문에 핵심 서비스 혁신의 기회를 발견할 수 있게 해준다. 하지만 더욱 깊은 인사이트를 찾기 위해서는 고객이 각 단계에서 성공을 평가하는 데 사용하는 결과물을 파악하고 우선순위화해야 한다. 고객이 중요하다고 생각하지만 만족하지 못한 결과물은 핵심 서비스 혁신의 최우선순위 기회다.

CHAPTER 4

서비스 딜리버리 혁신을 위한 기회 모색

Discover Opportunities for Service Delivery Innovation

| 서비스 딜리버리 혁신을 위한 기회 모색 |

서비스 딜리버리 혁신의 목적은 고객의 서비스 이용 방법을 개선하는 데에 있다. 이것은 새로운 솔루션 발굴이 아닌 기존 서비스를 개선할 방법을 모색하는 좁은 개념의 혁신이다. 고객이 작업을 완수하기 위해 서비스를 이용하기로 결정했다면, 서비스 혜택을 '소비하는consuming' 과정을 시작한 것이다. 만약의 사고를 대비해 자동차 보험에 가입하려면(핵심 작업), 자동차 보험의 혜택을 누리기 위해 몇 가지 해야 할 일들이 있다. 우선 보험사에 연락해 보험 적용 범위를 정해야 하고, 만약 불행하게도 사고가 났다면 보험사에 보험금을 청구해야 한다. 이 장에서는 고객의 핵심 작업보다 고객이 서비스를 이용하기 위해 거쳐야 하는 소비사슬 작업consumption chain job에 초점을 맞출 것이다.

이 장에서는 서비스 이용을 위한 소비사슬 작업을 도식화한 공통 작업지도를 소개한다. 공통 작업지도를 통해 패스트푸드 음식점이나 은행에서도 서비스 딜리버리를 개선할 기회를 찾을 수 있다. 즉, 공통 작업지도는 서비스 딜리버리 혁신 기회를 찾는 기업에게 체계적인 접근법을 제공한다. 공통 작업지도로 고객이 서비스를 이용하기 위해 거치는 과정과 각 단계에서 성공 기준을 어떻게 정의하는지를 알 수 있다.

서비스 이용을 위한 공통 작업지도

핵심 작업과 달리 소비사슬 작업은 특정 서비스나 보완 서비스를 염두에 두고 정의해야 한다. 주서비스(호텔 숙박)이든 서브서비스(룸서비스)이든 고객의 서비스 소비가 핵심이다.

핵심 작업이 솔루션과 무관하게 정의되어야 하는 것처럼 일반적으로 소비사슬 작업도 서비스 딜리버리 형태(e.g., 대면 서비스 또는 인터넷 서비스, 셀프 서비스 또는 풀서비스)와 무관하게 정의되어야 한다. 왜냐하면 서비스가 특정 딜리버리 형태에 얽매이면 혁신 기회의 영역이 그 형태에 국한되고, 다양한 서비스 딜리버리 형태의 장점과 단점을 비교할 수 없기 때문이다.[1]

서비스 이용을 위한 작업 관련 진술은 핵심 작업 관련 진술과 마찬가지로 항상 특정 동사를 취해야 한다. 그리고 작업 관련 진술은 반드시 고객의 관점에서 작성되어야 한다. 3장에서 설명한 것처럼 작업 관련 진술은 '제공받다obtain, 얻다get, 취하다take, 받다receive, 가지다have'와 같은 동사를 포함하며 직간접적으로 서비스 또는 서비스를 통해 얻는 이익에 대해서 설명한다.

서비스 이용을 위한 작업 관련 진술의 예시는 아래와 같다.

- 수업을 듣다 (교육)
- 집을 짓다 (건축)

- 의료 서비스를 받다 (보건 의료)
- 인터넷 접속 서비스를 이용하다 (공익사업)
- 자동차를 빌리다 (소매)
- 상업대출을 받다 (금융)
- 호텔에 투숙하다 (숙박업)
- 비행기를 타다 (교통)
- 행사에 참여하다 (엔터테인먼트)
- 세탁을 맡기다 (개인 서비스)

작업이 정의되면 고객의 관점에서 서비스 이용을 위해 거쳐야 하는 단계들을 도식화해야 한다. 도식화를 통해 서비스 딜리버리 과정에서 고객이 중요하게 생각하는 가치에 대한 전반적인 시각을 갖게 된다. 이를 깨닫는다면 고객이 원하는 가치를 창출하고, 각 단계 또는 전체 작업에서 차별화된 서비스 딜리버리 혁신을 제공할 수 있다.

그림 4-1은 서비스 이용을 위한 공통 작업지도다. 공통 작업지도는 3장에서 언급한 핵심 작업지도를 토대로 만들어졌지만, 서비스 이용을 위한 작업에 맞게 조정되었다. 특정 서비스에만 관련이 있는 단계가 있을 수 있지만, 훨씬 더 구체적으로 단계를 표현했다. 각 단계를 설명하면서 이 차이점을 설명하겠다.

그림 4-1에서 볼 수 있듯이 서비스 니즈를 정의하는 단계의 시작은 고객이 서비스 제공자에게 연락하기 이전에도 발생할 수 있다. 서비스 이용에 관련된 작업은 서비스 종료 시점까지 여러 활동을 수반한다. 시작부터 종료에 이르기까지는 서비스 제공자와 연락, 서비스 옵션 평가 및 선택, 서비스 계획 확정 및 서비스 딜리버리 시작, 고객 책임 이행, 서비스 이용, 서비스 딜리버리 평가 및 모니터링, 서비스 계획 수정

그림 4-1 서비스 이용을 위한 공통 작업지도

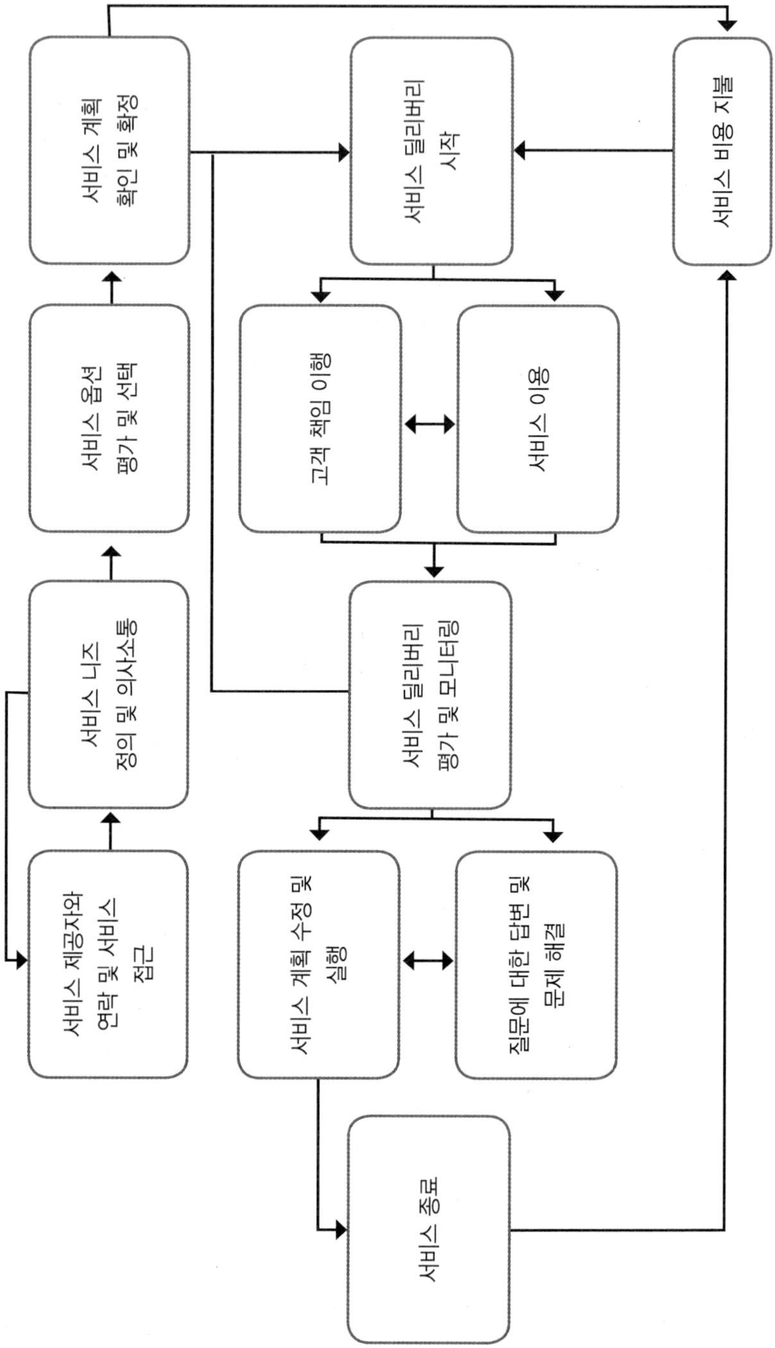

및 실행, 질문에 대한 답변 및 문제 해결, 그리고 서비스 비용 지불과 같은 활동이 있다.[2]

서비스 청사진service blueprinting에 익숙한 독자들은 그림 4-1의 공통 작업지도와 서비스 청사진 프로세스의 고객 활동 요소 간에 유사점을 발견할 수 있을 것이다. 확실히 이 둘은 공통점을 가지고 있다. 두 접근법 모두 서비스를 프로세스처럼 시각화하였다. 그러나 작업지도의 초점은 다르다. 서비스 청사진은 서비스가 제공되는 방식을 시각적으로 표현한 것이다.[3] 서비스 청사진의 목적은 특정 고객군을 위한 의미 있는 고객 접점과 상호작용service encounters and interactions을 파악하는 것이다. 이것은 서비스 디자인과 개발에 유용하다. 반대로 작업지도는 서비스 이용을 통해 고객이 성취하는 것과 혜택을 시각적으로 표현한다. 작업지도는 고객 접점을 나타내지 않는다. 대신 서비스 이용의 목적과 서비스를 성공적으로 이용하기 위해 수행해야 하는 단계를 보여준다. 따라서 서비스 디자인에도 도움이 될 수 있지만, 서비스 딜리버리 혁신에 유용하다.

서비스 이용을 위한 공통 작업지도와 고객 인터뷰를 통해 특정 서비스에 대한 작업지도를 그릴 수 있다. 기업이 어느 단계의 작업을 도식화해야 하는지 사전에 알고 있고, 이러한 고객의 작업에 초점을 맞춘 고객 인터뷰는 전체 작업에 대한 풍부한 인사이트를 제공하기 때문에 많은 인터뷰가 필요하지는 않다. 작업 도식화 후에는 고객이 특정 서비스를 이용할 때 각 단계에서 성공을 판단하는 결과물을 파악함으로써 서비스 딜리버리 혁신 기회에 대한 추가 인사이트를 얻을 수 있다. 또한, 작업의 모든 단계에서 서비스 딜리버리를 혁신적으로 차별화할 수 있는 방법도 생각해 볼 수 있다.

작업지도를 만들 때 필요한 질문은 표 4-1에 있다.

표 4-1 서비스 이용을 위한 작업지도 작성 질문

<table>
<tr><td>
혁신의 기회를 찾기 위해서는 고객이 완수하려고 하는 작업을 분석해야 한다. 다음에 제시되어 있는 질문들을 활용함으로써, 고객 또는 내부 전문가와의 간단한 인터뷰만으로도 고객의 작업을 도식화할 수 있다.

핵심 작업과 마찬가지로, 작업의 상황을 이해하기 위해 '서비스 이용receive service' 단계에서 시작할 수도 있다. 그러나 이 작업에서는 각 단계가 서비스에서 어떤 의미를 갖는지 정의하기 위해 작업지도의 시작에서부터 순서대로 단계를 확인하는 것이 더 좋다.

프로세스 솔루션(현재 무엇을 수행하고 있는가)이 아닌 작업 단계(고객이 무엇을 완수하고자 하는가)를 도식화하고 있는지 확인하기 위해 각 단계에서 유효성 검증을 실시한다.
</td></tr>
<tr><td>
유효성 검증validating questions

이 단계가 고객이 완수하고자 하는 것을 설명하는가, 아니면 단지 근본적인 목적을 달성하기 위해 수행한 것을 설명하는가?

유효한 단계. 대출 신청
유효하지 않은 단계. 대출 서류 작성

이 단계는 그 작업을 수행하는 모든 고객에게 보편적으로 적용되는가? 아니면 고객에 따라 달라지는가?

유효한 단계. 주문하기
유효하지 않은 단계. 주문하기 위해 공급자에게 연락하기
</td></tr>
<tr><td>
서비스 이용 전 단계 정의defining preobtaining service steps

서비스를 성공적으로 이용하기 위해 서비스 혜택을 받기 전 무엇을 해야 하는가?

• 필요한 서비스 연락처contacts 또는 정보는 무엇인가?
• 고객이 서비스를 이용하기 전, 정의하거나 제공해야 하는 서비스 니즈는 무엇인가?
• 평가하고 선택해야 하는 옵션은 무엇인가?
• 확정, 이해, 승인해야 하는 것은 무엇인가?
• 단계 유효성 검증

(계속)
</td></tr>
</table>

서비스 이용 중 단계 정의defining the obtaining service Steps

서비스 또는 서비스 혜택을 받기 위해 고객은 무엇을 해야 하는가?

- 서비스 딜리버리를 시작시키기 위해 고객은 무엇을 해야 하는가?
- 성공을 보장하기 위해 고객은 어떤 책임을 져야하는가?
- 고객이 받아야 하는 서비스 딜리버리 또는 다른 서비스 연락처contacts는 무엇인가?
- **단계 유효성 검증**

서비스 이용 후 단계 정의defining postobtaining service steps

서비스 또는 서비스 혜택을 받고난 후 무엇을 해야 하는가?

- 고객은 서비스 이용 중이나 후에 무엇을 모니터링하고 평가하는가?
- 고객은 어떤 서비스 계획이나 딜리버리의 조정을 시작 또는 실행하는가?
- 고객은 서비스 딜리버리와 관련하여 어떤 질문이나 문제점을 제시하는가?
- 고객은 서비스를 종료하거나 유지하기 위해 무엇을 하는가?
- 고객에게 요구하는 지불 방식은 무엇인가?
- **단계 유효성 검증**

우리는 글로벌 비즈니스 서비스 기업인 Ceridian Corporation*이 Ceridian의 HR 아웃소싱 서비스를 이용했던 HR임원들의 니즈를 파악하는 것을 도왔다. Ceridian사는 'the best care in the industry'로 포지셔닝하길 원했다. HR 아웃소싱 작업을 도식화하기 위해 HR 임원 30명을 인터뷰했다. 작업지도는 서비스 제공자와 서비스 니즈 정의, HR 아웃소싱의 영향 이해, 새로운 서비스 구축, 아웃소싱 서비스 지원, 인력 배치 관리, 기업 요구 사항 변경 적용, 그리고 직원 요청사항 지원과 같은 단계를 포함한다. 40가지 이상의 결과물의 우선순위를 정하여 Ceridian사는 서비스 딜리버리의 개선 기회를 발견했다.

Ceridian사가 서비스 딜리버리 혁신에 성공할 수 있었던 핵심 요인

* 미국, 캐나다, 유럽 등에서 HR 소프트웨어와 서비스를 제공하는 기업

은 서비스 니즈를 정의하고 고객이 서비스 계획을 이해하도록 도움을 준 것이다. Ceridian사는 서비스 표준service standards을 만들었으며 서비스를 고객이 시각화할 수 있도록 서비스 딜리버리 모델의 상세 프로세스를 개발하고, 각 단계의 요구 사항을 더 쉽게 설명할 수 있도록 했다. 또한 Ceridian사는 표준을 만들어 고객이 서비스의 내용을 이해할 수 있도록 도와주고, 우수 사례에 대한 정보를 고객에게 제공하며, 서비스 제공자가 고객의 특정 요구 사항을 이해했다는 것을 확인할 수 있도록 했다. 결과적으로 Ceridian사는 고객의 요구 사항을 잘못 이해할 가능성을 최소화하고, 고객과 협의되지 않은 아웃소싱 세부사항들을 최소화하며, 예상치와 실제 아웃소싱 서비스 수행시간의 오차를 최소화하고자 하는 HR 아웃소싱과 관련된 고객의 결과물을 알 수 있었다. 현재 Ceridian사에는 서비스 표준을 업데이트하고 새로 만드는 내부 전담팀이 생겼다. Ceridian사의 고객 자문위원회와 개선된 순추천고객지수Net Promoter Score는 고객만족도가 크게 향상되었다는 것을 말해준다.

뿐만 아니라, 고객은 Ceridian사가 관리하는 HR, 급여 시스템과 고객의 내부 운영 시스템 간의 데이터 이관에 관심이 많다는 것을 알게 되었다. 이전에 데이터 이관은 각 고객마다 이관 작업을 실행해 매우 노동 집약적이고 오류가 발생하기 쉬운 프로세스였다. 고객의 니즈를 이해한 Ceridian사는 고객의 업무량을 줄여 줄 뿐만 아니라, 서비스 신뢰성을 개선하는 데 도움이 되는 방법을 찾았다. 그 방법 중 하나로 Ceridian사는 데이터 이관 프로세스를 자동화하고 스케줄링할 수 있는 툴을 도입했다. 서비스 혁신 접근법의 장점에 대해 설명하며 HR 아웃소싱의 부사장인 Lance Reschke는 다음과 같이 말했다. "이것은 '어떻게'에 대한 것이 아니다. 이것은 '무엇'—고객은 무엇을 성취하려고 하는가? Ceridian사는 어떻게 고객의 요구 사항을 위한 최상의 서비스를 제공할 수 있을까?—에 대한 것이다. 이러한 고객에 대한 관심은 Ceridian사가 일반적인 만족도 조사로 발견하는 것보다 더 많은 서비스 옵션과 문제 해결 방안을 발견할 수 있게 한다."[4]

서비스 이용을 위한 공통 작업 단계universal job steps는 특정 작업의 도식화와 서비스 딜리버리 혁신에 대한 일반적인 가이드를 제공한다. 특정 서비스에 대한 작업을 도식화할 때, 그림 4-1에 없는 단계, 하나의 공통 단계에 포함된 여러 단계, 상이한 순서로 진행되는 단계, 몇 가지 단계들이 동시에 발생하기 때문에 결합을 해야 하는 단계가 있을 수 있다. 예상 가능한 일이다. 공통 작업지도는 단순히 일반적인 가이드다. 하지만 그림 4-1과 표 4-1를 활용하면 핵심 단계를 놓치지 않았는지 확인할 수 있다.

서비스 제공자와 연락 또는 서비스 접근

고객이 서비스를 성공적으로 이용하기 위해 어떤 서비스 연락 또는 접근이 필요한가?

서비스 이용을 위해 고객은 서비스 제공자에게 연락하거나 서비스에 대해 알아보려고 접근한다. 언제, 어떻게 연락할지, 만날 약속을 잡거나 서비스 제공자를 만나는 것(해당 기업의 특정인과 특정 장소에서)과 대면 또는 서면으로 만나는 것을 모두 포함한다. 대부분의 고객이 서비스를 이용할 때마다 연락 또는 접근이 발생한다. 예를 들어, 고객이 장을 보거나 어떤 행사에 참여할 때, 작업을 완수하기 위해 서비스에 접근한다. 명시적, 암묵적 장기 서비스 계획이 있는 서비스의 경우(e.g., 자동차 보험 또는 은행 업무)에는 서비스 정의의 한 부분으로 서비스 제공자와 최초 접촉이 발생하고, 후속 연락은 서비스를 제공하는 제공자에 의해서 이루어진다.

서비스 제공자에게 연락하거나 서비스에 대해 알아볼 때 고객은 언제, 어디서, 어떤 방법으로든 편리하고 빠르게 연락할 방법을 알기 원한다. 뿐만 아니라, 고객은 확실하고 안전한 서비스 접근을 원한다. Virgin Atlantic* 사의 Upper Class 서비스는 퍼스트클래스 승객의 니즈를 만족시키기 위한 서비스다. 운전기사가 승객을 공항까지 무료로 데려다주고, 공항에 도착하면 Drive-through 체크인 프로그램을 통해 퍼스트클래스 클럽하우스까지 바로 갈 수 있도록 터미널을 거치지 않고 통과할 수 있다. 이 서비스는 승객이 공항에 머무르는 시간을 최소화하는 서비스로 출발 40분 전에 도착해도 특별 보안 검색대와 탑승구를 통해 빠르게 탑승 수속을 할 수 있다.

서비스 니즈 정의 및 의사소통

고객이 성공적으로 서비스를 이용하고 서비스 혜택을 받기 위해 서비스 니즈와 자원을 어떻게 정의하고 의사소통해야 하는가?

서비스를 성공적으로 이용하기 위해서 고객은 특정 옵션을 선택하기 전에 니즈를 명확하게 정의해야 한다. 익숙하고 위험부담이 적은 대부분의 셀프서비스(e.g., 해상 운송, 비행기 탑승, 재고 보충)는 고객이 서비스 제공자에게 연락하기 전에 서비스 니즈를 정의한다. 복잡한 서비스의 경우(e.g., 건강 관리, 재무 계획 수립)에 반대로 고객은 서비스 제공자와 연락한 후에 니즈를 정의하고 이것에 대해 논의한다.

단순한 서비스도 서비스 제공자가 고객의 서비스 니즈를 정의하는 일을 도울 수 있다. 고객은 성공적으로 작업을 완수하기 위해 올바른 의사결정을 내리고, 필요한 니즈를 간과하지 않으며, 니즈를 정의

---

* 버진 그룹과 델타 항공이 공동 소유한 영국의 저가항공사

하는 데 드는 비용(부끄러움과 같은 개인적인 비용 포함)을 최소화하고, 서비스 옵션을 고려하여 서비스 니즈를 정의하길 원한다. 예를 들어, Scott LawnService사*의 직원은 토양과 잡초의 종류, 그늘과 햇빛, 그리고 다양한 잔디 밀도 분석을 통해 잔디의 고유한 문제를 발견하고 고객의 잔디밭에 최적화된 관리 계획을 제공한다.

의사소통의 측면에서 고객은 필요한 만큼의 정보를 얻기 원하고, 같은 정보를 반복적으로 받고 싶어하지 않으며, 서비스 제공자와 연락을 최소화하기를 원한다는 것을 알아야 한다. 예를 들어, Allstate**사는 잠재 고객이 개인 정보를 제공하지 않는 선에서 다섯 가지 간단한 질문을 통해 자동차 보험 예상 견적을 내는 온라인 툴을 제공한다.

서비스 옵션 평가 및 선택

고객이 성공적으로 서비스를 이용하고 서비스 혜택을 받기 위해서 어떤 서비스 옵션을 평가하고 선택해야 하는가?

고객은 자신의 니즈를 토대로 이용 가능한 서비스 옵션을 평가하고 선택해야 한다. 이 단계는 어떤 서비스를 선택하는지 뿐만 아니라 언제, 어디서, 어떻게 서비스를 이용할 것인지를 포함한다. 셀프 서비스의 경우, 고객은 레스토랑에서나 여행 예약을 할 때처럼 서비스 옵션을 간단히 검토할 수 있다. 다른 상황에서는 기업이 특정한 고객 니즈에 대한 이해를 바탕으로 다양한 서비스 옵션을 제안할 수 있다. 자동차 수리, 질병 치료, 상업 대출 같은 경우가 있다.

서비스는 이용에 앞서 먼저 시험해 보고 평가하기가 어렵기 때문

* 미국 정원 관리 서비스 업체

** 미국의 보험회사

에 서비스 옵션 평가 및 선택 단계는 특히 어려울 수 있다. 기업은 고객에게 추천 정보를 제공하고, 옵션들을 빠르고 객관적으로 비교할 수 있게 하고, 서비스에 대해 고객이 이해할 수 있게 돕고, 고객이 이해할 수 있는 단어를 선택해야 한다. 서비스 옵션을 평가할 때 고객은 이용 가능한 옵션을 알고 싶어하고, 다른 옵션이 미칠 수 있는 영향, 그리고 다른 서비스를 언제, 어디서, 어떻게, 왜 이용하는지 알고 싶어 한다. 결국 고객은 의사결정을 내리기 위한 확신을 얻고 싶어하는 것이다. Aetna사는 잠재 고객에게 가족력, 현재 건강이나 재정 상태에 대해 질문하여 고객 맞춤 플랜을 추천하는 대화형 온라인 상담 서비스interactive online benefit adviser를 제공한다. 친절한 온라인 상담사는 Aetna사가 추천하는 플랜의 편익과 비용을 알려주고, 왜 Aetna사가 고객에게 특정 플랜을 추천했는지 설명한다. 온라인 상담사를 통해 해결하지 못하는 질문이 있으면, 고객의 연락처를 남기게 하고 Aetna 사의 담당자가 후속 조치를 취한다.

서비스 계획 확인 및 수정

고객이 성공적으로 서비스를 이용하고 서비스 혜택을 받기 위해서 어떠한 서비스 계획을 확인하고 수정해야 하는가?

서비스 옵션을 선택하면 대부분의 경우에 서비스를 이용하기 전에 명시적인 서비스 계약을 요구한다. 예를 들어, 자동차 보험 고객은 보험에 가입해야 하고, HR 임원은 HR 아웃소싱 계약 조항에 동의해야 하며, 렌터카 고객은 렌탈 계약서에 서명해야 한다. 서비스 제공자와 고객 사이에 암묵적 동의가 필요한 서비스도 있다. 예들 들어, 환자는 치료 전에 치료 계획에 동의해야 하고, 고객은 구매하기 전에 계산 방법이나 서비스 내용에 대해 확정해야 한다. 서비스가 복잡하거나 의료, 건강 보험과 같이 전문 용어가 많이 사용되는 경우, 고객은 서비스 계약이 그들의 니즈를 만족시킬 수 있는지 쉽게 확신하지 못한다. 이런 경우는 서비스 기업이 고객을 실망시키거나 만족시킬 수 있는 상황을 제공하기도 한다.

고객은 명시적이든 암묵적이든 계약을 이해하고 과장된 계약을 피하고 싶어하며, 최소한의 금액을 지불하고 이용당하지 않길 원한다. 또한 고객은 서비스 제한 사항을 줄이고 싶어하고, 요구 사항이 최종 계약에 반영되어 있기를 원하며, 숨겨진 의미가 없는지 확인하고 싶어 한다. 캘리포니아 클로비스에 위치한 배관, 냉난방 서비스 제공 업체인 DeMar사는 이런 고객 니즈를 만족시킴으로써 성공했다. DeMar사는 고객과 단순하고 공정하게 계약을 체결했다. 어떤 일이든 시작 전에 수리 가격을 보장했을 뿐 아니라, 일년 동안 필요한 모든 부품과 인력도 보장했다.

서비스 딜리버리 시작

성공적으로 서비스 혜택을 받기 위한 서비스 딜리버리를 위해 고객은 무엇을 해야 하는가?

대부분 트랜잭션 서비스transactional service의 서비스 딜리버리는 주문을 넣거나 서비스 요청을 전달하는 것으로 시작된다. 예를 들어, 이발할 때, 룸서비스가 필요할 때, 처방전을 받을 때 고객은 서비스를 요청한다. 고객에게 선택할 수 있는 다양한 서비스 옵션이 없는 경우(e.g., 구급차 요청) 서비스는 이 단계에서 바로 시작된다. 주문하는 것placing an order은 트랜잭션 서비스고, 서비스 계획을 확정 짓는 것finalizing a service plan은 관계 서비스relational service이다(일부 서비스의 경우 두 단계가 모두 필요하기도 하다). 서비스 제공자는 주문 절차를 간소화하고 정확하고 완벽한 주문을 보장함으로써 가치를 더할 수 있다. 예를 들어, 원클릭 주문은 Amazon*사의 중요한 서비스 딜리버리 혁신이었다. 고객은 Amazon에서 첫 구매 후에 모든 제품 페이지에서 원클릭 버튼을 누르면 결제 방법이나 배송 주소를 입력하는 절차를 건너뛰고 고객의 기본 주문 정보로 주문을 완료할 수 있다.

계약이 성사되었을 때와 실제로 서비스를 이용할 때의 시간차가 있을 수 있다. 예를 들어, 자동차 보험의 경우 손해 배상 청구를 요청하기 몇 달 또는 몇 년 전에 보험을 계약한다. 상업 대출의 경우, 대출금 요청일 훨씬 이전에 계약을 체결한다. 이런 경우, 서비스 딜리버리가 시작되는 시점에 고객은 필수적으로 다시 '연락' 단계로 돌아가고, 처음 서비스 제공자에게 연락하고 서비스 니즈에 대해 의사소통할 때와 유사한 걱정을 하게 될 수도 있다.

일부 서비스는 계약 체결 후, 서비스를 이용하기 전 서비스에 대한 설정setup과 이용 방법에 대한 숙지를 요구한다. 예를 들어, 고객이 인터넷 접속 서비스를 신청할 때나 HR 서비스를 아웃소싱할 때, 서비스 딜리버리는 서비스에 대한 설정과 이용 방법을 알아보는 것으로 시작한다. 이런 상황에서 고객은 다음과 같은 것들을 성취하고자 한다.

- 필요한 조치 확인
- 서비스 딜리버리 준비 시간 최소화
- 비용과 설정에 부정적인 영향을 주는 요소 최소화
- 서비스를 이용하기 위해 요구되는 변화(장비, 절차 등) 최소화

---

* 세계 최초의 인터넷 서점으로 출발한 미국 인터넷 종합 쇼핑몰

이 단계에서 eBay*사는 어떻게 가치를 창출했는지 생각해 보자. 판매와 효과적인 리스팅에 관련된 유용한 정보를 제공하는 "New to Selling?"이라는 유명한 링크와 더불어 eBay사는 새로운 판매자에게 아이템을 리스팅하는 과정을 단계별로 가이드해준다. 마지막으로 어떠한 대상physical objects을 상대로 서비스를 제공하는 서비스(e.g., 애완 동물 미용 또는 자동차 수리)의 경우, 서비스 딜리버리 시작의 중요한 부분은 서비스에 필요한 대상(e.g., 애완 동물 또는 자동차)을 준비해야 한다는 것이다.

고객의 책임 이행

고객이 성공적으로 서비스를 이용하고 서비스 혜택을 받기 위해서 어떠한 책임을 이행해야 하는가?

고객은 서비스 딜리버리 과정에서 어떤 역할을 수행한다. 서비스를 실행하고 이용하기 위해 고객은 서비스 제공자의 파트너가 된다. 환자는 의도된 치료 효과를 위해 반드시 치료 계획을 따라야 한다. 납세자는 계좌 정보와 영수증을 보관해야하며, 공인회계사가 고객의 세금을 관리하는 경우에는 다른 문서도 필요할 수 있다. 학생은 반드시 과제를 제출해야 한다. 이행할 책임이 많은 전문직 고객은 그들 고객의 니즈를 만족시키기 위해 다른 기업의 서비스를 이용한다.

고객이 이행해야 할 책임이 있을 때, 무엇을 해야 하는지 알아야 하며, 그 역할을 수행하기 위한 역량과 자원을 갖고 있어야 하고, 충분한 동기부여가 되어야 한다. 고객은 그들의 역할과 연관된 시간과 비용을 줄이기 원한다. Weight Watchers사는 다이어트를 하려는 고객에게 먹

* 온라인 경매 및 인터넷 쇼핑몰

은 음식을 기록하거나, 진행상황을 차트로 보여주고, 다이어트 계획에 맞는 식단을 제공하며, 동기부여해주는 다양한 온라인 및 모바일 도구를 고객에게 제공하여 니즈를 충족시켰다.

하지만 고객이 서비스를 이용하기 위해 현재 무엇을 하고 있는지와 무엇을 완수해야 하는지를 잘 구분해야 한다. 아주 명확한 서비스 기회는 고객이 현재 하고 있는 어떤 단계를 서비스 제공자가 대신 이행하는 것이다. 예를 들어, Progressive사의 컨시어지 서비스concierge service는 고객이 사고 후에 자동차 수리를 받는 틀을 파괴했다. 고객이 Progressive사의 서비스 센터에 차량을 맡기기만 하면, Progressive사가 정비소 예약부터 수리 과정 모니터링, 수리 품질까지 살피는 것을 포함하는 나머지 과정을 모두 책임지고 이행해 준다.

서비스 이용

성공적으로 서비스를 이용하고 서비스 혜택을 받기 위해서 고객은 어떤 서비스 딜리버리 또는 다른 서비스와 연락해야 하는가?

서비스가 트랜잭션 서비스이든 관계 서비스이든, 서비스 혜택은 고객의 서비스 계획service plan 또는 주문order request과 밀접한 관련 있다. 고객이 이용하고자 하는 것은 서비스마다 다르다. 상업대출 고객은 자금을 대출받는다. 환자는 치료를 받는다. 학생은 설명을 듣는다. 유틸리티 서비스 고객은 동력을 공급받는다. 보험사 고객은 사고로부터 보상을 받는다. 일반적으로 서비스 고객은 물리적 변화, 소유권 변화, 위치 변화, 개인의 상태 변화, 정보 또는 가이드의 변화들로부터 보호를 받는다. 고객은 서비스를 이용할 때 지속적으로 의견을 주고받거나 관련 문서를 제공받는다. 복리후생 담당자가 직원에게 보험 계약서에 명시된 보험금을 보험회사를 대신해 제공하는 것과 같이 다른 사람을 대신해 서비스를 이용할 때 이 단계는 무언가를 제공하는 것으로 표현된다.

서비스 딜리버리를 받을 때 고객은 문제를 해결하거나 목표 달성을 돕는 빠르고 정확한 솔루션을 원한다. 고객은 서비스 제공자가 그들의 요구를 정확하게 채워주고, 복잡하거나 불편하지 않고, 실수를 피할 수 있게 해주길 원한다. 전화 의료 상담과 진단 서비스를 제공하는 TelaDoc사는 3시간 이내 의사의 회신을 보장하고 무료 의료 상담 서비스를 제공함으로써 고객을 만족시켰다. 또한 고객은 일년 내내 24시간 서비스를 이용할 수 있다.

서비스가 물리적인 시설physical facility에서 제공될 때, 고객은 시설의 청결도, 이용 편의성, 그리고 시설 또는 다른 고객들과 상호 작용과 관련된 결과물로 서비스의 성공 여부를 판단한다. 뿐만 아니라, 고객은 언제 어디서든 서비스를 이용하기 원하고 서비스를 이용할 때 발생할 수 있는 개인 비용(금전적, 물리적, 사회적)을 제한하고자 한다. 피트니스 프랜차이즈 Curves사는 여성의 편의를 위해 디자인되어 운동 전문가가 아니더라도 쉽게 사용 가능한 운동 기구를 제공하여 건강한 신체를 원하는 여성들의 니즈를 만족시키는 서비스 딜리버리를 실행했다. 게다가 여성 전용 환경을 조성하여 남성들과 함께 운동하는 것을 꺼리는 여성들의 불편함을 해소했다.

서비스 딜리버리 평가 및 모니터링

성공적으로 서비스를 이용하고 서비스 혜택을 받기 위해 고객은 무엇을 평가하고 모니터링해야 하는가?

서비스 이용의 성공 여부를 판단하는 다양한 유형의 평가 및 모니터링 방법이 있다. 서비스 계획 동의서를 포함하는 경우, 고객은 반드시 검토하여 계획의 세부사항과 명시된 대로 서비스가 이행되었는지를 확인해야 한다. 어떤 서비스의 경우, 고객은 서비스가 제공되는 과정을 관찰할 수 없기 때문에(e.g., 보험사가 보험 청구를 처리하거나 체크카드 계좌에서 자동 납부가 될 때) 서비스 딜리버리가 완료되었는지 아직 진행되고 있는지를 확인하고 싶어 한다. Scotts LawnService사는 정원 관리를 한 후에 항상 고객의 현관에 통지서를 남긴다. 통지서에는 어떤 관리 방법을 사용했는지, 그 관리 방법이 무엇인지, 기대 효과는 무엇인지, 그리고 고객이 해야 할 일은 무엇인지 적혀 있다.

뿐만 아니라 고객은 서비스가 예상했던 효과를 발휘하는지도 알고 싶어 한다. 예를 들어, 자동차 수리를 맡긴 고객은 정말 자동차가 고쳐졌는지 알고 싶어 한다. 그러나 대부분의 경우 서비스 혜택은 무형이거나 알 수 없기 때문에 고객이 얻은 혜택에 대해서 알려준다면 기업은 서비스 가치를 높일 수 있을 것이다. 또한 신용카드사가 특이한 결제 내역이 있을 때 고객에게 알려주는 서비스처럼 고객은 해결해야 할 문제가 있는 것을 미리 알려주는 것을 원한다. 유사하게 해충 방제 서비스를 제공하는 Terminix사는 흰개미 퇴치 서비스의 연간 검사 서비스를 포함하여 고객이 서비스의 품질을 확인하는 것을 도와준다. 만약 검사를 통해 흰개미와 관련된 문제가 지속된다는 것을 알게 되면, Terminix사는 고객에게 추가비용을 청구하지 않고 끝까지 처리해준다.

서비스 계약 수정 및 실행

성공적으로 서비스를 이용하고 서비스 혜택을 받기 위해 고객은 어떻게 서비스 계획을 수정하고 실행을 할 것인가?

고객에게 서비스 계획이나 실행의 수정이 필요한 다양한 이유가 있을 수 있다. 계약서에 문제가 발견되면 고객은 서비스 이용 약관의 조정을 요구한다. 또는 고객은 단순히 개인 정보를 업데이트하거나 개인 사정에 따라 서비스 옵션을 추가 또는 변경하기 원할 수 있다. 예를 들어, 고객은 보험에 차량 한 대를 더 추가하거나, 투자 포트폴리오의 자금을 재할당하기 원한다. 어떤 고객은 서비스 이용에 영향을 줄 수 있는 고객의 변동사항을 서비스 제공자가 알고 있기를 원한다. 예를 들어, HR 기능을 아웃소싱한 기업은 서비스 제공자에게 서비스 딜리버리에 영향을 미칠 수 있는 신입 직원에 대한 정보와 기업 정책의 변경사항을 업데이트해야 한다. 마지막으로 식당 손님이 음식을 조리하는 방법을 바꾸기 원하는 것처럼 고객이 결과를 모니터링하고 평가할 수 있는 서비스는 고객이 서비스 딜리버리의 조정을 요구할 수 있다.

조정이 필요할 때 고객은 어떻게 변경할 것인지 분명히 제시하고, 빠르고 실수 없이 최소한의 금액으로 변경할 수 있는 서비스를 선호한다. 예를 들어, Expedia사*는 Expedia.com의 모든 호텔, 렌터카와 크루즈, 거의 대부분의 항공 관련 예약 변경과 취소의 수수료를 없앴다. 가끔 고객은 서비스를 변경하여 얻을 수 있는 이익에 대해 모를 수 있다. 이것은 서비스 제공자가 가치를 제공할 수 있는 또 다른 기회이다. 예를 들어, Travelocity사의 PriceGuardian은 자동으로 비행기와 호텔 가

---

* 세계 최대 온라인 여행사

격을 모니터링하고 만약 다른 고객이 같은 비행기와 호텔을 더 싸게 예약한 경우 고객에게 가격 차이를 환불해준다.

질문 답변 및 문제 해결

성공적으로 서비스를 이용하고 서비스 혜택을 받기 위해 고객은 서비스 딜리버리와 관련된 어떤 질문을 하거나 어떻게 문제를 해결해야 하는가?

문제가 발생했을 때 고객은 제일 먼저 빠르고 공정하고 편리한 문제 해결을 원한다. 고객은 사방으로 연락하여 무엇을 해야 하고 어떤 문제 해결 방법이 있는지 알아야 한다. 질문이 있을 때도 같은 내용이 적용된다. 플로리다주 올랜도에 있는 Gaylord Palms 호텔은 각 객실 전화기에 호텔 직원에게 다양한 질문과 서비스를 요청할 수 있는 "Consider It Done" 버튼을 추가하여 고객 니즈를 만족시켰다.

고객은 서비스 제공자에게 편리하게 연락을 취할 수 있기를 원한다. 서비스 제공자에게 연락할 때 여러 군데 연락을 해야 하거나 떨리거나 당황스러운 감정을 느끼고 싶어 하지 않는다. 문제가 서비스 책임자 때문에 일어났든 아니든 고객은 문제점이나 질문했던 사항의 진행상황을 알고 싶어 하고 신속하게 해결되는 것을 원한다. Mastercard사가 고객 문제를 어떻게 해결했는지를 예로 들겠다. Mastercard사는 고객 책임 제로 정책의 일환으로 고객이 여행 중 카드를 분실했을 때 정확히 어디로 연락해서 문제를 해결해야 하는지 파악할 수 있도록 다운로드 가능한 연락처를 제공한다. 이 서비스는 24시간 연중무휴로 제공하며, 모든 언어가 지원된다. 연락을 받으면 Mastercard사 글로벌 서비스Mastercard Global service는 가까운 ATM에서 비상금을 제공하고, 24시간에서 48시간 내 긴급으로 카드를 교체해 준다.

서비스 종료

성공적으로 서비스 이용을 종료하기 위해 고객은 무엇을 해야 하는가?

유형에 따라 서비스를 종료하기 위해 고객이 해야 하는 일이 있을 수 있다. 서비스 딜리버리 동안 고객이 물리적으로 존재하는 경우, 서비스 종료는 비행기에서 내리고 수화물을 찾고(비행기를 탈 때) 집으로 식료품을 가져가는 것(가게에서 장을 볼 때)처럼 고객이 현재 있는 위치에서 이동하는 것과 같은 활동을 포함할 수도 있다. 대부분의 관계 서비스의 경우, 원하는 혜택을 유지하고 관련 문제를 피하기 위한 진행 단계가 있다. 예를 들어, 보험사 고객은 서비스를 지속적으로 이용하고, 바람직한 행동desirable behaviors에 대한 보상을 받으며, 가능한 가장 낮은 요금을 유지하기 원한다. Assurant Health사*는 이러한 니즈를 반영하여 가입 후 2년 동안 보험금 인상률을 동결하고, 매 6개월마다 손해배상금이 본인 부담금 이하인 고객에게 본인 부담금을 10%씩 낮춰주는 상품을 선보였다.

고객이 유형 재화tangible goods의 변화를 포함한 서비스를 이용할 때, 서비스 종료는 재화의 소유권 확보(자동차 수리) 또는 완전한 마무리(집 수리)와 같은 작업을 포함할 수도 있다. 이런 경우 고객은 서비스 종료를 위한 노력을 최소화하기를 원하며, 서비스 종료에 따른 부정적인 영향을 피하고 싶어 한다. 사람들이 이벤트 티켓을 사고 팔 수 있는 온라인 마켓인 StubHub**사의 종료 단계는 판매된 티켓을 배송하고 편리하고 단순한 절차의 결제를 하는 것이다. 판매자는 주문이 확정되었

* Assurant 보험사의 4가지 사업부 중 건강 사업부: 미주, 유럽 등 일부 시장에서 특수보험상품과 관련 서비스 제공

** 공연, 스포츠 경기, TV 프로그램 방청 등을 안내하는 미국 티켓 예매 사이트

을 때 집에서 프린트할 수 있는 FedEx사의 선불 배송 라벨을 제공받는다. 배송 라벨의 추적번호는 판매자의 티켓 리스트와 연계되며, 시스템이 구매자가 티켓을 받았다는 것을 인지하면 결제를 진행한다.

서비스 비용 지불

성공적으로 서비스를 이용하고 서비스 혜택을 받기 위해 고객은 어떤 지불 활동을 해야 하는가?

대부분의 서비스는 고객이 이용한 서비스에 대해 비용을 지불하게 한다. 많은 서비스의 비용 지불 단계는 별개의 작업이다. 예를 들어, 어떤 사람이 영화를 보거나, 비행기를 탈 때, 또는 외식을 하는 경우에 그렇다. 그러나 헬스 클럽이나 인터넷 접속 서비스처럼 멤버십이나 계약 서비스의 경우, 지불 계획 또는 서비스의 연계 속성relational nature 때문에 긴 시간 동안 비용을 지불하는 경우도 있다.

지불할 때마다 고객은 정확한 금액을 확인하고, 지불에 걸리는 시간을 최소화하고, 예상하지 못한 금액이 포함되지 않은 정확한 계산서를 받아 원하는 방식으로 지불하고 싶어 한다. 예를 들어, Lufthansa*사는 현재 고객이 온라인에서 예약을 할 때 PayPal로 지불할 수 있게 했다. 장기적인 관계에서 고객은 저렴한 결제 옵션이나 결제해야 하는 시점을 알려주는 것처럼 지불 단계를 도와주는 서비스를 원한다. 정액제는 고객에게 더 저렴하고 이해하기 쉬운 가격체계다. 예를 들어, Vonage**사는 최근 국제 전화 요금 정액제를 만들었다. 정해진 월 사용료를 내면 고객은 60개 국가에 무제한으로 통화할 수 있다.

* 독일 항공사

** 미국의 인터넷 전화 전문 업체

서비스 딜리버리 혁신 기회 모색

서비스를 이용하기 위해 해야할 일이 정의되고 도식화되면, 그 다음 단계는 고객이 각 단계의 성공을 판단하는 결과물을 알아내는 것이다. 지금까지의 설명에서 여러 단계에서 예상할 수 있는 결과물 유형에 대한 인사이트를 파악할 수 있다. 그러나 고객을 인터뷰하기 전까지 결과물을 완전히 알 수는 없다. 핵심 작업과 마찬가지로 시간time, 변동성variability, 산출물output과 관련된 결과물을 찾아야 하지만 서비스 이용에 따른 결과물은 서비스 또는 서비스 기업에 따라 고유한 특성을 가지고 있다. 3장에서 설명한 결과물 발굴을 위한 질문을 적용할 수도 있지만, 각 단계에서 결과물 관련 진술을 사용하여 고객이 **신뢰성**reliable, **대응성**responsive, **가용성**available, **유연성**flexible, **편리성**convenient과 같은 서비스 품질 기술어descriptor를 어떻게 정의하는지를 알아볼 수 있다. 실제로 고객에게 각 단계에서 신뢰할 수 없고, 대응력이 떨어지며, 가용하지 않고, 유연하지 못하며, 불편한 서비스의 정의를 물어보는 것도 매우 효과적이다.

또한 고객에게 각 단계를 완수하는 다른 방법의 장단점을 묻는 것도 효과적이다. 고객은 시간, 변동성, 산출물에 영향을 받는 다양한 단계를 완수하기 위한 방법들에 대해 말해줄 것이다. 예를 들어, 인터넷으로 서비스를 주문하는 것의 장점을 묻는다면, 고객은 더 빠르게 주문 정보를 입력할 수 있는 것을 말함과 동시에 서비스가 제공되는 동안 서비스 제공자에게 도움을 받을 수 없다는 단점도 이야기할 것이다. 이에 따른 두 가지 결과물이 있다.

- 주문 정보 입력에 걸리는 시간 최소화
- 서비스 이용 시점을 결정하는 시간 최소화

앞의 설명이 특정 형태의 서비스 딜리버리(인터넷)에 따른 두 가지 결과물을 보여주지만, 두 결과물 모두 인터넷이나 서비스 상담원을 언급하지 않는다. 기업은 특정 딜리버리 형태와 무관한 작업 단계를 정의함으로써 아직 만들어지지 않은 서비스 딜리버리의 다양한 형태까지 평가하기 위한 결과물도 알 수 있다. 결과물 관련 진술은 좋은 결과물 관련 진술의 기준을 충족하고 기업의 전반적인 서비스 혁신 목표를 지원하는 세부사항들을 포함해야 한다. 의료 서비스 이용을 위한 소비 사슬 작업의 단계와 결과물 샘플은 표 4-2에 있다.

전체 결과물 리스트를 도출한 이후 서비스의 대표적인 샘플 고객군은 각 결과물을 중요도와 만족도를 기준으로 평가해야 한다. 1장에서 설명한 것처럼 기회 알고리즘을 통해 결과물의 우선순위를 정한다. 결과물은 서비스 딜리버리 형태와 무관하기 때문에 결과물을 평가할 때 고객마다 생각하는 서비스 형태가 다를 수 있다. 예를 들어, 어떤 고객은 온라인 서비스 딜리버리에 대한 결과물을 평가할 수도 있고, 다른 고객은 같은 결과물을 평가할 때 대고객 서비스 딜리버리[interpersonal service delivery]를 생각할 수 있다. 결과물 우선순위는 여러 고객군 또는 경쟁 서비스들과 비교해볼 수 있다. 뿐만 아니라 특정 서비스 이용과 관련된 감정 작업(2장 참고)은 어떤 결과물과 강한 상관 관계가 있는지(3장 참고) 알 수 있다. 예를 들어, 질병 치료와 관련해서는 **'존중받는 느낌'**의 감정 작업과 치료 옵션을 소개하는 데 걸리는 시간 최소화의 결과물 사이에 가장 강한 상관 관계가 있을 수 있다.

백내장과 근시 수술 렌즈, 다른 장치들을 제공하는 Abbot Medical Option[AMO]사의 서비스 딜리버리 프로세스를 혁신할 기회를 찾기 위해 AMO사와 같은 안과 전문 공급 업체와 일하는 자재 관리자들을 인터뷰했다. 이 고객들에게 공급 업체 담당자, 콜센터 직원, 또는 다른 기

표 4-2 헬스케어 서비스 이용을 위한 작업 결과물 예시

공통 작업 단계	헬스케어 작업 단계	결과물
서비스 제공자와 연락 및 서비스 접근	헬스케어 서비스 예약	• 원하는 시간 예약 가능성 최대화(원하는 시간, 원하는 날짜) • 의료진을 만날 때까지 걸리는 시간 최소화
서비스 니즈 정의 및 의사소통	증상 설명 및 검사	• 중요한 증상을 잊지 않고 의료진에게 전달할 가능성 최대화 • 검사할 때 고통 최소화
서비스 옵션 평가 및 선택	진단 결과 수령 및 치료 옵션 평가	• 진단까지 걸리는 시간 최소화 • 가능한 치료 옵션에 대해 숙지하는 시간 최소화
서비스 계획 확인 및 확정	치료 계획에 동의	• 치료 계획을 시작하기 위해 필요한 내용을 파악하는 시간 최소화 (필요한 약이나 치료 시작일)
서비스 딜리버리 시작	의약품 구입	• 치료에 필요한 의약품을 어디서 구하는지 파악하는 시간 최소화

(계속)

표 4-2 헬스케어 서비스 이용을 위한 작업 결과물 예시(계속)

공통 작업 단계	헬스케어 작업 단계	결과물
고객 책임 이행	치료 계획대로 시행	• 치료 방법을 실행하는 데 걸리는 시간 최소화 (약 복용 또는 붕대 교환)
서비스 이용	치료	• 증상이 호전될 때까지 걸리는 시간 최소화 (부기, 흐릿한 시력, 출혈 또는 두통) • 치료 계획이 완료된 후에 같은 건강 문제가 재발할 가능성 최소화
서비스 딜리버리 평가 및 모니터링	치료 효과 확인	• 건강 문제가 해결된다는 것을 알게 될 때까지 걸리는 시간 최소화 (병이 낫거나 상처 치료 완료)
서비스 계획 수정 및 실행	치료 계획 수정	• 효과없는 치료 계획을 변경하는 데 걸리는 시간 최소화
질문에 대한 답변 문제 해결	문제점과 비용 이해	• 건강 문제를 해결하기 위해 무엇을 해야 하는지 알아보는 시간 최소화 • 알 수 없는 검사 비용 최소화
서비스 종료	문제점과 치료 계획 문서화	• 건강 문제의 상세 사항을 향후에 참고할 가능성 최대화 (원인 또는 치료 방법)
서비스 비용 지불	[**해당사항 없음**]	• 원하는 치료를 받을 수 있는 형편이 되는지 파악하는 시간 최소화

업의 담당자와 상호 관계를 유지하면서 성취하고자 하는 것이 무엇인지 물었다. AMO사의 웹사이트와 배송, 송장 발송을 포함해 AMO사 직원과 자재 관리자가 만나는 목적에 대해서도 질문했다. 몇 번의 인터뷰를 통해 렌즈 주문 결정, 공급 업체 문의, 주문, 렌즈 교체, 주문 및 송장 확인, 주문 및 결제 관련 문제 해결, 지불, 질문 답변, 정기 구매 계약 단계를 포함한 서비스 이용 과정을 도식화할 수 있었다.

그 다음 20명 정도의 다른 자재 관리자들을 인터뷰하여 작업 단계에 관련된 80여 가지의 성공적인 결과물을 발굴했다. 그리고 200명 이상의 자재 관리자들에게 결과물의 중요도와 만족도를 평가하게 하고 우선순위화했다.

자재 관리자의 결과물에 대한 우선순위 리스트를 통해 AMO사의 서비스 접근법의 잘못된 점을 찾을 수 있었다. 자재 관리자들은 AMO사의 프로세스를 포함해 안과 전문 공급 업체의 문제 해결 프로세스에 불만이 많았다. 그들은 딜리버리 문제, 렌즈 위탁 판매 문제, 그리고 송장과 환불 관련 문제 등과 같은 다양한 문제를 해결해야 할 때 누구에게 연락해야 할지 몰랐다. 자재 관리자가 실제로 도울 수 있는 사람을 찾을 때까지 많은 사람에게 연락해야 했기 때문에 문제 해결이 더욱 늦어진다는 것도 파악했다. 많은 사람과 여러 승인 단계를 거쳐야 하는 것도 문제를 더욱 복잡하게 했다.

AMO사는 2006년에 고객 전담 지원팀과 지역 고객 관리팀을 만들었다. 고객은 이제 문제가 생겼을 때 AMO사의 대표 전화로 연락하면 된다. 만약 추가 조사가 필요한 문제라면 AMO사의 전담 지원팀 또는 고객 관리팀 직원이 책임지고 문제를 해결해 준다. 까다로운 문제가 있는 고객은 더 이상 가이드 없이 불분명한 내부 프로세스에 대해 알아보고 다닐 필요가 없어진 것이다. 또한, 다른 분야에서 일하는 팀원들 사이의 물리적 거리를 가깝게 함으로써 고객의 문제를 해결하기 위한 의사소통 방법을 효과적으로 개선했다. 결과적으로 고객의 문제는 더 빠르고 완벽하게 해결되었다. 뿐만 아니라 고객 전담 지원팀과 고객 관리팀은 고객의 잠재적 문제를 파악하기 위해 정기적으로 고객을 찾아간다. 지역별 세일즈 콜regional sales calls에는 모든 사람들이 변동사항을 알 수 있도록 고객 전담 지원팀을 포함하여 진행한다. 이로써 AMO사는 사전에 고객의 잠재적인 문제를 예상하고 수익을 올릴 수 있는 방법을 찾을 수 있었다. 이러한 변화를 통해 AMO사의 순추천고객 지수와 고객 충성지수customer loyalty indexes는 급격히 올라갔다.[5]

대고객 서비스 접점

이 장은 딜리버리 방법과 무관하게 고객이 어떻게 서비스 딜리버리의 성공 여부를 판단하는지에 초점을 맞췄다. 그러나 많은 서비스는 고객과의 상호 작용interpersonal interaction의 형태로 제공되기 때문에 특히 고객이 어떻게 대고객 서비스 접점interpersonal service encounters을 평가하는지를 이해해야 한다. 대부분의 대고객 서비스 접점의 평가 항목은 많지 않고, 고객에게 이상적인 서비스 접점personal encounter과 중요하게 생각하는 직원의 행동과 태도에 대해 질문하면 쉽게 알 수 있다. 거의 모든 서비스 접점에서 고객은 예의 바르고, 기꺼이 도와주며, 성실하고, 지식이 많거나, 배려심 있고, 친절하며 열정적인 직원을 원한다. 또한 고객은 직원이 자신감을 심어 주고, 이해와 관심을 표현하며, 전적인 관심을 쏟고, 고객의 개인적인 상황을 이해하길 원한다. 이상적인 서비스 접점을 경험했을 때의 느낌을 고객에게 질문할 수도 있다. 2장에서 소개한 것처럼 안정감, 중요함, 차분함을 느끼거나 무능하다고 느끼는 것을 피하고 싶은 것과 같은 감정 작업을 찾을 수 있다.

대고객 서비스 접점을 평가하는 기준criteria은 서비스 이용과 관련된 작업이나 결과물이 아니다. 오히려 대고객 서비스 딜리버리interpersonal delivery만의 특징으로 평가한다. 여전히 고객은 중요도와 만족도에 따라 평가 기준과 감정 작업을 점수화할 수 있다. 그러나 이 점수는 서비스 이용과 관련된 결과물 평가 방식과는 구분되어야 한다. 이 점수는 딜리버리 방식과는 별개로 서비스 자체의 품질만을 평가한 것이기 때문이다.

요약

고객은 이용하는 서비스의 혜택을 받기 위해 서비스를 이용하기 위한 일련의 단계를 수행해야 한다. 이 단계는 제공하는 핵심적인 혜택이 같더라도 경쟁 서비스와 차별화할 수 있는 기회를 제공한다. 서비스 이용을 위한 공통 작업지도는 이 기회를 찾는 것을 돕는다. 작업의 각 단계에서 고객이 성공을 어떻게 판단하는지에 따라 분명한 기회를 제시한다.

성공적인 서비스 딜리버리 혁신을 위해서는 서비스 딜리버리 유형을 제한하지 않고 모든 단계가 범위에 포함할 수 있도록 작업을 정의해야 한다. 작업을 도식화한 후에는 고객이 각 단계에서 성공을 판단하는 데 사용하는 결과물을 찾아야 한다. 이 결과물을 우선순위화하면, 서비스 딜리버리 혁신에 있어 좋은 기회를 파악할 수 있다.

CHAPTER 5

부가 서비스 혁신 기회 모색

Discover Opportunities for Supplementary Service Innovation

| 부가 서비스 혁신 기회 모색 |

제조기업*의 경우 부가 서비스 혁신supplementary service innovation으로 자신들의 제품을 사용하는 고객에게 보다 많은 가치를 제공할 수 있다.[1] 이로 인해 기업은 고객과의 관계를 돈독히 하고, 높은 수익 창출과 더불어 다른 기업과의 경쟁에서 독보적인 위치를 점할 수 있다. 수익 안정성을 확보함은 물론, 고객의 니즈도 만족시킬 수 있는 것이다.[2] 부가 서비스 혁신 방법은 자연스레 기존 제품을 보완하는 장점이 있고, 이미 판매된 제품에도 충분히 적용 가능하여, 특히 제조기업에서 유용하게 사용된다. 물론 다른 유형의 혁신을 외면해서는 안 되지만—IBM Global Service의 성장에서 볼 수 있듯, 새로운 서비스 혁신이나 핵심 서비스 혁신이 제조기업에 큰 도움이 될 수 있다—부가 서비스 혁신은 모든 혁신 프로세스의 좋은 출발점이 될 수 있다.

---

* 제품 생산 위주의 기업

제조기업의 부가 서비스 혁신 방법에는 크게 4가지 접근법이 있다. 첫째, 고객이 제품을 사용하여 완수하고자 하는 핵심 작업에서 생겨나는 부가 서비스 기회를 파악한다. 둘째, 고객이 제품을 소유하거나 사용하는 과정을 나타내는 소비사슬의 작업을 살펴본다. 셋째, 기술 지원 technical support 제공 방식을 어떻게 개선할 수 있을지 고민한다. 넷째, 연관 작업자들이 작업을 완수할 수 있도록 도울 수 있는 방법이 있는지 파악한다. 각 접근법을 차례대로 살펴보자.

핵심 작업을 지원하는 부가 서비스 혁신 기회 모색

고객은 작업을 완수하기 위해 제품과 서비스를 이용한다. 그런 의미에서 고객의 작업은 신제품 혁신뿐 아니라 기존 제품을 보완하는 혁신 전략을 세우는 데 유용한 참고자료가 된다. 실제로 기존 제품과 서비스 간의 결합으로 혁신 상품이 탄생하는 경우가 많다. 농기계 제조업자인 John Deere는 경작하기, 씨뿌리기, 물주기, 추수하기 등 농부들의 작업을 돕기 위해 제품과 서비스를 결합한 상품을 선보였다. John Deere의 트랙터는 서비스 가입을 통해 제공되는 GPS를 이용하여 농부로 하여금 경작과 관련된 다양한 작업을 보다 정확하게 수행할 수 있도록 돕고 있다. 기술과 서비스의 결합으로 최소 2cm 중복의 병렬 경로를 유지할 수 있는 핸즈프리 조종이 가능하다. 이러한 혁신을 통해 고객인 농부들은 수확량의 증가, 운전 경로의 최소화, 연료비, 종자, 화학 약품 의 비용 절감을 통해 수익률을 개선할 수 있었다.

ClearPlay DVD 플레이어도 고객의 작업 완수를 돕는 기술과 서비스의 결합이 만들어 낼 수 있는 가치가 무엇인지 보여준다. 가족과 영화를 시청하는 작업을 타깃으로 하는 이 DVD플레이어는 영화별로 생성된 필터를 이용해 개인의 기호에 따라 사용자가 보고싶지 않은 비속어, 폭력, 음란물이 포함된 장면을 사전에 삭제할 수 있는 서비스를 제공한다. 연간 회원 서비스에 가입하면 신규 개봉작에도 적용가능한 필터를 인터넷에서 손쉽게 다운 받아 무제한 사용가능하다.

이런 예시와 같이, 기존 제품만으로는 고객이 작업을 수행할 때 얻고자 하는 여러 유형의 결과물을 만족시키기에 한계가 있다. 작업을 완수하기 위해 필요한 수많은 단계를 떠올리는 것만으로도, 제품 자체만으로는 모든 단계를 돕는 데 한계가 있다는 것을 알 수 있다. 그래서 서비스가 필요하다. 서비스는 특히 3장에서 설명한 공통 작업지도에서 실행 이전의 단계들인 작업의 '정의', '찾기'와 '준비' 단계를 수행하는 데 도움이 된다. '모니터링'과 '해결'을 포함하는 실행 이후의 단계에서도 서비스를 통해 고객에게 가치를 제공할 수 있다.

고객은 제품과 서비스의 결합을 통해 더 많은 일을 수행할 수 있다. 예를 들면, Nike + iPod 스포츠 키트는 조깅을 하는 고객에게 새로운 가치를 제공한다. 나이키 운동화 안에 장착된 센서가 고객의 Apple사 아이팟(또는 아이폰)과 연동되어 실시간으로 운동 시간, 거리, 속도, 소모 칼로리 등의 정보를 음성으로 전달한다. 운동량 데이터는 Nike + 시스템을 통해 nikeplus.com에 동기화되고, 고객은 운동량 분석이나 기록 점검, 새로운 목표 설정을 할 수 있다. 바로 이런 Nike + 시스템의 서비스 요소가 고객이 하고자 하는 작업의 단계를 돕는다.

정보통신 기술의 발달로 인해 고객의 전체 작업을 돕기 위한 제품과 서비스의 결합은 그 어느 때보다 쉬워졌다. 하지만 기업은 작업의 다른 단계를 지원하는 단일stand-alone 서비스나 지원support 서비스를 제공할 수도 있다. 예를 들어, H&R Block은 TaxCut이라는 소프트웨어를 통해 소득 신고서를 제출하는 개인이나 기업 고객에게 감사 지원 서비스audit support를 제공한다. 감사 기간에는 미국 국세청IRS과의 커뮤니케이션을 돕고, 감사 준비 가이드를 제공하며, 감사를 위한 전문 대리인in-person representation도 보내준다. 비슷한 예로 DePuy* 그룹은 외과의사가 DePuy 제품을 사용할 경우, 그들이 환자를 돌보는 전반 작업을 돕는 다양한 서비스를 지원한다. 예를 들어, DePuy Spine사는 DePuy Charite 인공 디스크 삽입 시술을 앞둔 환자에게 교육용 책자를 제공해 의사가 수술 결과에 대한 환자의 기대치를 관리할 수 있도록 도와준다.

이 예시에서 우리는 두 가지 교훈을 얻을 수 있다. 첫째, 고객이 제품을 이용해서 하고자 하는 일과 그 일의 성공 여부를 평가하는 결과물이 무엇인지 파악한다면 자연스럽게 부가 서비스 혁신의 기회를 발견할 수 있다. 제품 요구 사항과는 다르게, 결과물은 만족 여부에 상관없이 결과물 그 자체로 고객이 어떤 기준으로 제품 가치를 평가하는지 알 수 있다. 둘째, 고객이 제품을 통해 하고자 하는 일을 좀 더 넓은 시야로 봐야 한다. 예를 들어, DePuy의 경우 외과의사의 업무를 **'인공 디스크 교체술'**보다 **'환자 치료'**라고 좀 더 포괄적으로 정의하고 있다. 이렇듯 폭넓게 고객의 작업을 정의하면 교육용 책자처럼 새로운 측면에서의 서비스 혁신을 창출할 수 있다.

예를 들어, 수술장비와 수술용품 분야의 선두업체인 고객의 의뢰를 받아 마취과 전문의의 업무에 대해 조사했던 적이 있다. 당시 우리는 **마취 계획**을 세우는 시작 단계에서부터 마지막 단계인 사후 관리까지 모두 포함하여 마취의의 업무라고 정의했다. 마취를 계획하는 단계에서 전문의는 다음 세 가지를 포함하여 총 9가지의 기대 결과물desired outcome을 가지고 있었다.

---

* 외과, 척추신경계 및 신경과학 전문 의료 기기 및 솔루션 업체. 1998년 Johnson & Johnson에 인수

- 환자 마취를 위한 외과 전문의 요구 사항 정의 시간 최소화
- 환자 상태(나이, 알레르기, 병력)에 따른 마취 계획 조정 시간 최소화
- 마취 계획 수립 시 재고 부족 약품을 사용할 가능성 최소화

이러한 결과물은 특정한 솔루션을 요구하는 것이 아니기 때문에, 제품 또는 서비스 혁신으로 해결 가능하다. 3장의 공통 작업지도를 참고하여 고객이 제품을 통해 하고자 하는 일을 도식화하고, 결과물의 우선순위를 정하면 내부 개발팀은 제품 혁신과 서비스 혁신 중 어느 것을 선택할 것인지, 아니면 제품과 서비스 혁신을 결합하는 것이 더 적절한지 여부를 평가할 수 있다.

3M* 의료기기 사업부는 이 접근법을 활용해 수술 도구를 소독하는 작업 과정에 정보 관리 기능이 필요하다는 것을 깨닫고, 살균 관리 소프트웨어를 개발했다. PC에서 해당 소프트웨어를 실행시키면 생물학적 인디케이터biological indicator**를 판독하는 3M 인큐베이터와 연결되어 자동으로 살균과 소독 결과를 수집하여 결과를 알려준다. 3M의 글로벌 마케팅 매니저인 Mary Poul은 "기존에는 더 좋은 인디케이터를 만드는 데만 집중했는데, 이러한 발상 전환이 큰 깨달음을 주었다"고 말한다.[3]

소비사슬의 이해를 통한 부가 서비스 혁신 기회 모색

제품을 사용하여 완수하고자 하는 핵심 작업에서 파생되는 부가 서비스 혁신 기회 외에도 고객이 제품을 사용할 때 거치는 소비사슬을 분석하고, 각 단계마다 어떤 어려움이 있는지에 대한 분석을 통해 부가 서

---

* 의료용품, 전자/전기/통신 관련 제품, 사무용품, 보안 제품 등을 제조하는 다국적 기업

** 멸균 여부를 파악하는 제품

비스 혁신의 기회를 발견할 수 있다. 소비사슬이란 소비자가 제품이나 서비스로부터 최고의 가치를 얻기 위해 거쳐야 하는 일련의 단계이다.[4] 따라서 "제품으로부터 가치를 얻기 위해 고객은 어떤 일을 해야 하는가?"를 스스로 질문하고, 고객이 하고자 하는 일을 더 잘 수행하도록 돕는 방법을 찾아야 한다.

고객은 대부분의 제품—적어도 내구재durable goods의 경우—에서 가치를 얻고자 할 때, 선택에서부터 구매, 설치와 배치, 사용법 숙지, 사용, 이동과 보관, 유지 보수, 업그레이드 혹은 업데이트, 폐기 처분에 이르기까지 모두 비슷한 과정을 거친다. 소비 단계의 명칭은 제품 종류에 따라 달라질 수 있으나 일반적인 소비의 과정은 동일하다. 그 과정 중 고객이 결과물에 만족하지 못한 단계가 혁신의 기회를 제공한다.

기업은 우선 특정 소비사슬 작업을 염두에 두고 적절한 고객군을 선정해야 한다. B2B*사업의 경우, 제품 사용자가 해당 소비사슬 작업의 책임자와 다른 경우가 많기 때문에 특별히 유의해야 한다. 고객군을 선정했다면 인터뷰를 통해 3장에 예시된 공통 작업지도를 따라 작업의 시작부터 종료까지를 포함한 작업지도를 작성한다(그림 3-1, 표 3-2 참조). 3장의 공통 작업지도가 비록 핵심 서비스 혁신 기회를 찾는 데 중점을 두고 있지만, 소비사슬 작업을 수행하는데도 동일하게 적용될 수 있다. 여느 작업과 마찬가지로 소비사슬 작업을 도식화하는 이유는 고객이 작업을 성공적으로 완수하는 데 무엇이 필요한지 좀 더 명확히 알아보기 위해서이다.

이렇게 완성된 작업지도를 두고 작업의 각 단계마다 성공 여부를 판단하는 기준이 무엇인지 고객과 인터뷰를 진행한다. 대부분의 판단

* Business to Business: 기업 사이에서 일어나는 상거래

기준은 작업을 완수하는 데 소요된 시간, 변동성, 산출물과 같다. 더불어, 소비사슬 작업과 연관된 고객의 감정 작업의 존재 여부도 판단해야 한다. 이와 같은 과정을 통해 기회를 파악하고 이를 우선순위화하면, 제품이나 서비스 혁신을 통해 고객의 어떠한 니즈를 만족시켜야 하는지 결정할 수 있을 것이다.

Ingersoll-Rand*는 운송, 제조, 건설, 농업 등 글로벌 시장에 특화된 산업용 장비 제조기업이다. 압축 공기 시스템compressed-air system의 유지보수와 관련한 혁신적인 서비스 오퍼링이 이들의 경쟁력이다.[5] 이 업체는 2007년 3월 PackageCare라는 서비스를 선보이며 빠른 속도로 고객군을 넓혀 나갔다. PackageCare는 고정 비용 서비스 계약fixed-cost service contract으로 고장 전에 부품을 교체하는 서비스를 통해 시스템의 예방유지 보수preventative maintenance 분야에서 앞장서 나가고 있다. 계약 내용에는 기계 관리, 수리, 부품 교체는 물론, 시스템이 다운된 경우 발생하는 추가 비용 지원과 같이 고객이 선택할 수 있는 다양한 혜택이 포함되어 있다. PackageCare 서비스 오퍼링은 전문 기술자의 정기 유지 보수 방문이나 예측 진단 툴, 신속한 24시간 보수 서비스로 구성되어 압축 공기 시스템 유지 보수의 불편함을 없애고, 고객의 비용을 절감하며, 운영 효율을 증대시킨다.

압축 공기 시스템의 유지 보수와 관련하여 고객이 어떻게 성공 기준을 정의하는지 파악하기 위해 Ingersoll-Rand는 소비사슬 작업을 책임지는 사업 대표, 유지 보수 매니저, 시설 매니저, 플랜트 매니저 등 18명의 책임자와 일대일 인터뷰를 진행했다. 인터뷰를 통해 예방 유지 보수와 관련한 8개의 작업지도 단계로부터 고객이 얻고자 하는 70여 가지

* 1871년에 설립된 여러 산업에 특화된 중장비를 제조, 생산하는 업체

의 결과물을 파악할 수 있었다. 또한 예방 유지 보수와 관련한 고객의 다른 기능 작업이나 감정 작업도 파악했다. 다음으로 각기 다른 산업군에 종사하는 압축 공기 시스템 유지 보수 담당자 200여 명에게 결과물과 연관 작업, 감정 작업에 대해 중요도와 만족도 평가를 요청했다.

이 평가를 통해 서비스 혁신 가능성이 높은 22개의 결과물을 파악했고, 그 중 아래를 포함하여 여러 결과물을 활용해 PackageCare 서비스 오퍼링을 만들었다.

- 미흡한 예방 유지 보수로 발생하는 고장 최소화
- 예방 유지 보수 비용 최소화
- 시기보다 앞선 예방 유지 보수로 발생하는 불필요한 비용 최소화

Ingersoll-Rand는 압축 공기 시스템을 사용할 때 발생할 수 있는 문제를 사전에 방지하는 것이 고객에게 가장 큰 혜택을 준다는 것을 깨달았다. 이러한 교훈을 바탕으로 현재도 나머지 결과물과 기회 요소들을 반영하여 차세대 서비스 오퍼링을 개발하고 있다. 이제 고객이 소비사슬의 각 작업 단계에서 하고자 하는 일이 무엇인지, 나아가 이를 분석하고 연구하는 것이 어떻게 서비스 혁신을 이끌어 낼 수 있는지 소개하겠다.

제품 선택

고객이 제품을 선택하는 과정에서 얻을 수 있는 서비스 혁신 기회는 무엇인가? 제품을 선택할 때 고객은 각자 나름의 선택 기준을 두고 예산도 고려하면서 제품 옵션을 비교, 검토하고 필요한 정보를 모은 후에 제품을 선택한다. 복잡한 제품의 경우, 누군가의 도움 없이 고객 혼자 이러한 과

정을 진행하는 것이 쉽지 않다. 제품의 특징을 파악하거나 그들이 원하는 제품 요구 사항의 우선순위를 정할 때에도 역시 도움이 필요하다. 특히 비즈니스 환경에서 상대의 요구 사항이나 어떠한 옵션이 운영이나 매출, 비용에 영향을 미치는지 제대로 파악하기란 어렵다.

따라서 고객은 자신의 상황에 따라 최선의 선택을 할 수 있게 도와주는 서비스가 필요하다. 장단점 비교, 옵션 평가, 사용 환경 고려 등 본인의 니즈에 적합한 제품을 찾도록 도와주는 서비스가 있다면 고객은 이를 가치 있게 평가할 것이다. 하우스 페인트 제조기업인 Behr*는 실내 인테리어에 사용할 페인트 색상 선택을 도와주는 무료 온라인 서비스를 선보였다. 자신의 방 이미지 사진에 Behr에서 나온 ColorSmart의 여러 가지 색을 입혀볼 수 있는 "Paint Your Place"라는 서비스인데, 이를 통해 고객은 실제 사용 환경과 유사하게 여러 가지 색상을 테스트해 볼 수 있다.

제품 구매

고객이 제품을 구매하는 과정에서 얻을 수 있는 서비스 혁신 기회는 무엇인가?

제품 구매 시 고객은 구매 시점과 필요한 수량을 결정한다. 이어서 구매 장소와 옵션을 생각해봐야 하고, 구매 내역과 금액의 적정성도 다시 한 번 확인한다(가격 협상이나 결재 승인도 이에 해당한다). 구매 완료 후에는 절차가 올바로 이행되었는지 점검하고, 추후 발생하는 문제를 처리하기도 한다. 구매 프로세스는 새로운 혁신 기회가 많은 영역이며, 특히 고가의 품목large-ticket items** 구매나 재고 보충replenishment과 같은 경우

* 미국과 캐나다 등지에서 건축용 페인트 및 원목 자재 관리 제품 생산 판매 기업

** 집이나 자동차 같은 고가의 품목

에 혁신의 기회는 무궁무진하다.

고객은 원하는 제품을 구입할 수 있으며, 자신의 상황과 예산에 맞춰 제품이나 구매 옵션을 조정할 수 있고, 신속하고 정확한 고객 지원 서비스를 제공하는 등 고객과의 진정한 파트너십을 제공하는 기업의 혁신적인 서비스에 가치를 느낀다. 이러한 가치를 반영하여 Dell* Premier 온라인 스토어에서는 비즈니스 고객을 위한 가격 협상에서부터 맞춤 제작, 배송과 결제까지 모든 절차를 간편하게 처리할 수 있는 서비스를 구축했다. 제품 사양의 상세 비교나 자주 사용하는 구매 양식을 저장하는 것으로 고객의 구매 작업을 돕기도 한다. 또한, 고객의 조달 시스템과 연계하여 시간을 단축시키고, 구매 승인 절차를 빠르게 진행할 수 있으며, 고객은 시스템의 보고서 툴을 활용해 온라인으로 직접 주문이나 송장 내역을 확인할 수 있다.

제품의 설치 및 배포

고객이 제품을 설치하는 과정에서 얻을 수 있는 서비스 혁신 기회는 무엇인가?

고객은 제품을 설치할 때, 어떻게 설치할지를 결정하고, 필요한 재료나 도구, 설치할 장소를 준비한 다음, 설치를 완료하고 정확하게 설치됐는지를 확인하여, 제품 사용이 가능하도록 만든다. 제품 설치는 상황에 따라 '배포deployment'라고 표현되기도 한다. 배포를 할 경우에는 기본적인 설치 작업 외에도 배포 계획을 수립하고 기존의 제품과 시스템, 영향 받는 사람을 파악하고, 배포 준비 수준을 확인해 새로운 제품과 기존 시스템, 프로세스를 통합해야 한다.

---

* 1984년에 설립된 컴퓨터와 컴퓨터 주변기기의 제조, 판매하는 미국 기업. 소비자가 중간상이나 대리점을 거치지 않고 컴퓨터를 구매할 수 있는 유통 전략으로 성공했다.

설치가 어렵고 복잡한 경우 고객은 설치 프로세스를 대신해주는 서비스를 찾기도 한다. 게다가 서비스 이용으로 비용은 절감되고, 효율이 높아지며, 고객 스스로 설치할 때 발생할 수 있는 문제를 방지한다면 더욱 매력적일 것이다. 고객이 스스로 제품을 설치한다고 하더라도 올바른 설치 가이드와 문제 발생 시 적절한 지원을 제공한다면 매우 만족스러워할 것이다. 네트워크형 제품의 경우, 고객의 설치 작업을 원격으로 도울 수 있다. MS 애플리케이션 가상화 서비스MS Application Virtualization의 경우 사용자는 자신의 컴퓨터에 애플리케이션을 설치하는 대신 인터넷이나 사내 통신망을 통해 가상으로 애플리케이션을 사용할 수 있다. 이를 통해 애플리케이션의 배포는 빨라지고, 다른 애플리케이션과의 호환성 테스트 작업은 사라진다.

제품 사용법 익히기

고객이 제품 사용법을 습득하는 과정에서 얻을 수 있는 서비스 혁신 기회는 무엇인가?

제품을 사용하기 위해 고객은 먼저 무엇을 학습해야 하는지 파악한 후, 관련된 정보를 수집하고 숙지해 실제 제품을 사용하며 사용법에 익숙해진다. 이후에도 제품을 사용하면서 관련 정보를 모으고 평가를 한다. 고객이 잘못된 사용법으로 인해 제품 사용 중 상당한 금전적 또는 개인적 손해를 볼 수 있는 경우, 올바른 사용법을 익히는 것은 더욱 중요하다. 예를 들어, 수술 중 실수는 의사에게 매우 치명적이다. 미연의 사고를 방지하기 위해서는 새로운 수술 장비를 사용하더라도 완벽하게 다룰 수 있어야 한다. 이렇게 제품 사용법에 대한 학습의 가치가 높을수록, 학습 시간의 단축이나 실수 방지를 도와주는 서비스는 고객에게 큰 가치를 제공한다.

고객은 제품 사용법에 대한 학습 계획과 이에 필요한 정보를 제공하며 효과적으로 제품을 사용할 수 있도록 지속적으로 도와주는 서비스를 원한다. 예를 들어, DePuy는 최근 신설된 DePuy Institute에서 외과 수술의에게 다양한 의료기기 사용법에 대한 트레이닝 코스를 제공한다. 전문 의료진이 실시하는 트레이닝 코스는 강의나 데모 시연, 실습 워크샵 등 다양한 과정을 제공한다.

제품 사용

고객이 제품을 사용하는 것을 도울 수 있는 기회에는 어떠한 것들이 있는가?

제품을 사용할 때 고객은 설치를 포함하여 사용 준비가 되었는지 확인한다. 제품을 사용한 이후에는 제대로 사용했는지 확인하고, 사용 방법을 조정하기도 하며, 기능을 종료하거나 제품을 보관함으로써 사용을 종료한다.

고객은 제품을 사용할 때 효율성과 편리성, 문제 발생 최소화와 더불어 최적의 결과물을 기대한다. 앞서 소개한 사용법 학습과 같이 잘못된 사용으로 인한 잠재적 비용이 클수록 고객은 올바른 사용을 지원하는 서비스의 가치를 높게 평가한다. 주의할 점은 이러한 지원 서비스의 비용이 제품을 잘못 사용하여 발생하는 비용보다 낮아야 한다는 점이다.

잘못된 제품 사용으로 큰 비용이 발생한다면, 고객이 제품을 어떻게 사용하는지 관리 · 감독해주는 서비스로 고객을 도울 수 있다. MS 서비스는 고객이 서버를 관리함에 있어 MS의 IT 직원들에 의해 수년간 만들어진 모범 사례, 프로세스와 템플릿을 무료로 사용할 수 있게 했다. 예를 들어, 고객은 설정 템플릿configuration template을 사용해 서버 운영을 최적화하고 오류 발생을 사전에 방지할 수 있다. 설정이 완료되면, 규정 준수 사항compliance을 모니터링 하는 서비스도 제공된다. 시스템의 갑작스러운 다운이나 보안 취약성, 장애 해결에 들이는 시간 등 결합의 잠재 비용을 고려해볼 때, MS 서비스의 이러한 서비스는 고객에게 매우 높은 가치를 제공한다.

제품 이동 및 보관

고객이 제품을 이동 · 보관하는 과정에서 얻을 수 있는 서비스 혁신 기회는 무엇인가?

제품의 이동 · 보관 시 고객은 가장 적절한 이동 · 보관 방법이 무엇인지 고민하고, 이에 따라 이동 수단과 보관 장소를 결정한다. 사고 없이 이동하고 보관해야 하며, 주로 이동 · 보관의 마지막 단계에서 되찾기도 한다. 귀중품인 경우, 되찾을 때 파손이나 기능 이상이 없도록 도움을 필요로 한다. 사용을 위해 보관이 필수인 제품의 경우 보관 장소도 중요하다. 보관 장소를 선정할 때, 고객은 보관 비용이나 소요 면적, 재고 관리 방법이나 손실에 대해서 고려한다.

제품의 이동과 보관에 관해서는 고객에게 관련 정보를 제공하거나, 제품의 이동 · 보관 중 발생 가능한 리스크를 파악하고, 이동 · 보관 서비스를 직접 제공하는 것이 모두 서비스가 될 수 있다. 산업용 가스 생산의 선두 업체인 Air Liquide는 기술 전문가가 직접 현장에서 가스의 이동 · 보관에 필요한 서비스를 제공함으로써 기업의 수익률과 고객 충성도를 동시에 개선했다. 산소와 같이 비교적 위험도가 낮은 가스 종류도 보관과 유통에는 어려움이 많다. 생산 프로세스의 일부로 Air Liquide는 운영 효율을 최적화하고 가스 이동 · 보관의 안정성을 보장하기 위해 기획, 측정, 탐지, 품질 관리와 처리를 위한 최첨단 방식과 기술을 개발했다. 현재 Air Liquide는 현장 맞춤형 서비스의 형태로 이러한 방식과 기술을 제공하고 있으며, 다양한 산업군의 고객을 대상으로 그들이 가스를 사용하는 시점까지 가스 공급 과정을 관리하고 있다.[6]

제품 유지 보수

고객의 제품 유지 보수 과정에서 얻을 수 있는 서비스 혁신 기회는 무엇인가?

고객은 제품의 유지 보수가 필요한 시점과 내용, 기간과 방법을 파악하고, 이에 필요한 재료나 도구를 준비한다. 필요에 따라 유지 보수 관련 공지를 하고, 준비 및 실행 단계를 거쳐 보수 이후에는 제품 기능 및 작동에 이상이 없는지 확인한다. 유지 보수 단계에서는 부가 서비스와 관련된 많은 기회가 있는데, 특히 복합 상품complex products의 경우에 더욱 그렇다.

기업의 유지 보수는 기술 지원이나 현장 전문가를 통해 제품이 제대로 기능하고 양호한 상태를 유지하도록 관리하는 작업이다. 일반적으로 고객은 유지 보수 시기 알림, 제품 모니터링, 부품 재고 확인, 유지 보수 작업 시간 단축이나 생산성 손실 최소화에 도움을 주는 서비스를 원한다. 예를 들어, HP 원격 모니터링 서비스의 경우 프린터 기능이나 소모품 사용, 프린터 활용 방법 등 프린터 사용에 관련된 다양한 정보를 수집하여 이를 고객사 IT담당자와 공유함으로써 고객이 프린터 소모품의 교체나 예방 유지 보수 계획을 수립하는 데 도움을 주고 있다.

제품 업그레이드 및 업데이트

고객의 제품 업그레이드 및 업데이트 과정에서 얻을 수 있는 서비스 혁신 기회는 무엇인가?

고객은 제품을 업그레이드하기에 앞서 시점과 방법을 결정해야 한다. 업그레이드를 위해 필요한 사항을 준비하고, 업그레이드가 필요한 제품과 때로는 사용자를 준비시켜야 할 수도 있다. 업그레이드를 진행한 이후에는 변경된 사항을 확인하고 문제가 있다면 이를 해결한다. 유지보수와 마찬가지로, 업그레이드 단계에서도 서비스 혁신의 기회가 많다. 스마트 제품smart products과 같이 인터넷으로 업그레이드가 가능한 제품일 경우 그 기회가 더욱 무궁무진하다.

고객은 제품의 기능을 최적화시켜 주고, 업그레이드에 소요되는 시간과 비용을 단축하며, 업그레이드 시에 성능 저하는 최소화시키고, 업그레이드 완료 시 즉시 사용이 가능한 서비스를 원한다. Apple사의 아이폰과 같이 자동 업데이트 기능을 탑재한 소프트웨어 기반 제품들이 이러한 서비스를 제공하고 있다. 예를 들어, Apple사의 아이폰은 고객이 아이폰을 컴퓨터와 동기화시키면, 자동으로 업데이트를 알려주고 설치함으로써 고객이 신경 써야 하는 귀찮은 일을 덜어주었다.

제품 폐기

고객의 제품 처분 과정에서 얻을 수 있는 서비스 혁신 기회는 무엇인가?

제품의 폐기 또한 업그레이드 과정과 매우 유사하다. 우선 교체 · 폐기 시기와 진행 방법을 결정해야 한다. 폐기할 제품을 모으고, 준비하고, 폐기한 다음, 관련된 작업을 완료한다. 만약 폐기처리 비용(개인적 · 금전적 · 환경적 리스크 포함)이 높거나 보존 가치가 있는 제품일 경우 단계가 좀 더 복잡해진다.

고객은 제품 교체나 폐기 여부와 그 시점에 대해 조언해주는 서비스를 필요로 한다. 기업에서 업무용 컴퓨터를 폐기하는 것과 같이 복잡한 폐기 작업이 필요한 경우, 사전 준비를 도와주는 서비스 역시 유용하다. 이런 서비스는 폐기 과정을 더 편리하게 만들 뿐 아니라, 폐기 비용을 절감하거나 잔존 가치residual value를 회수할 수 있기 때문에 고객은 이런 서비스의 가치를 높게 평가한다.

Calphalon*사의 ReNew 프로그램은 환경 피해는 최소화하면서도 낡은 조리기구를 편리하게 폐기할 수 있는 무료 서비스이다. 고객이 새로운 조리기구를 사면 Calphalon사는 재활용을 위해 낡은 조리기구를 Calphalon사에 보낼 수 있는 Renew 박스와 선불 페덱스 라벨을 고객에게 보낸다. Calphalon사는 이 서비스에 참여하는 고객에게 사은품을 제공하기도 한다.

지금까지 제품 소비 작업으로부터 어떻게 부가 서비스 혁신의 기회를 발견할 수 있는지를 설명했다. 부가 서비스 혁신의 기회는 서비스를 선택하거나, 구매하고, 사용법을 학습하는 서비스 소비 작업을 통해서 발견할 수도 있다. 서비스가 복잡하거나 작업 수행자와 서비스 혜택 수혜자가 다른 경우에 특히 더욱 많은 서비스 혁신의 기회를 찾을 수 있다.

제품 지원 서비스 강화를 통한 부가 서비스 혁신 기회 모색

부가 서비스 혁신의 기회를 찾는 세 번째 방법은 고객이 필요로 하는 지원을 받을 수 있게 도와주는 것이다. 그림 5-1은 고객이 제품 지원을

* 미국 명품 주방브랜드

받는 과정을 그린 공통 작업지도다. 4장에서 소개한 서비스 이용을 위한 공통 작업지도와 내용과 순서에 있어 큰 차이가 없어 이번 장에서는 간략하게 소개하겠다. 직접 고객을 찾아가는 방문 서비스를 제외하고는 지원 서비스의 형식을 특정 형식으로 제한하지 않는다.

그림 5-1의 작업지도는 성공적인 제품 지원을 받기 위해 고객이 완수해야 하는 프로세스를 나타낸 것이다. 우선 고객은 지원이 필요한가, 어떻게 연락을 취할 것인가를 결정해야 한다. 그리고 지원을 요청하기 전 필요한 작업을 파악하고 이에 따른 준비를 한다. 필요한 사항이 준비되면, 지원 서비스를 요청하면서 문제를 설명하거나 질문을 하고 때로는 방문 서비스를 예약하는데, 여기서 중요한 것은 지원을 받고자 하는 문제가 무엇인지 명확히 설명해야 한다. 고객이 필요로 하는 것이 질문에 대한 답변을 얻는 것뿐이라면, 작업 성공을 위해서는 반드시 답변을 받아야 하고, 이 후에는 답변을 평가하는 단계로 넘어간다. 만약 바로 해결되지 않거나 답을 찾을 수 없는 문제라면, 방문 서비스를 받을 때까지 기다리거나 문제 해결을 위한 다른 옵션을 생각해야 한다. 문제 해결 후에는 지원 서비스의 결과를 평가하고, 상황에 따라서는 다시 지원 서비스를 요청해야 하는 경우도 발생한다(당연히 결과가 만족스럽다면 고객은 다시 지원을 요청할 필요가 없다). 마지막으로, 고객은 향후 동일한 문제가 발생하면 지원 서비스를 요청할 필요 없이 스스로 문제를 해결할 수 있기를 원한다.

공통 작업지도를 기준으로 인터뷰를 하면 고객이 각 단계별로 어떤 결과물을 가지고 만족도를 평가하는지 알 수 있다. 결과물을 파악했다면, 기업은 전체적으로 중요도와 만족도에 따라 결과물의 우선순위를 정하고, 특정 제품이나 제품의 문제 유형에 따라 결과물의 우선순위를 정한다. 고객은 물론 지원 요청의 형태(e.g., 전화, 인터넷, 방문)에

그림 5-1 제품 지원 서비스 이용을 위한 공통 작업지도

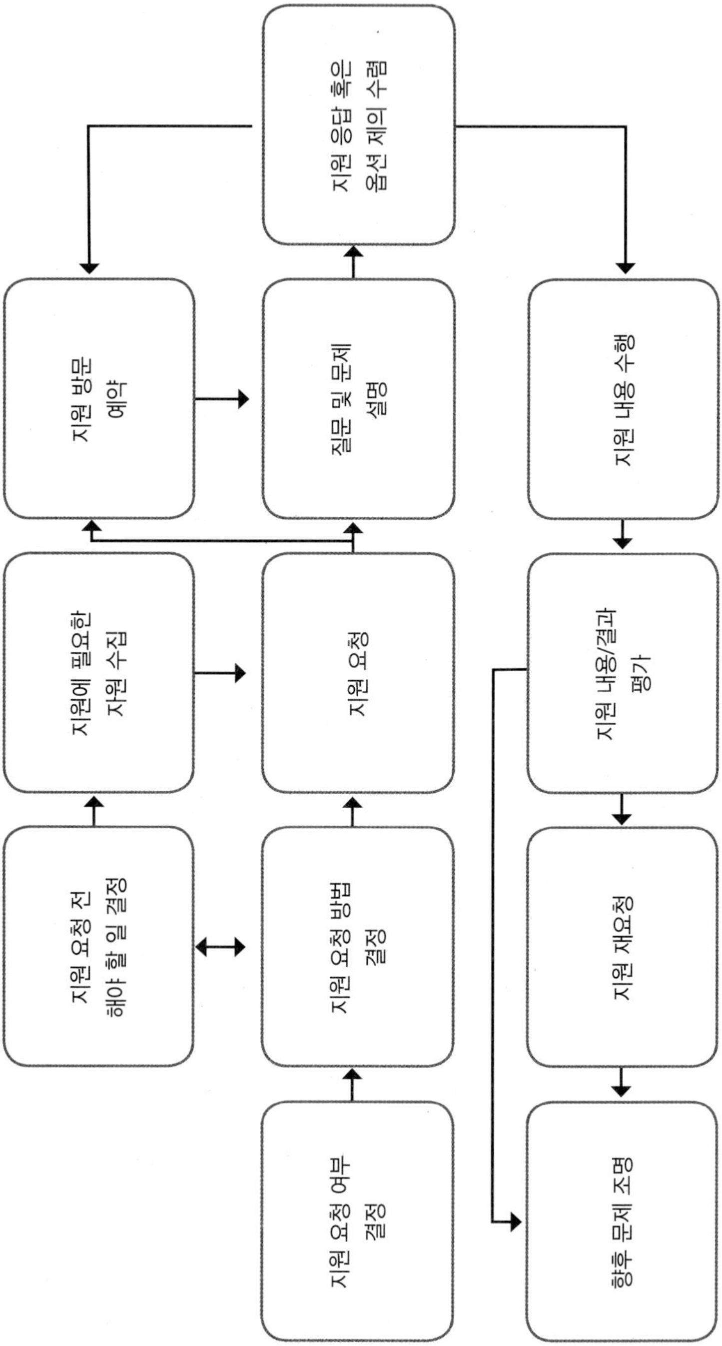

따라 우선순위를 정할 수도 있다. 표 5-1은 공통 작업지도의 각 단계별 결과물의 예시를 보여준다.

인쇄 기술 전문 제조 업체인 Lexmark 인터내셔널*사는 고객 지원 서비스 강화를 통해 혁신을 만들었다. 60회 이상의 고객 인터뷰를 통해 기술 지원을 포함한 프린터에 관련된 다양한 소비사슬 작업과 인쇄, 스캔, 팩스, 복사에 연관된 결과물을 파악했다. 프린터를 구매한 400명의 고객에게 도출된 결과물에 대한 중요도와 만족도를 평가하게 했다. 이러한 프로세스를 통해 Lexmark사는 기술 지원 영역에 많은 혁신 기회 요소가 있다는 것을 알아냈고, 고객 지원 서비스 경험을 개선하기 위한 여러 가지 방안을 만들어냈다. 이러한 혁신의 노력은 Lexmark사 내부의 의식 변화를 이끌며, 기술 지원 서비스를 비용 부서cost center가 아닌 새로운 비즈니스 기회의 영역으로 인식하게 만들었다. 현재 Lexmark사는 다양한 제품과 서비스 혁신을 통해 고객이 좀 더 쉽게 기술지원을 받을 수 있도록 하고 있다. 고객 경험 관리자customer experience integration manager인 Wade Powell은 "혁신의 결과는 우리에게 이상적인 고객 경험이 무엇인지 알게 해주었고, 그 방향으로 서비스를 만들어 내고 디자인했다."고 말한다.[7]

예를 들면, 어떻게 지원 서비스를 요청할 것인지 결정하는 시간을 최소화하는 것이 높은 우선순위의 기회라 파악한 Lexmark사는 제품 포장에 고객 지원 서비스 연락처와 다른 옵션들이 눈에 잘 띄도록 표기했다. 또한, 고객 지원 웹사이트에는 고객이 문제 발생 시 자체적으로 문제를 해결할 수 있도록 해결 가이드self-help documents를 제공하고 검색 기능을 강화했다. 실시간 지원에 있어서는 고객은 단 한번의 연락으로

* 미국의 레이저 프린터 제조기업. 기업 대상의 서비스 제공

표 5-1 제품 지원 서비스 이용을 위한 작업 결과물 예시

작업 단계	결과물
지원 요청 여부 결정	• 지원을 받기 전 문제 해결에 필요한 지원이 어떤 것인지 인지할 가능성 최대화
지원 요청 방법 결정	• 통일된 지원을 받을 가능성 최대화
지원 요청 전 해야 할 일 결정	• 지원 요청 전 문제 해결을 위해 무엇이 필요한가 결정하는 시간 최소화
지원에 필요한 자원 수집	• 지원 시 필요한 정보 수집 시간 최소화
지원 요청	• 지원 요청을 위해 해당 부서 및 담당자에게 연결되는 단계 최소화
지원 방문 예약	• 방문 예약 후 직접 방문까지 걸리는 시간 최소화
질문 및 문제 설명	• 지원 요청 시 문제를 이해할 가능성 최대화
지원 응답 혹은 옵션 제의 수렴	• 지원 응답 내용의 모호함 최소화 e.g., 기술 용어 사용 / 모호한 안내
지원 내용 수행	• 추천 내용을 수행하는 소요시간 최소화
지원 내용/결과 평가	• 지원 요청 초기 목적 달성 여부 결정 시간 최소화
지원 재요청	• 재요청 시 같은 정보로 응대할 가능성 최소화
향후 문제 조명	• 문제 재발생시 어떤 단계들을 수행해야 하는지 기억할 가능성 최대화

문제가 해결되기를 원했고, 언어 장벽 때문에 문제 해결이 안 될 가능성이나 매번 다른 기술 담당자에게 같은 문제를 반복해서 설명해야하는 번거로움을 최소화하는 것을 중요한 결과물로 생각했다. 이를 활용하여 Lexmark사는 서비스 담당자를 위한 새로운 업무 프로세스를 만들고, 고객 관계 관리customer relationship management 데이터베이스의 정보 수

집과 공유 기능을 개선했으며, 언어 장벽을 줄이기 위해 기술 지원 센터를 해당 국가로 이전하기도 했다.

연관 작업 수행자의 니즈 파악을 통한 부가 서비스 혁신 모색

부가 서비스 혁신 기회를 발견하는 마지막 방법은 연관 작업을 수행하는 이들의 니즈를 파악하는 것이다. **연관 작업 수행자**related job executors는 기업의 주 고객primary customer이 하고자 하는 핵심 작업과 밀접하게 연관된 작업을 수행하는 사람으로서, 현재 또는 잠재 고객의 범주에 속한다. 1장에서 언급했듯이 하나의 기업의 서비스를 이용하여 여러 그룹의 고객이 작업을 수행하기도 한다. 서비스뿐 아니라 제품도 마찬가지이다.

제품의 가치를 얻고자 하는 고객군이나 제품에 관련된 작업을 완수하려는 고객군 등 다양한 고객군이 존재한다. 이런 경우에 기업은 제품이나 부가 서비스 혁신의 기회를 파악하기 위해 연관 작업 수행자의 니즈를 연구한다. 2장에서 언급했던 제품 또는 주요 고객군의 핵심 작업과 관련하여 연관 작업 수행자가 하고자 하는 일에 집중하거나, 3장에서 소개한 연관 작업 수행자의 특정 핵심 작업에 집중하여 연구할 수도 있다.

그림 5-2에 그려진 바와 같이 연관 작업 수행자는 작업 관계자adjacent job executor, 작업 감독관job overseer, 작업 수혜자job beneficiary의 세 그룹으로 나누어진다. **작업 관계자**는 주 고객의 핵심 작업과 동시에 또는 순차적으로 진행되는 일을 수행한다. 예를 들어, 간호사의 경우 수술 도구를 사용하여 수술을 집도하는 외과의와 협력하여 수술을 진행한다.

그림 5-2 서비스 혁신을 위한 작업 수행자 그룹

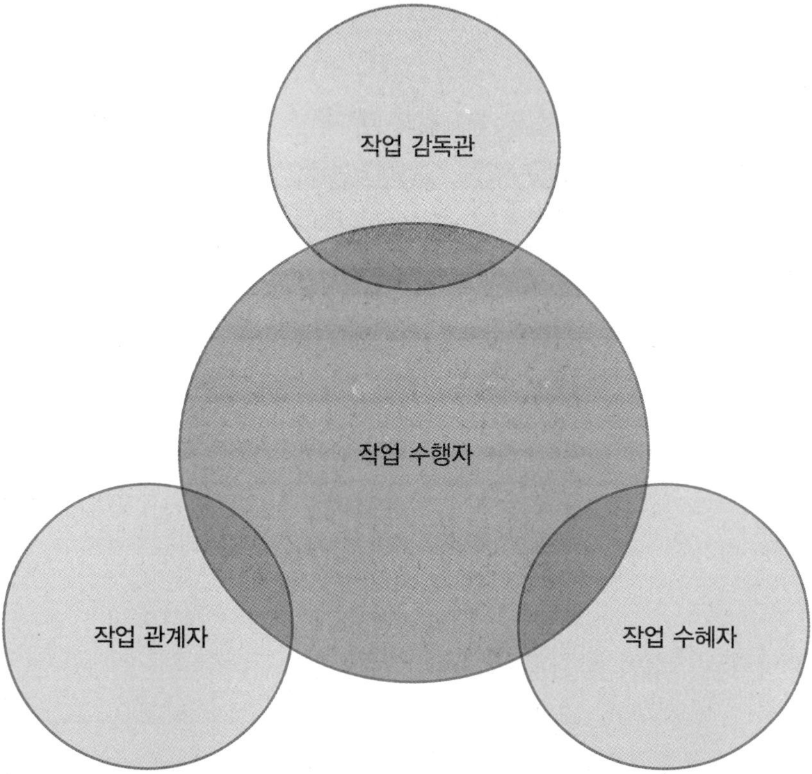

마취의의 경우도 동일하다. 비슷한 예로, 소프트웨어 아키텍트나 테스터, UI 디자이너들은 서로 순차적으로 업무를 진행하며, 소프트웨어 툴로 새로운 코드를 작성하는 소프트웨어 개발자와도 마찬가지이다.

작업 감독관은 주로 '관리자manager' 직급으로 핵심 작업의 실행을 감독 · 관리하는 역할을 하며, 관리 비용과 지출, 전반적인 운영 효율성을 지표로 핵심 작업의 성공 여부를 평가한다. 외과 수술 상황에서 작업 감독관은 일정이나 예산, 인력, 안전, 수술실 운영을 관리 · 감독한다.

소프트웨어 산업의 경우 일반적으로 프로젝트 매니저가 프로젝트 전체를 감독하고 고객 관리나 예산 책정, 새로운 소프트웨어 애플리케이션 출시를 위한 프로젝트 일정 관리를 담당한다. 소비자의 경우, 부모가 자녀의 작업을 관리하는 역할을 하기도 한다.

작업 수혜자는 핵심 작업으로부터 발생하는 혜택이나 결과물을 이용하는 사람이다. 이들은 대개 얼마나 편리하게 자신이 원하는 혜택을 얻을 수 있었는지와 제공받은 결과물의 전반적인 품질을 가지고 작업의 성공 여부를 평가한다. 경우에 따라서는 작업 수혜자가 해야 할 작업이 있을 수 있다. 4장에서 설명한 바와 같이 외과 수술의 경우, 의료 서비스를 이용하는 환자가 작업 수혜자에 해당하는데, 수술 전 환자 본인이 준비해야 할 단계가 이에 속한다. 소프트웨어 산업의 경우 개발된 소프트웨어의 사용자가 작업 수혜자이다.

지금까지 연관 작업 수행자들이 어떻게 부가 서비스 혁신의 기회를 발견하는 데 도움을 줄 수 있는가를 설명했지만, 기업은 핵심 서비스 혁신이나 새로운 서비스 혁신을 하고자 할 때에도 분석해야 할 고객의 대상에 연관 작업 수행자를 포함시켜야 한다. 예를 들어, 기업을 대상으로 서비스를 제공하는 보험회사의 경우, 복리후생 지원 방침을 개발하고 관리하는 기업의 복리후생 담당자와 건강 관리를 위해 복리후생을 이용하는 직원이 만족하지 못한 니즈를 파악해야 한다. 비슷한 예로, 금융 중개인financial brokers을 대상으로 하는 서비스의 경우 주 고객인 중개인뿐 아니라 그들의 고객이 만족하지 못한 니즈까지도 살펴봐야 한다.

요약

제조기업의 경우 기존의 제품 오퍼링을 지원하거나 보완하는 부가 서비스 혁신으로 큰 효과를 기대할 수 있다. 5장에서는 이러한 혁신의 기회를 포착하는 4가지 접근법을 소개했다. 첫째, 핵심 작업을 완료하기 위해 기존 제품을 사용하고 있는 고객에게 부가 서비스를 제공한다. 고객이 핵심 작업의 성공 여부를 평가하는 결과물을 파악하면 제품 분석만으로는 찾을 수 없었던 많은 혁신의 기회를 얻을 수 있다. 둘째, 고객이 제품을 소유 또는 사용하기 위해 수행해야 하는 소비사슬 작업을 연구하면 또 다른 서비스 혁신의 기회를 찾을 수 있다. 셋째, 제품 지원 서비스의 강화로 혁신을 꾀할 수 있다. 고객이 지원 서비스를 이용하는 과정을 제시한 작업지도는 혁신의 기회를 찾는 가이드가 될 것이다. 마지막으로, 연관 작업 수행자(작업 관계자, 작업 감독관, 작업 수혜자)가 하고자 하는 일을 탐색해야 한다. 몇몇 기업은 여기서 소개한 4가지 접근법에 기초하여 이미 부가 서비스를 제공하고 있을 것이다. 끊임없이 혁신의 기회를 찾는 노력을 이어간다면, 완전히 새로운 서비스나 개선 서비스를 통해 제품 오퍼링을 보완해 나갈 수 있을 것이다.

CHAPTER 6

서비스 딜리버리 혁신을 위한 기회 모색: 제공자 관점

Discover Opportunities for Service Delivery Innovation: The Provider Perspective

서비스 딜리버리 혁신을 위한 기회 모색: 제공자 관점

서비스 혁신은 당신이 무엇을 하는지 뿐만 아니라, 어떻게 하는지를 개선할 기회를 찾는 것이다. 앞 장들에서는 고객의 관점에서 그들이 하고자 하는 일을 분석하는 것으로 서비스 혁신의 기회를 찾아보았다. 하지만 기업이 서비스 딜리버리를 기획할 때에는 수익을 보장하면서 어떻게 고품질의 서비스를 제공할 수 있는지 고민해야 한다. 따라서 기업과 직원의 니즈가 고객의 니즈와 균형을 유지해야 한다.

서비스 고유의 특성 때문에 일관성 있는 고품질의 서비스를 제공하는 것은 어려울 수밖에 없다. 서비스는 본질적으로 형태가 없고, 생산과 동시에 소비되어 재고로 보관할 수 없기 때문이다. 또한, 직원과 고객이 서비스의 일부분이 되는 경우가 많아 품질 관리가 어렵다. 서비스를 제공하는 직원은 서비스의 일부분이자 기업의 내부 고객이기도 하다: 직원은 서비스를 제공하는 그들의 작업을 완수하기 위해 기업이 제공하는 솔루션을 필요로 한다. 그렇기 때문에 기업이 서비스를 개선하는 데에 있어 직원의 의견을 반드시 고려해야 한다.

이 장에서는 서비스 딜리버리를 위한 공통 작업지도를 통해 기업의 관점에서 서비스 혁신의 기회를 체계적으로 찾아보는 방법에 대해 설명할 것이다. 이 공통 작업지도를 통해, 기업은 서비스를 제공하는 과정의 각 단계에서 성공적으로 수행해야 하는 것이 무엇인지 알 수 있다. 또한 서비스 딜리버리 과정에서 오류를 사전에 파악하고 개선할 수 있는 기회를 발견할 것이다.

서비스 딜리버리를 위한 공통 작업지도

세상에서 가장 훌륭한 서비스 콘셉트라고 해도 수익성이 보장되지 않는다면 최고의 서비스라 할 수 없다. 대부분의 서비스에서 직원은 고객과 직접 교류하거나 고객 지원을 수행하는 고객에게 서비스를 제공하는 수단이 된다.[1] 따라서 서비스 딜리버리를 위한 기업의 첫 번째 역할은 직원이 서비스를 고객에게 원활하게 제공할 수 있도록 적합한 지원 시스템이나 기술, 프로세스를 제공하는 것이고, 두 번째는 서비스의 제공 과정에서 생기는 문제를 최소화하는 것이다. 지원 시스템이나 기술, 프로세스는 직원의 작업인 고객에게 서비스를 제공하는 작업을 수행하기 위해 필수적인 솔루션이다. 내부 고객(직원)이 그들의 작업을 더 잘 수행한다면, 외부 고객(고객)도 혜택을 보게 된다.

내부 고객도 서비스의 일부분이므로 이들의 업무 효율성 저하는 곧바로 외부 고객의 불편과 서비스 딜리버리의 지연으로 이어진다. 기업은 이러한 효율성 저하를 최소화하기 위한 혁신의 기회를 체계적으로 발굴하여 고객에게 최상의 가치를 제공해야 한다. 가치를 제공하는 메커니즘이 고객에게 보이지 않는 상황에서도 마찬가지다. 예를 들어,

의사가 환자에게 약을 처방할 때 약물 상호작용drug interaction 정보를 제공하는 정보 시스템을 이용하면 의사가 환자에게 해로운 약을 처방하는 상황을 피할 수 있다. 비록 이런 정보 시스템이 활용되고 있다는 사실을 모르는 환자도 큰 혜택을 받게 된다.

내부 관점에서의 서비스 딜리버리 혁신 기회 발굴의 첫 단계는 서비스 제공자가 수행하고자 하는 작업을 정의하는 것이다.[2] 이때, 4장에서 설명한 고객 관점에서 서비스를 이용하는 작업과 유사하게 작성해야 하며, 주서비스 또는 서브서비스에 초점을 맞출 수도 있다(e.g., 자동차 판매 또는 융자 제공, 의료 서비스 제공 또는 진단).

하나의 서비스 제공자가 서비스를 제공하는 것으로 제한하여 작업을 정의할 필요는 없다. 반대로 직원이나 서비스 파트너를 포함한 다양한 서비스 제공자 사이의 책임전가handoffs로 인해 종종 지연이나 문제 발생의 원인이 되기 때문에, 다양한 서비스 제공자의 역할을 고려하여 작업을 정의한다면 보다 의미 있는 정의를 내릴 수 있다. 앞서 여러 번 언급했지만, 작업은 가능한 넓은 범위로 정의하고, 현재 서비스가 제공되는 방식과는 별개로 작성하는 것이 좋다. 이러한 과정을 통해 기업은 다양한 혁신의 기회를 가질 수 있다.

서비스 제공자의 작업이 정의되고 나면, 그 작업을 수행하는 단계를 도식화해야 한다. 그림 6-1은 서비스 딜리버리를 위한 공통 작업지도다. 이 공통 작업지도는 3장에 설명한 핵심 작업지도에서 도출된 것이지만, 서비스를 제공하는 작업으로 조정했다. 공통 작업지도를 통해 작업의 단계를 잘 이해할 수 있지만, 서비스 이용을 위한 작업지도와 마찬가지로 어떤 단계는 특정 서비스와 연관성이 다소 떨어질 수도 있다.

그림 6-1에서 볼 수 있듯이 서비스 딜리버리는 고객과 접촉하는 것으로 시작하며, 하나 이상의 활동을 통해 종료된다. 서비스 딜리버리

그림 6-1 서비스 딜리버리를 위한 공통 작업지도

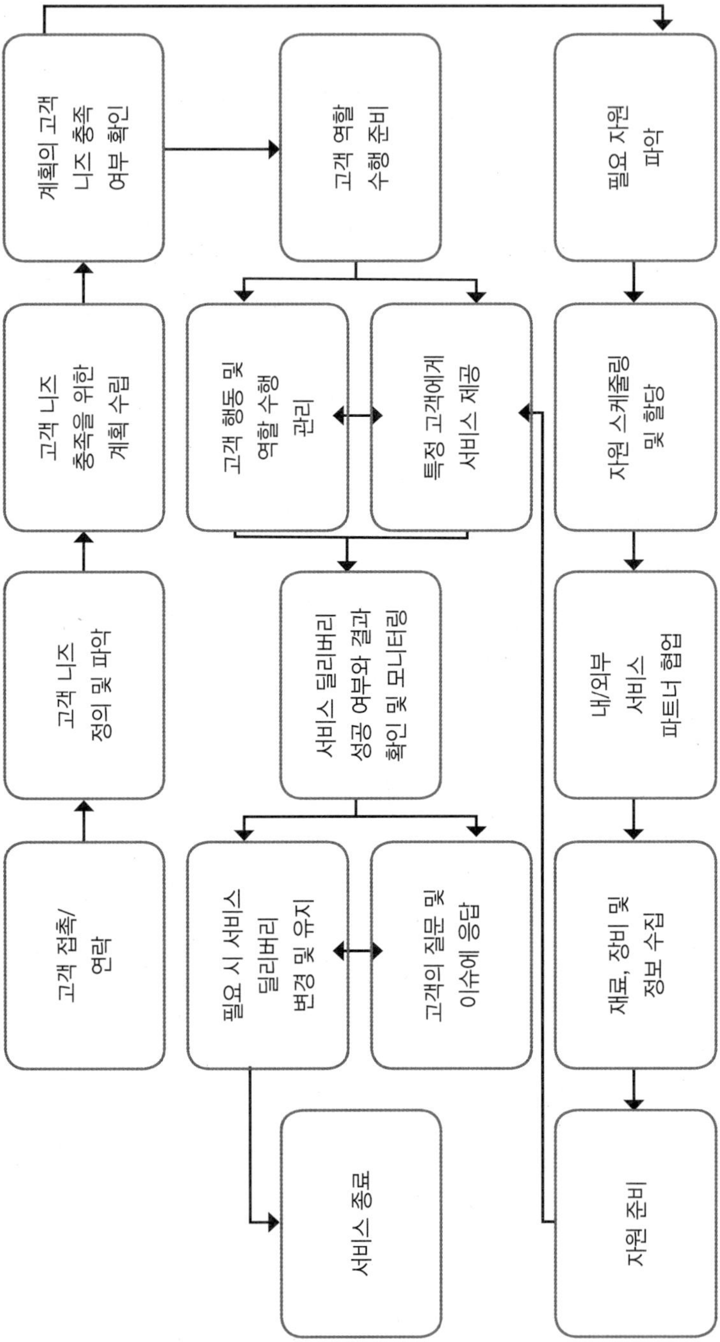

의 단계는 종종 고객이 서비스를 이용하는 단계와 유사하거나 그 단계를 지원한다(그림 4-1 참조). 유사 단계에서 서비스 제공자는 고객의 니즈를 파악하고, 이를 충족시키기 위한 계획을 수립하며, 계획을 검증하고 고객의 역할을 준비하며, 고객의 반응을 관리하여 서비스를 제공한 다음, 확인하고 모니터링하며, 서비스를 제공하는 내용을 수정하거나 유지하는 단계들을 수행한다. 이 유사 단계들로부터 고객의 서비스 이용의 성공은 제공자의 서비스 딜리버리의 성공에 달려있으며, 반대의 경우도 마찬가지라는 것을 알 수 있다. 그러나 모든 유사 단계가 동시에 진행되거나 고객이 있어야만 제공자가 작업을 수행할 수 있다는 뜻은 아니다. 또한 서비스 이용을 위한 작업지도와 마찬가지로 서비스 딜리버리를 위한 작업지도도 서비스 제공자와 고객 사이의 대면 접촉interpersonal interaction이 요구되지는 않지만, 제공자와 고객이 상호 교류하는 서비스에 주로 적용한다.

더불어 그림 6-1에서 보여주듯이 서비스 제공자는 반드시 서비스 계획 검증 단계와 서비스 제공 단계와 연결된 모든 단계(필요 자원 파악, 자원 스케줄링, 서비스 파트너와 협업, 재료, 장비 및 정보 수집, 자원 준비)를 수행해야 한다. 보통 이 단계는 고객에게 드러나지 않는다.

중요한 것은 작업지도는 서비스가 제공되는 방식을 보여주는 청사진blueprint이 아니다(서비스 청사진을 만들기 위한 가이드로써 활용될 수는 있다). 즉, 서비스를 제공하기 위해 반드시 완수해야 하는 단계를 보여주는 시각적인 자료라고 할 수 있다. 이 작업지도는 고객과의 다양한 대면 접점encounters과 고객에게 보이지 않는 활동의 목적을 표현하고, 이를 통해 서비스 딜리버리 혁신의 기회를 제공하는 가이드 역할을 한다. 만약 서비스 이용을 위한 공통 작업지도(그림 4-1)와 서비스 딜리버리를 위한 공통 작업지도(그림 6-1)를 결합하여 해석한다면, 성공적인 서비스 딜리버리 과정을 완벽하게 이해할 수 있을 것이다.

그림 6-1의 프레임워크를 활용하면, 기업은 서비스 딜리버리를 위한 작업지도를 만들기 위해 어떤 단계가 필요한지 알 수 있다. 만약 서비스 딜리버리 과정에서 직원의 역할이 가장 중요하다면, 직원의 관점에서 작업지도를 만들기 위해 하나 이상의 직원 그룹과 인터뷰를 진행해야 한다. 표 6-1을 살펴보면 작업지도를 완성하기 위해 필요한 질문이 간략하게 설명되어 있다.

기업은 완성된 작업지도를 활용해 서비스 제공자가 각 단계별 성공을 평가하는 결과물을 파악한 다음, 결과물의 우선순위를 정한다. 이를 통해 고객에게 어떻게 성공적으로 서비스를 제공해야 하는지 시작부터 끝까지 이해할 수 있을 뿐 아니라, 그 과정의 주요 난관이 무엇인지도 발견할 수 있다.

좀 더 넓은 의미에서 기업은 직원이 직접 서비스를 제공했는지, 기술을 통해 제공되었는지에 관계 없이 서비스가 적절한 서비스의 질과 비용 수준에서 고객의 니즈를 충족시켰는지 반드시 확인해야 한다. 다행히도 서비스가 기술을 통해 제공되었다 할지라도 공통 작업지도(그림 6-1)는 서비스 딜리버리 프로세스의 단계를 상세화하고, 비효율 요소나 병목 요소, 실패 요소를 알려줄 수 있기 때문에 유용한 가이드가 될 수 있다. ATM 기계에서 현금을 인출하는 상황을 예로 들어 보자. ATM은 고객의 신원을 확인하고(고객과의 접촉), 어느 계좌에서 얼마를 인출할 것인지 결정하고(고객 니즈 파악), 인출 금액을 확인하며(계획 수립과 확인), 인출 화폐 단위를 결정한다(필요 자원 파악 및 자원 스케줄링). 또한, 다른 시스템과 인출 정보를 공유하고(파트너와의 협업), 현금을 준비하고(자원 수집), 고객에게 현금을 제공한다(자원 준비 및 서비스 제공). 고객이 그 서비스의 활용법을 잘 알고 있는지 확

표 6-1 서비스 딜리버리를 위한 작업지도 작성 질문

서비스 혁신을 위해서는 서비스를 제공하는 직원 혹은 '감독자' 관점에서 서비스 제공을 위한 작업을 분석해야 한다. 다음에 제시되어 있는 질문을 활용함으로써, 고객 또는 내부 전문가와의 간단한 인터뷰만으로도 고객의 작업을 도식화할 수 있다. 핵심 작업에서와 같이, 작업의 상황을 이해하기 위해 핵심 서비스 제공 단계를 파악하는 것으로 시작할 수 있다. 그러나 이 작업에서는 각 단계가 서비스에서 어떤 의미를 갖는지 정의하기 위해 작업지도의 시작에서부터 순서대로 단계를 확인하는 것이 더 좋다. 프로세스 솔루션(현재 고객이 무엇을 하고 있는가)이 아닌 작업 단계(고객이 무엇을 완수하고자 하는가)를 도식화하고 있는지 확인하기 위해 각 단계에서 유효성 검증을 실시한다.
유효성 검증 Validating Questions 이 단계가 서비스 제공을 위해 완수하고자 하는 것을 설명하는가, 아니면 단지 근본적인 목적을 달성하기 위해 수행한 것을 설명하는가? *유효한 단계*. 환자를 위한 협업 진료 계획 수립 *유효하지 않은 단계*. 동료 의사와의 만남 이 단계는 서비스를 담당하는 모든 제공자에게 보편적으로 적용되는가? 아니면 제공자에 따라 달라지는가? *유효한 단계*. 고객의 재무 목표 파악 *유효하지 않은 단계*. 고객 진단 설문 작성 요청
서비스 딜리버리 준비 단계의 정의 Defining Predelivery Steps 성공적인 서비스 딜리버리를 위해 서비스를 제공하기 전에 무엇을 해야 하는가? • 고객에게 어떠한 연락을 받거나 어떤 정보를 파악해야 하는가? • 고객의 어떠한 서비스 니즈를 정의하고 파악해야 하는가? • 성공적인 서비스 딜리버리를 위해 서비스 제공자는 어떠한 계획을 수립하고 결정해야 하는가? • 어떠한 서비스 계획과 결정을 확인하고 확정해야 하는가? • 어떠한 자원을 계획하고 선택해야 하는가? • 어떠한 자원을 스케줄링하고 할당해야 하는가? (계속)

서비스 딜리버리 준비 단계의 정의(계속)
• 서비스 파트너나 시스템 간 어떠한 협업이 필요한가? • 어떠한 투입 자원을 수집하거나 찾아야 하는가? • 어떠한 자원 준비가 필요한가? • 고객이 요청한 준비사항이나 고객의 준비사항은 무엇인가? • **단계 유효성 검증**
서비스 딜리버리 단계의 정의 Defining the Service Delivery Steps 성공적인 서비스 딜리버리를 위해 서비스를 제공할 때 무엇을 해야 하는가? • 고객의 어떠한 책임responsibility을 관리하거나 확인해야 하는가? • 고객에게 어떠한 서비스나 연락처contacts를 제공해야 하는가? • **단계 유효성 검증**
서비스 딜리버리 이후 단계의 정의 Defining Postdelivery Steps 성공적인 서비스 딜리버리를 위해 서비스를 제공한 이후에 무엇을 해야 하는가? • 성공적인 서비스 결과를 확인하기 위해 무엇을 모니터링하고 검증해야 하는가? • 서비스를 제공하는 동안이나 그 이후 어떠한 변경이나 유지가 필요한가? • 서비스 제공자는 서비스 제공과 관련한 어떠한 질문이나 이슈사항을 해결해야 하는가? • 서비스 딜리버리를 종료하고 성공을 확인하기 위해 무엇을 해야 하는가? • **단계 유효성 검증**

인하고(고객 준비), 고객이 잊지 않고 현금을 수령해 가는지 확인하며(고객 행동 관리), 거래가 완료되었음을 확인한다(서비스 제공 성공 여부 확인). 추가 현금 인출이 필요하면 추가 서비스를 제공하고(서비스 딜리버리 변경), 고객이 요구하면 영수증을 제공한다(서비스 종료). 물론, 고객이 질문사항이 있을 때 답변할 수 있다면 더욱 좋은 서비스가 될 것이다.[3]

지금부터 서비스 딜리버리를 위한 공통 작업지도의 단계에 대해 자세히 살펴보겠다. 다른 작업지도와 같이 특정 서비스에서는 그림 6-1의 단계와는 다른 명칭의 단계로 표현될 수도 있고, 어떤 서비스에서는 각 단계의 순서가 다를 수도 있으며, 어떤 단계는 동시에 수행되기 때문에 통합될 수도 있다. 그러나 그림 6-1과 표 6-1을 참조하면 꼭 필요한 주요 단계를 빠뜨리지 않을 수 있다.[4]

지금부터는 서비스를 제공하기 위해 수행해야 하는 작업에 대한 체계적인 시각의 중요성을 설명하기 위해, 서비스 제공자 입장에서의 어려움이나 관심 사항에 대해 알아볼 것이다. 추가적으로, 서비스를 효율적이고 효과적으로 제공하기 위해 각각의 단계에서 고려해야 할 점을 여러 가지 사례를 통해 설명할 것이다.

고객과의 접촉

서비스를 성공적으로 제공하기 위해 고객으로부터 어떤 종류의 정보를 받아야 하는가?

대면 서비스나 원격 서비스 또는 기술 제공 방식에 상관없이 고객 접점customer contact에 대한 관리는 항상 필요하다. 고객 접점을 관리하는 것은 전체적인 서비스에 대한 접근성access뿐만 아니라 서비스와 관련된 특정한 장소와 제공자와의 접근성을 증대시키는 것을 의미한다. 게다가 의료나 금융 서비스 등 많은 서비스는 서비스를 제공하기 전에 고객의 개인정보를 요구하거나 고객의 신분을 확인하는 작업을 수행한다.

서비스 제공자는 최대한 효율적으로 고객과 접촉하여 고객의 니즈를 만족시켜야 한다. 또한 고객에게 긍정적인 첫 인상을 남기고, 고객에게 서비스를 이용하는 올바른 방법을 제시해야 한다. 따라서 이 단계에서는 고객의 수요와 기업의 공급을 적절하게 맞추는 것이 가장 중요한 과제이다. 만약 많은 고객이 한꺼번에 몰려서 모든 이에게 서비스를 제공할 수 없게 된다면, 고객은 불만을 가지게 될 것이다. 마찬가지로 너무 적은 수의 고객이 서비스를 찾는다면 제공자의 입장에서는 자원을 낭비한다고 생각할 수밖에 없다. 서비스 제공자는 이러한 문제를 해결하기 위해 수요를 조절(e.g., 다양한 가격 체계, 셀프 서비스, 예약이나 대기 서비스)하고 공급을 유연하게 하는 전략(e.g., 파트타임 지원, 직원 교차 교육훈련cross-training, 셀프서비스나 파트너십)을 세워야 한다.[5] 군인의 가족에게 보험과 금융 서비스를 제공하는 기업인 USAA사는 다양한 종류의 원격 서비스나 셀프 서비스 옵션을 제공함으로써 수요와 공급을 관리해왔다. 온라인 뱅킹/투자나 계좌 잔액 문자 전송 서비스뿐 아니라, 최근에는 USAA사의 아이폰 애플리케이션을 통해 사진을 찍어 수표를 입금할 수 있는 서비스를 제공하고 있다.

고객 니즈의 정의 및 평가

서비스를 성공적으로 제공하기 위해 어떠한 서비스 니즈를 정의하고 평가해야 하는가?

서비스 딜리버리에 앞서 고객이 원하는 것을 정확하게 이해하기 위해서는 서비스 딜리버리에 대한 고객의 니즈를 확실히 분석해야 한다. 일반적으로 이러한 정보는 고객과의 의사소통을 통해 수집하지만 다른 방법으로도 가능하다. 마취과 전문의는 환자의 진료와 수술 기록을 검토한 후 환자에게 어떤 마취가 필요한지 확인한다. 자산 관리사는 고객과의 상담 내용과 다양한 서류 검토를 통해 고객의 니즈를 파악한다. 단순한 서비스를 제공한다 할지라도, 서비스 제공자는 고객의 니즈를 반드시 인지해야 한다. 이 과정은 식당에서 종업원이 고객의 주문을 받는 것만큼 간단하기 때문에 쉽고 빠르게 진행할 수 있다.

고객의 니즈를 분석하는 단계에서 고객과 서비스 제공자의 목표는 일치한다. 고객과 서비스 제공자 모두 고객의 니즈에 관한 관련 정보를 서비스 제공자가 효율적으로 이해하길 원한다. 비즈니스 서비스에서 고객의 니즈는 서비스 선택의 이유나 성공에 영향을 줄 수 있는 조직적 요소organizational factors도 포함될 수 있다. 따라서 서비스 제공자는 표준화된 프로세스(e.g., 고객 니즈 진단 설문)와 지원 기술(e.g., 진료 기록 데이터베이스, 자동 진단automative diagnostics), 고객 니즈를 이해하기 위한 역량 개발을 통해 도움을 받을 수 있다. 이런 작업은 재작업이나 고객의 불만족을 방지할 수 있다는 차원에서 매우 중요하다. 예를 들어, Chubb*사는 주택 보유자의 정확한 보험금 보장을 위해 전문 주택 감정사를 고용한다. 일반 보험이나 시장 가치로 보험금을 산정하는 것이 아니라, Chubb사의 감정사가 직접 고객의 집에 방문하여 유사한 재료로 그 주택을 재건축할 때 투입되는 비용을 산정한다. 이 작업은 맞춤형 주택일 경우 특히 중요하며 Chubb사가 건축, 디자인, 문화재 보존 등 여러 분야에 전문성을 지닌 감정사를 고용하는 이유이다.

고객 니즈 충족을 위한 계획 수립

서비스를 성공적으로 제공하기 위해 어떠한 계획을 수립해야 하는가?

기업이 단순히 고객의 주문으로 서비스를 제공할 때, 서비스 계획 수립과 고객의 니즈 정의는 관련 있을 수 있다. 비록 이러한 단순한 서비스일지라도 제공자는 어떠한 계획으로 고객의 니즈를 만족시킬 것인지

* 미국 상해보험회사

결정해야 한다. 또한 복잡한 서비스의 경우, 서비스 제공자가 고객 맞춤형 서비스 계획을 수립하기도 하며, 계획 수립 과정에서 특정 옵션에 관한 정보 수집이 필요할 수도 있다. 이 경우는 교사가 강의 계획을 수립하고, 재무 설계사가 재무 계획을 세우는 것과 비슷하다. 가장 이상적인 방법은 고객 개개인의 니즈와 상황에 맞는 계획을 수립하는 것이지만, 가능한 적은 정보로부터 이끌어낼 수 있는 효율성 측면도 고려해야 한다. 직원들이 관여하는 서비스라면 일반 직원들generalist과 전문가 직원specialist들로 구성된 팀 구조team structure가 도움이 될 수 있다. 일반적으로 고객 맞춤형 솔루션을 신속하게 제공하는 것이 서비스 제공자와 고객 모두에게 상당한 가치를 줄 수 있다. 예를 들어, 콜로라도 스프링스Colorado Springs의 Carmichael Training Systems는 Chris Carmichael*과 다른 감독들이 작성한 5,000개가 넘는 운동 프로그램 데이터베이스를 관리함으로써 운동선수 개인에게 최적화된 트레이닝 프로그램을 제공한다. 감독들은 풍부한 트레이닝 프로그램을 기반으로 개개인의 특징을 파악해 신속하게 맞춤형 서비스를 제공할 수 있다.[6]

고객 니즈 분석 계획의 검증

서비스를 성공적으로 제공하기 위해 어떠한 서비스 계획과 결정을 확인해야 하는가?

서비스 제공자는 고객의 서비스 개입 여부와 상관없이 서비스 계획이 고객의 니즈를 만족시키는지 확인해야 한다. 전문 서비스의 경우, 서비스 제공자가 고객의 개입 없이 서비스 계획의 유용성을 평가한다. 예를 들어, 약사는 처방전 내용을 기반으로 약의 효능과 부작용 유무

---

* 미국의 전직 사이클리스트이자 운동 코치

를 확인한다. 이때 약사는 실제로 환자의 개입 없이 이 일을 수행한다. 하지만 대다수의 서비스 계획 평가 시에는 고객의 개입이 필요하다. 이러한 과정은 고객의 주문을 받고 대응하는 것처럼 단순할 수도 있고, 웹 디자인이나 컨설팅 업무처럼 복잡할 수도 있다.

종종 이 단계에서 서비스 제공자는 고객을 이해시키거나 동의를 받는 것이 필요하다. 보다 복잡한 서비스의 경우, 고객 니즈를 만족시키기 위한 계획 검증의 단계는 생각보다 어렵다. 따라서 서비스 제공자는 제안 내용이나 옵션에 대해 고객이 장단점을 분명히 이해하는지 반드시 확인해야 한다. 또한 이 단계는 서비스 제공자가 고객의 궁금증이나 질문에 답변을 하거나, 고객이 예기치 않은 항의를 했을 때 적절히 대응하며, 제안한 서비스 계획에 대한 고객의 피드백을 적극 수렴하기 위한 중요한 단계이다. 예를 들어, CVS*사는 이 단계에서 고객의 처방전을 정보 시스템에 입력하는 개선으로 부가적인 가치를 창출했다. 기존에 CVS사가 보유한 시스템은 특정 환자를 위한 약의 적합성만을 확인했다. 또한 처방은 제3의 지불인third party payer이 정해 놓은 규칙에 따라 작성되었다. 문제는 고객의 정보를 입력하는 것과 약의 적합성을 확인하는 시점이 고객이 약국을 떠난 후에 이루어진다는 점이었다. 이 문제는 직원들의 추가 작업을 야기하는 많은 문제를 발생시켰다. 더욱 심각한 것은 고객이 다시 약국에 돌아와서 그들의 처방전이 입력되어 있지 않을 때에만 문제가 있다는 것을 알게 된다는 것이었다. 이러한 문제점을 해결하기 위해 CVS사는 고객이 약국을 방문해 처방전을 제시하면 데이터를 바로 입력하는 프로세스를 만들고, 신규 프로세스에 맞춰 일관성과 규정 준수를 지원할 수 있도록 처방전

---

* 미국의 의약, 화장품, 잡화 중심의 24시간 영업 소형 소매점

입력 소프트웨어에 기능을 추가했다. 새로운 프로세스와 지원 기술은 고객이 매장에 있는 동안에 약국 직원들이 문제를 해결하는 데 큰 도움을 주었고, 문제 발생을 줄이고 더 큰 고객 만족을 이끌어냈다.[7]

필요 자원 파악

서비스를 성공적으로 제공하기 위해 어떠한 자원을 선택하고 계획해야 하는가?

일단 계획이 수립되면 서비스 제공자는 서비스를 제공하기 위해 필요한 자원을 파악하는 작업을 수행해야 한다. 여기에는 사람, 재료materials, 장비equipment, 정보 등의 자원이 포함된다. 어떤 서비스는 서비스 자체를 구성하기 위한 자원뿐만 아니라 각각의 고객에게 서비스를 제공할 때에도 필요한 자원의 계획이 필요하다. 예를 들어, 맞춤형 주택을 전문적으로 짓는 건설사는 주택을 짓는 데 필요한 하도급사, 굴착기나 건축자재 등 모든 자원을 모아야 하며, 이는 개인 고객을 위해서도 마찬가지다. 마찬가지로 자산 관리사는 고객을 위해 특정 투자 옵션을 선택하여 고객의 니즈를 충족시키는 계획을 수립해야 한다.

이 단계에서의 목적은 필요한 모든 자원을 파악하고 그것이 서비스 계획과 일치하는지를 확인하는 것이다. 맞춤화된 서비스를 제공하는 경우에는 고객마다 투입되는 필요 자원이 다르기 때문에 이 단계를 진행하는 데 상당한 어려움을 느낄 수 있다. 기업의 입장에서 보면, 다양한 고객의 요구를 만족시키기 위해 필요한 자원을 파악하는 일은 매우 어려운 작업이다. 필요한 자원의 불충분한 공급으로 인해 품질은 저하되고 매출은 감소할 수 있다. 한편, 자원의 과잉 공급은 낭비와 비효율적인 자원 사용을 초래한다. 따라서 기업은 다양한 절차와 기술을 통해 적절한 양의 자원을 공급해 고객의 니즈를 충족시켜야 한다. 예시로 지붕 공사 업체들이 지붕 보수 공사를 위해 필요한 자원 견적에 기술을 활용해 서비스를 어떻게 효율적으로 개선했는지 살펴보자. Bloomfield Construction*사는 건물에서 직접 측정된 정보가 아니라, 원격에서 지붕을 측정한 인공위성 이미지와 공급 자재 리스트를 통합하는 특화 소프트웨어를 이용한다. Bloomfield Construction사는 이 소프트웨어를 이용하여 현장 방문 횟수를 줄이고, 낭비되는 자재를 없애는 정확한 견적 서비스를 제공한다.[8]

자원 스케줄링 및 할당

서비스를 성공적으로 제공하기 위해 어떻게 자원을 스케줄링하고 할당해야 하는가?

전반적으로 필요 자원을 파악하는 것과 더불어 개별 고객의 서비스 수요와 니즈에 따라 개별 자원의 일정 계획과 할당의 단계가 진행되어야 한다. 자원은 누가, 언제, 어디서 사용하는지가 가장 먼저 고려되어야 한다. 이 단계의 목표는 자원을 고객의 우선순위 및 니즈와 일치시키는 것이다. 필요한 자원을 효율적으로 할당하는 방법에는 몇몇 고객에게 우선권을 준다든지 고객 니즈와의 적합성에 따라 할당하는 등 여러 가지가 있을 수 있다. 예를 들어, 자동차 수리 상담 서비스를 제공하는 이들은 수리 대기 중인 차량의 우선순위를 정하고, 예상되는 작업과 가용한 직원의 역량을 기반으로 각 기술자의 업무량을 지시한다.

특히, 서비스 제공자를 고객별로 할당하는 작업은 단순한 자원의 할당보다 더 어려운 작업이다. 이 과정에 실패하면 고객의 불만족뿐 아니라 재작업, 지연, 인력의 낭비 등 여러 가지 문제가 발생한다. 따라

* 미국 지붕공사 전문업체

서 직원 개인의 역량과 고객 니즈를 잘 파악하는 것이 서비스 제공자와 고객을 연결하는 데 가장 중요하다. 직원 역량과 고객 니즈를 파악하는 것은 개인이나 IT 자원을 활용하여 해결할 수 있다. 은행의 경우, HSBC*사는 대출, 신용카드, 주택자금 등 넓은 범위의 금융 상품과 연관된 고객의 질문에 전문적으로 대응할 특화 인력이 각 사업장에 배치되어 있다. 하지만 금융 상품이 궁금한 고객이 은행에 방문했을 때 예금이나 인출을 위한 대기자 줄에 섞여 기다리지 않고, 보다 효과적으로 그들의 상황에 맞는 직원을 연결할 필요를 느꼈다. HSBC사는 Qm 그룹의 Matchmaker를 활용한다. 고객이 지점에 도착했을 때 안내 요원은 Matchmaker 대기 관리 시스템에 정보를 입력하기 위해 그들의 방문 목적을 파악한다. 이 시스템은 직원들의 역량과 전문 분야에 대한 정보를 모두 담고 있다. 따라서 시스템은 가장 적절한 역량을 가진 직원의 가용 여부를 확인해 특정 직원을 할당하고, 고객에게 예상 대기시간을 알려주며, 직원에게는 고객의 요구 사항을 미리 전달한다.[9]

내부/외부 파트너와의 협업

서비스를 성공적으로 제공하기 위해 서비스 파트너와 시스템 간에 어떠한 협업이 이루어져야 하는가?

모든 서비스는 고객의 니즈를 충족시키기 위해 파트너와의 협업이 필요하다. 이때 고객과 기업이 직접 교류하는 경우가 있고, 기업이 뒤에서 파트너와 고객의 작업을 돕는 경우도 있다. 이때 협업은 매우 중요하다. 서비스 딜리버리를 위해 여러 사람이 협업하는 경우 서비스의

---

* 홍콩상하이은행 (Hongkong & Shanghai Banking Corp.)

성공 여부는 협업에 참여하는 개개인이 자신의 역할을 정확히 이해하느냐에 달려있다. 하지만 서비스 딜리버리는 예측이 어렵고 변동성이 크기 때문에 개개인이 스스로의 역할을 완벽히 이해하고 수행하기는 쉽지 않다. 예를 들어, 병원 관리 직원부터 전문의를 포함한 의료 서비스 제공자는 예상치 못한 일정이나 급변하는 환자 정보라는 변수를 다뤄야 한다.

협업의 효율성을 극대화하기 위해서는 서비스를 제공하는 직원에게 서비스 딜리버리에 필요한 최신 정보를 신속하게 제공해야 한다. 가장 이상적인 시스템은 관련 정보가 서비스 파트너끼리 시기적절하게 효율적으로 공유될 수 있도록 하는 것이다. Mayo Clinic*은 의료 서비스에 팀 접근법team approach을 활용해 다른 경쟁사와 차별화하였다. 이 병원은 환자의 상태와 상황에 맞춰 팀을 유연하게 재구성할 수 있는 시스템을 구축했다. 급변하는 상황에 따라 가용한 인력을 팀으로 구성하여 고객에게 효율적인 서비스를 제공한 것이다. 이처럼 Mayo Clinic은 효율적인 서비스를 제공하기 위해 필요한 서비스 문화service culture와 다양한 지원 기술들을 개발했는데, 환자의 진료 기록을 관리하는 전산 시스템을 통해 모든 의료 서비스 제공자가 환자 정보를 공유할 수 있게 했고, 전문의들 간 의사소통을 위한 커뮤니케이션 기술을 도입했다. 또한 진료실이 위치해 있는 복도의 공간을 넓혀 전문의들이 상시적으로 모여 회의를 진행할 수 있는 공간을 마련했다. 마지막으로 전문의의 급여 보상체계 개선을 통해 협업을 저해하는 경제적 요인을 제거하였다.[10]

---

* 환자 중심의 의료서비스를 제공하는 미국의 종합병원

재료, 장비, 정보의 수집

서비스를 성공적으로 제공하기 위해 어떠한 자원이 필요한가?

서비스 계획을 제대로 수립하기 위해서는 재료, 장비, 고객에 대한 정보 등이 필요하다. 식당 종업원은 고객이 주문한 모든 음식을 테이블에 가져다 주어야 하고, 약사는 처방전에 쓰여 있는 모든 약을 환자에게 제공해야 하며, 교사는 예제나 연습문제를 준비해 학생들이 집에서 스스로 학습할 수 있도록 도와야 한다. 기업은 서비스 제공자가 서비스 제공 계획을 실행하고자 할 때에 필요한 고품질의 필요 자원을 공급해야 한다. 또한 서비스 니즈에 따라 서비스 제공자가 재료, 장비, 정보를 올바르게 선택할 수 있도록 도와야 한다.

시장조사market research 산업에서 서비스 딜리버리의 가장 중요한 자원 중 하나는 고객을 대표하여 설문 조사에 응답하는 응답자의 데이터이다. 불행하게도 일반적으로 온라인 설문조사 응답자의 29%가 거짓으로 응답하거나 신뢰하기 어려운 응답을 한다는 주장도 있다.[11] 그래서 MarketTools*사는 응답자의 신뢰성을 높이기 위해 TrueSample이라는 서비스를 제공했다. TrueSample은 신뢰성 있고 높은 품질을 보장하는 설문 조사 서비스로, 전자 지문 확인을 통해 응답자의 신원을 확인하고 거짓 진술을 구별할 수 있는 전매 기술(e.g., 설문 응답 속도가 지나치게 빠르거나 충분한 답변의 변화가 없는 경우를 말함)을 사용한다.

---

* 1997년 미국에서 설립된 인터넷 기반 시장조사 회사

자원 준비

서비스를 성공적으로 제공하기 위해 어떠한 자원을 준비해야 하는가?

모든 자원을 수집한 후 서비스를 고객에게 제공하기 전 추가적인 준비 단계가 필요하다. 재료는 정리가 필요하며, 장비는 사용 전에 설정이 필요할 수 있다. 정보는 적합성을 평가하고 분류하는 작업이 필요하다. 기업은 재료나 장비, 정보가 준비된 형태로 확보되었는지 확인해야 하고, 가능한 한 미리 준비되어 있어야 한다. 일반적으로 직원들이 서비스 관련 역할을 올바르게 수행하도록 하기 위해서는 그들이 역할을 정확히 인지하였는지, 기대되는 역할을 수행할 만큼 동기 부여되었는지, 그 역할을 성공적으로 수행하기 위한 역량과 기술을 갖추었는지 등을 고려해야 한다.

이 단계는 고객과 직접적으로 교류하는 단계는 아니지만, 이에 대한 준비 부족으로 서비스의 품질이 떨어져서는 안 된다. 자원의 역할이 서비스에 중대한 영향을 미칠수록 사전 준비 단계에서 보다 철저한 통제를 통해 완벽하게 준비해야 한다. SecurAmerica*사는 보안 직원들을 고객 사이트에 배치하기 전에 그들에게 업무 기량과 고객에게 특화된 서비스나 보안 니즈에 주안점을 둔 교육을 실시한다. 이러한 체계적인 사전 교육을 통해 직원들의 업무 역량을 강화하고, 실전에서 완벽한 임무 수행을 가능케 했다. 또한 SecurAmerica사는 다양한 고객의 니즈를 충족시키기 위해 특성화된 교육도 실시하고 있다.

* 보안 서비스 솔루션 제공 업체

고객 역할 수행 준비

서비스를 성공적으로 제공하기 위해 고객은 어떠한 역할 수행을 준비를 해야 하는가?

서비스 기업은 종종 가장 중요한 자원인 고객을 간과한다. 고객이 서비스를 받을 때 기업은 적어도 서비스 딜리버리의 전과 후 그리고 딜리버리 과정에서 고객이 적절한 기대감을 가지고 있는지 확인해야 할 의무가 있다. 하지만 이러한 기업의 의무를 넘어 고객도 때로는 서비스 딜리버리의 과정에 개입하는 경우가 있다. 예를 들어, 부채 관리 상담 서비스의 경우에 고객이 스스로 자신의 소비를 관리하고 예산을 정하여 소비 패턴을 조정하게 한다.

고객이 직접 서비스 딜리버리 과정에 개입하여 역할을 수행하는 경우, 기업은 고객을 직원처럼 생각하고 그들에게 주어진 목표를 스스로 인식하고 있는지 확인해야 한다. 또한 고객의 역할 수행에 동기를 부여하는 요소가 무엇인지, 그들이 역할을 성공적으로 수행하기 위해 필요한 지식과 기술을 가지고 있는지도 확인해야 한다.[12] 이러한 목표를 이루기 위해 기업은 고객 선별 프로세스customer selection process, 교육과 트레이닝, 인센티브와 보상과 같은 솔루션을 활용할 수 있다.[13] 예를 들어, Charles Schwab*사는 고객이 현명한 투자 결정을 내리기 위해 필요한 기술과 지식 습득을 돕는 다양한 교육 프로그램을 고객에게 제공한다. 각 지점에서는 고객에게 특정 투자 주제와 관련된 기본적인 지식을 공유하는 세미나를 제공하고, 투자 관련 높은 수준의 지식을 보유한 고객에게는 제 3의 투자 기관 보고서를 제공한다.

---

* 미국 샌프란시스코에 본사를 두고 있는 증권사

고객 행동 및 역할 수행 관리

서비스를 성공적으로 제공하기 위해 고객의 어떠한 책임을 관리하고 확인해야 하는가?

서비스 딜리버리 과정에서 직원이 제대로 역할을 수행했는지 확인하는 것과 마찬가지로 고객의 역할 또한 관리되어야 한다. 따라서 이 과정을 서비스 딜리버리 과정에서 별도의 단계로 만드는 것이 좋다. 기업은 고객이 역할 수행에 실패할 수 있는 요인을 미리 파악한 후 행동관리를 통해 실패의 예방을 도와야 한다.[14] 또한 직원들은 문제가 될 수 있는 고객의 행동을 잘 관리할 수 있는 역량 또한 갖춰야 한다.

고객 행동 관리에 투입되는 비용은 더 많은 고객이 성공하는 가치를 통해 상쇄될 수 있다. 직원과 마찬가지로 고객의 성과는 신중하게 기획된 역할과 설비 디자인facility design, 기술 지원, 효과적인 리더십과 기업이나 직원과의 의사소통에 의해 도움받을 수 있다. 예를 들어, Cleveland 클리닉*은 환자가 스스로 건강관리를 할 수 있는 MyChart 서비스를 제공하였다. MyChart는 전자 의무기록 시스템electronic medical record system을 통해 수집된 정보를 바탕으로 환자가 원할 때 24시간 자신의 건강 상태를 확인하고, 특정 건강 문제와 관련된 교육 자료를 이용하는 것을 가능하게 한다. 또한 고객이 직접 검사 결과, 약물 치료, 처방전 갱신, 예정된 치료나 검사 일정을 확인할 수 있게 하여 고객 행동과 역할에 대한 관리를 훌륭하게 수행할 수 있었다.

---

* 미국의 심혈관 연구 및 관련 클리닉으로 유명한 병원

특정 고객에게 서비스 제공

서비스를 성공적으로 제공하기 위해 고객에게 어떠한 서비스를 제공하고 그들과 어떠한 접촉이 이루어져야 하는가?

이 단계는 서비스에 따라 다양한 이름으로 불릴 수 있다. 자동차 정비의 경우 '수리된 자동차 제공', 대출의 경우 '대출금 제공', 호텔의 경우 '객실 제공' 등으로 불릴 수 있다. 기업은 서비스를 제공할 때, 고객을 만족시켜야 하는 결과물(시간, 변동성 그리고 산출물의 측면에서)이 무엇인지 정확히 파악하고, 서비스 전략과 연관된 결과물의 우선순위를 정해야 한다. 서비스 딜리버리의 궁극적인 목적은 차별화된 서비스를 제공하면서도 기업의 수익성을 보장하는 것이다. 또한 서비스가 제공된 후에는 고객과의 관계에 특히 신경 써야 한다. 만약 서비스 딜리버리의 과정에 직원이 포함된다면, 고객의 인성적 니즈interpersonal needs가 충족되는지 고려해야 하며, 고객이 서비스가 제공되는 동안 물리적으로 존재해야 하는 경우, 기업은 그것을 수행하는 서비스 설비service facility가 제대로 작동하는지 반드시 확인해야 한다.

기업은 단순한 개별 서비스의 제공을 넘어 지속적으로 고품질의 서비스를 제공해야 한다. 또한 비용을 증가시키거나 지연을 발생시키는 요소를 찾아 손실을 최소화해야 한다. 이는 다양한 요소 중에서도 서비스 옵션을 표준화하고 단순화시킴으로써 얻을 수 있는 생산성 향상과 맞춤형이나 추가적인 서비스 옵션으로 창출할 수 있는 잠재적 부가가치 간의 적절한 조화와 균형이 필요하다는 점을 시사한다. 한 가지 대안은 개인화 서비스를 표준화할 수 있는 '기술'이다. 개인화 서비스의 좋은 예로 Marriott 인터내셔널은 고객이 처음 온라인으로 호텔을 예약할 때 자신의 선호 사항을 입력하면, 정보를 데이터베이스에 저장하고, 향후 같은 고객이 다시 예약할 때 전 세계의 사업장에서 그 정보를 확인할 수 있다. 예를 들어, 고객이 수건을 추가로 원하거나 딱딱한 베개 또는 특정 신문을 선호한다면, 전 세계 Marriot의 고객 데이터베이스에 이 정보가 저장되어 개인에게 특화된 서비스를 제공할 수 있게 한다.

성공적인 서비스 딜리버리 결과 확인 및 모니터링

서비스를 성공적으로 제공하기 위해 어떠한 확인과 모니터링이 필요한가?

이 단계에서 서비스 제공자와 고객의 목표는 많은 부분에서 유사하다. 서비스가 성공적으로 제공되었는지 파악하기 위해 두 집단 모두 서비스가 고객의 니즈를 충족시켰는지 확인해야 한다. 예를 들어, 교사는 학생들이 수업 내용을 정확히 이해하고 있는지 확인해야 한다. 정비공은 수리된 자동차가 정상적으로 작동하는지 확인해야 한다. 자동차 정비, 교육이나 질병 진단 같은 서비스는 특히 고객의 관점에서 품질을 모니터링하기가 훨씬 어렵다. 이러한 서비스는 성공적인 서비스를 제공했는지 검증할 수 있고, 고객에게 작업의 성공을 설명하는 것을 도와줄 수 있는 툴이나 표준을 활용해 모니터링을 수행할 수 있다. 더 나아가 기업은 서비스 접점과 고객들 사이에서 어떤 일들이 일어나고 있는지 알아야 한다. 그리고 언제 어디서 서비스를 조정할지 파악하기 위해 기업은 문제가 있는 서비스를 신속하게 찾아낼 수 있어야 한다.

또한 기업은 장단기적인 고객의 피드백과 검증 메커니즘을 활용해 궁극적으로는 고품질의 서비스를 제공할 수 있다. 체계적인 프로세스를 통해 직원(그리고 고객)이 부족한 서비스를 발견하고 수정할 수 있고 동기 부여하는 수단을 마련해야 한다. 예를 들어, Robert Wood

Johnson University Hospital의 의료진은 발생 가능한 상황별로 팀을 구성하여 환자에게 이상 신호가 나타나면 신속하게 환자를 돌보는 서비스를 제공한다. 구체적으로 수립된 표준 프로세스와 선제적인 모니터링 시스템의 조합으로 고객에게 최고의 의료 서비스를 제공한다. 또한 환자의 치료 결과 모니터링을 통해 제도적 문제systemic problems가 발견되면, 부서 책임자나 각 의료진에게 피드백을 전달한다.

서비스 딜리버리의 변경 및 유지

서비스를 성공적으로 제공하기 위해 어떠한 서비스 개선이나 유지가 필요한가?

성공적인 서비스 딜리버리를 위해 서비스의 변경은 불가피하다. 이 단계는 서비스 딜리버리 과정 중에 발생한 문제를 해결할 뿐 아니라 서비스의 연속성과 최적의 서비스 딜리버리를 위해서도 필요하다. 식당에서 조리가 덜 되거나 너무 익힌 음식의 경우 다시 조리 과정을 거쳐 고객에게 음식을 제공해야 하고, 재무 설계사는 고객 개인의 상황에 맞춰 세부 계획을 변경해야 한다. 고객과 서비스 제공자 모두의 목표는 가능한 한 적은 개선 과정을 거치는 것이다. 만약 지금까지 모든 단계가 성공적으로 진행되었다면 이제 서비스 딜리버리의 반 이상은 성공한 셈이다. 특정 서비스는 서비스 제공자가 서비스 딜리버리의 기본 요소와 주요 투입 자원key inputs을 지속적으로 관리해야 한다. 예를 들어, 은행은 기업의 신용한도를 관리해야 하고, 병원은 환자의 의무 기록을 관리해야 한다.

이러한 과정을 보다 수월하고 성공적으로 마무리하려면 기업이 자체적으로 변경에 대처할 수 있는 프로세스나 기술, 서비스 제공자의 역량을 발전시켜야 한다. 변경이 필요할 때는 재빠르게 반영할 수 있어야 하고, 새로운 문제가 발생하지 않게 해야 한다. 또한 고객과 주요 서비스 파트너들은 변화를 인지하고 기업의 변화를 지지해야 한다. 예상치 못한 변경이 필요할 시 대처할 수 있는 시스템을 미리 마련해 둔다면 서비스를 보다 성공적으로 제공할 수 있다. Ritz-Carlton Hotel은 직원 채용, 서비스 표준, 합리적인 기업 문화 등을 통해 이러한 시스템을 구축하였고, 이는 직원들로 하여금 고객에게 최상의 만족을 제공하고자 하는 주인 의식을 심어주었다. 총 12가지 서비스 내역 중 아래 기술된 최소 3가지 내용은 직원들이 고객 니즈를 직접적으로 해결할 수 있는 권한에 관련된 것이다. "나는 언제나 고객이 표현하거나 표현하지 않은 모든 니즈나 바람에 대응한다", "나는 고객에게 독특하고, 기억에 남으며 개인적인 경험을 제공할 수 있는 권한이 있다.", "나는 고객의 불편한 상황을 개선할 권한이 있고, 즉각적으로 문제를 해결한다."[15] 마지막에 기술한 권한은 직원의 재량에 의해 자율적으로 호텔의 자금을 사용할 수 있게 하여 더욱 효율적으로 고객을 만족시킬 수 있게 했다.

고객 질문 및 이슈에 응답

서비스를 성공적으로 제공하기 위해 서비스 제공자는 어떠한 질문과 이슈를 해결해야 하는가?

고객이 이슈를 제기했을 때, 서비스 제공자는 기존의 다른 고객이 방해받지 않는 선에서 고객의 이슈를 해결해야 한다. 기업은 고객의 질문이나 불만을 방해 요소로만 생각하여 해치워 버리려는 생각을 하기 쉽다. 실제로 고객의 요구 사항이 생기거나 문제점이 제기되었을 때 기업의 대응 프로세스가 미약한 경우가 많다. 기업의 대응 프로세스가 미흡한 근본적인 이유는 비용 부담 때문이다. 하지만 이는 근시안적인 접근이라고 할 수 있다. 기업은 고객이 요구 사항에 대한 응답을 보다 쉽게 얻을 수 있고, 발생한 문제나 질의사항을 해결할 수 있도록 직원을 교육시키고 시스템을 구축해야 한다.

좋은 접근법 중 하나는 조직 구조나 프로세스, 기술을 고려하여 고객 대응 프로세스를 만들고, 고객 응대에 필요한 기업의 비용과 시간을 최소화하는 것이다. 예를 들면, 셀프 서비스 옵션을 고객의 일반적인 질문common questions 대응에 활용하면 비용을 최대한 효율적으로 운영할 수 있다. 일반적으로, 서비스를 제공하는 직원과 고객 대응을 전담하는 직원을 분리하는 것이 좋은데, 어떤 방해도 없이 서비스를 지속적으로 제공하는 것이 결국 비용을 줄일 수 있기 때문이다. 4장의 Abbott Medical OpticsAMO사의 예시를 떠올려 보자. AMO사가 시도한 변화는 고객뿐만 아니라 기업 내부적으로 긍정적인 효과가 있었다. AMO사는 직원에게 특정 고객을 전담하게 하여 문제가 발생했을 때, 해당 고객의 상황을 보다 효율적으로 해결하게 했다. 이런 구조는 영업사원이 그 전의 고객의 요구 사항까지 해결해야 했던 부담을 덜게 되었다. 또한 고객 지원 팀원들은 서로 가까이에 위치하여 고객의 질의 사항에 빠르게 대응하는 협력 지원 체계를 만들 수 있었다. AMO사는 중요한 고객에게 고객 전담 팀을 지정하는 것으로 지원 비용이 고객 가치와 연계되도록 한다.

서비스 종료

서비스 딜리버리를 성공적으로 마무리하기 위해서 서비스 제공자는 무엇을 해야 하는가?

서비스 딜리버리를 마무리하려면, 해당 서비스에 수반된 의무를 모두 충족시켰는지 확인해야 한다. 환경 규정 준수, 의무 기록, 지불 등을 예로 들 수 있다. 그렇다면 어느 시점에서 서비스 딜리버리가 완벽하게 마무리되었다고 할 수 있는가? 최종적으로 고객이 원하는 서비스를 제공받았는지 확인하는 활동에는 어떤 것이 있는가? 이 시점에서 서비스 제공자의 목표는 고객에게 마지막으로 긍정적인 인상을 남기는 것이라 할 수 있다. 성공적인 서비스 딜리버리의 마무리 단계에서는 고객이 물리적인 서비스 공간을 떠나는 것을 돕고, 자연스럽게 다음의 서비스 딜리버리를 위한 활동으로 연결할 수도 있다. 이는 공항에 가는 사람들 대부분이 자연스럽게 호텔 숙박을 찾는 것과 같다. 또한 자동차 정비와 항공사 서비스와 같이 서비스 딜리버리의 과정에 고객의 소유물이 포함되는 경우 성공을 위해서는 고객이 소유물을 좋은 상태로 되돌려 받아야 한다.

MyChart가 의료진과 환자를 연결한 것과 같이, Cleveland 클리닉은 DrConnect 프로그램을 통해 주치의referring physician가 Cleveland 클리닉에 보낸 환자의 치료 정보를 실시간으로 확인할 수 있게 했다. 이 프로그램을 이용하는 주치의는 환자에 관한 모든 의무 기록에 언제든지 접근이 가능하며, 하루에 한 번씩 이메일로 환자의 치료와 수술 관련 정보를 제공받는다. DrConnect는 주치의에게 유용한 정보를 제공할 뿐 아니라 서비스 딜리버리를 종료하는 데 중요한 역할을 한다. 환자가 병원을 떠난 후에도 지속적으로 최상의 의료 서비스를 받기 위해서는 병원에 머문 동안 어떤 서비스와 치료를 받았는지 주치의가 알아야 하기 때문이다. 이를 통해 주치의는 빠짐없는 고객의 의무 기록을 바탕으로 고객에게 최적의 의료 서비스를 제공할 수 있게 된다.

서비스 제공자 관점

고객에게 서비스를 제공하는 직원은 적어도 두 가지의 서로 다른 서비스 혁신과 관련된 역할을 수행한다. 첫째, 직원은 기업의 내부 고객이자 서비스 제공자이다. 따라서 서비스 제공자인 직원은 서비스를 제공하는 과정을 정확히 파악해 성공적인 서비스를 제공해야 한다. 만약 직원이 서비스 딜리버리의 지연, 실수, 변경을 반복한다면 고객의 경험이나 서비스의 품질 측면에서 기업에 부정적인 영향을 미칠 뿐 아니라 서비스 시스템의 비효율을 초래할 것이다.

둘째, 서비스 직원은 서비스 솔루션의 일부로 고객에게 가치를 제공하는 역할을 수행한다. 따라서 직원을 새로운 서비스 콘셉트 기획, 디자인, 개발 과정에 참여시키는 것이 중요하다. 5장에서 설명한 작업 감독관은 기업의 경영진이나 소유권의 이해관계를 대표한다. 작업 감독관은 직원에 의해 제공된 서비스뿐만 아니라 전반적인 서비스 딜리버리의 과정을 관리한다. 이 장에서 설명한 바와 같이, 기업의 관점company perspective은 서비스의 전반적인 비용, 낭비, 비효율성에 대한 가치 있는 인사이트를 제시한다. 3장에서 다뤘듯이 기업은 서비스 제공자 그룹과 서비스 감독관 그룹을 대상으로 별도의 인터뷰를 진행하여 각 집단이 서비스의 성공 기준을 어떻게 정의하는지 시간, 변동성, 산출물과 관련하여 확인해야 한다. 이를 통해 결과물의 최종 리스트를 도출하고 혁신의 기회를 모색하기 위해 우선순위를 정한다.[16] 특히, 감독관 그룹은 다양한 서비스 형태(e.g., 전화, 인터넷, 대면서비스, 키오스크)를 염두에 두고 결과물을 평가하는 것이 유용하다.

작업지도는 서비스 제공자의 관점에서 각 단계별 서비스 딜리버리를 개선할 수 있는 기회를 제공한다. 각 단계에서 고려해야 할 사항은 다음과 같다.

- 내부 관점에서 효율성(시간 결과물time outcomes), 일관성(변동성 결과물variability outcomes), 비용과 결과(산출물 결과물output outcomes)와 관련하여 도출될 수 있는 혁신의 기회는 어떠한 것들이 있는가?
- 기업의 관점에서 (고객 니즈를 기반으로) 이상적인 시나리오는 무엇인가? 서비스를 제공하는 직원의 관점에서 이상적인 시나리오는 무엇인가?
- 서비스 딜리버리 과정에서 오류가 발생할 가능성이 있는 것은 무엇인가? 이러한 문제를 방지하기 위해서는 어떻게 해야 하는가?
- 고객이 필요로 하는 서비스를 제공하기 위해서 기업은 어떠한 조치를 취해야 하는가? 서비스를 제공하는 직원이나 고객은 무엇을 해야 하는가?
- 고객이 필요로 하는 서비스를 제공하기 위해서 어떠한 시스템, 장비, 재료, 정보, 프로세스, 시설 요구 사항이 충족되어야 하는가?[17]

요약

6장에서는 서비스 제공자의 관점에서 서비스 혁신의 기회를 발견하기 위한 방법을 알아보았다. 고객 만족이라는 약속을 지키기 위해 기업은 어떻게 하면 가장 효율적으로 서비스를 제공할 수 있는지 고민해야 한다. 성공적인 서비스 딜리버리를 위해 거쳐야 하는 과정을 체계적으로 정리한다면, 각 단계에서 서비스 딜리버리 개선을 위한 기회를 발견할 수 있을 것이다. 고객에게 서비스를 제공하는 직원은 서비스 딜리버리를 개선할 수 있는 중요한 인사이트를 제공한다.

이 장에서는 기업이 혁신 기회를 발굴하는 것을 돕기 위한 서비스 딜리버리를 위한 공통 작업지도를 소개했다. 또한 서비스 제공자의 관점에서 작업지도의 각 단계마다 발견할 수 있는 기회의 유형에 대해 설명했다. 특정 서비스에 관한 모든 단계가 정의되면, 각 단계마다 내부 관점에서 성공 기준을 정의하는 결과물을 파악해야 한다. 그 결과물은 서비스 딜리버리 혁신의 기회를 발견할 가능성을 고려하여 우선순위를 정한다. 기업은 이러한 접근법을 다양한 서비스 딜리버리 방법에 적용할 수 있다.

서비스 딜리버리를 위한 작업지도는 내부 관점에서 서비스 혁신의 기회를 발견하는 것에 더해서, 고객이 만족하지 못한 니즈를 채워줄 수 있는 현재 또는 미래의 새로운 서비스를 만들어낸다. 따라서 이번 장은 지금까지 설명한 여러 가지 서비스 혁신 기회를 모색하는 방법과 앞으로 설명할 새로운 서비스나 개선 서비스를 디자인하는 방법 사이의 징검다리 역할을 한다.

CHAPTER 7

서비스 딜리버리 차별화 방법 모색

Discover Ways to Differentiate Service Delivery

| 서비스 딜리버리 차별화 방법 모색 |

고객 니즈를 파악하고 우선순위화했다면, 이제 고객을 위한 가치 있고 차별화된 서비스 전략을 수립할 차례이다. 기존 서비스를 개선하는 것이 목적이라면, 현재 제공 중인 서비스 오퍼링의 각 요소가 고객의 니즈에 미치는 영향과 고객의 니즈가 제대로 반영되고 있는지 철저히 파악해야 한다. 반면, 새로운 서비스를 창출할 경우, 고객과 기업의 가치를 전달할 수 있도록 새로운 서비스 콘셉트를 수립해야 한다.

서비스 콘셉트에는 두 가지 측면이 있다. 고객에게 '어떤' 서비스를 제공하며 그것을 '어떻게' 제공하는지에 관한 것이다. 8장에서 이 두 가지 측면이 어떻게 성공적인 서비스를 함께 창출할 수 있는지 소개하고, 이 장에서는 기업이 서비스 딜리버리를 위해 고려해야 하는 주요 선택사항인 서비스 디자인 관점service design dimensions에 대해 알아본다.[1] '어떠한' 서비스를 제공해야 하는지는 다양한 의견이 있을 수 있고, 고객이 하고자 하는 일에 달려있지만, 서비스를 '어떻게' 제공해야 하는지에 대한 주요 관점들primary dimensions은 30년이 넘도록 여러 학자에 의해 연구되어 왔다. 이번 장에서는 각 서비스 디자인 관점과 각 관점의 선택 사항에 대해 설명하고자 한다. 이를 바탕으로 기업은 수익성 있고 차별화된 서비스 콘셉트를 제공하기 위한 보다 나은 의사결정을 할 수 있을 것이다.

서비스 딜리버리 관점

책의 도입부에서 언급한 바와 같이, 제품과 서비스의 차이점에 지나치게 신경 쓰는 것은 서비스 혁신에 오히려 방해가 될 수 있다. 하지만 서비스를 디자인할 때에는 이들의 차이점을 충분히 고려해야 한다. 여기서 이 방법에 대해 알아보자:

전통적인 마케팅믹스인 '4P'는 **제품**Product, **가격**Price, **유통**Place, **판매촉진**Promotion으로 구성되어 있다. 그러나 서비스 분야에서는 그 이상을 요구한다. 직원이 서비스 시설에 물리적으로 존재하는 고객에게 서비스를 제공할 수도 있고, 6장에서 설명한 바와 같이 고객이 서비스 제공자와 함께 서비스를 제공하는 데 참여하는 경우도 있다. 그래서 서비스 분야에서는 세 가지 요소가 추가된 '7P'가 사용되는데, 이는 '**직원과 고객**People', '**시설, 장비, 직원 외모, 기타 유형물**Physical Evidence', '**프로세스**Processes'을 포함하고 있다.[2] 서비스 마케팅의 7P는 기업의 관리 영역 내의 서비스 요소를 정의한다.

서비스 딜리버리는 서로 상호연관 관계에 있는 세 개의 조직, 즉 마케팅marketing, 운영operations, 인사human resources와 관련이 있다. 고객 만족과 매출 증대를 추구하는 마케팅 조직은 타깃 고객, 고객 관리 방식, 서비스 오퍼링 제공 방법과 가격 체계를 결정한다. 품질 관리, 비용 효과, 효율성에 초점을 맞추고 있는 운영 조직은 서비스를 제공하는 시기와 장소, 제공 방식을 결정하며, 마지막으로 서비스 제공자를 마케팅과 운영 조직의 목표와 일치시키는 인사 조직은 업무 조직을 구성하고, 과제 수행을 체계화하는 역할을 한다.

그림 7-1은 서비스 딜리버리를 위해 기업이 고려해야 할 전략적 디자인 관점의 주요 옵션을 보여준다. 각 요소는 마케팅(제품, 가격과 관련된 의사결정), 운영(프로세스, 유통, 유형의 근거와 관련된 의사결정), 인사(사람들의 일하는 방식과 관련된 의사결정)에 따라 범주화되어 있다.[3] 각 관점은 한번에 하나씩 고려할 수 있지만, 기업은 각 관점의 선택사항이 함께 시너지를 낼 수 있는지, 내부적으로 일관성이 있는지를 꼭 확인해야 한다. 선택한 각 관점이 모이면 서비스가 되고, 이는 경쟁 환경에서 기업의 시장 포지셔닝을 돕고 수익 창출에도 기여한다. 그러므로 기업은 각 서비스 디자인 관점에서 선택사항의 장점과 단점을 충분히 이해해야 한다.

조직 전체가 만족할 수 있는 결정을 내리는 것은 쉽지 않다. 예를 들어, 운영 조직과 마케팅 조직 간에 의견 충돌이 있을 수 있다. 운영팀이 비용을 줄이고 서비스 딜리버리를 효율적으로 하기 위해 고객에게 주어지는 선택 범위를 줄이자고 주장하는 동안, 마케팅팀은 더 많은 고객 니즈를 충족시키기 위해 선택 범위를 넓히는 것을 주장할 수도 있다. 서비스 마케팅 분야의 창시자인 Christopher Lovelock은 “문제 해결이란 그 누구도 만족시키지 못하는 멍청한 타협점을 찾아내는 것이 아니라, 운영, 마케팅, 인사 간의 시너지를 찾아내는 것이다”라고 말했다.[4] 따라서 기업이 고객과 기업, 서비스 제공자의 결과물 우선순위를 고려한다면, 가장 적절한 트레이드오프well-informed tradeoffs를 도출할 수 있을 것이다.

그림 7-1 전략적 서비스 디자인 관점

← 연속성 →

마케팅 Product and Price

표준형 Standardized	맞춤형 Customized
개방형 Open	선택형 Selective
동등 대우 Equal Treatment	차등 대우 Unequal Treatment
제한적 Restricted Access	개방적 Unrestricted Access
단발적 Discrete Relationships	지속적 Continuous Relationships
한정된 Limited Menu	다양한 Full Menu
결합 Bundled Offering	단독 Unbundled Offerings

운영 Processes, Place and Physical Evidence

기업 생산 Company Production	고객 생산 Customer Production
유인 People Delivery	무인 Equipment Delivery
근거리 Close	원거리 Far
고정 Fixed Flow	유동 Flexible Flow
개별 Unit	일괄 Batch
동기 Synchronous	비동기 Asynchronous
높은 편의성 High Comfort	낮은 편의성 Low Comfort

인사 People

결합 Coupled	분리 Decoupled
자율 Empowerment	통제 Control
스페셜리스트 Specialized	제너럴리스트 Generalized
팀 Team	개인 Individual
내부 In-house	아웃소싱 Outsource
높은 사명감 High Commitment	낮은 사명감 Low Commitment

고객의 결과물을 만족시키는 데 문제가 발생한다면, 이는 전통적인 산업 방식에서 탈피한 새로운 서비스 딜리버리 방법을 찾기 위한 기회라고 볼 수 있다. Bank ING Direct*, MinuteClinic, 피닉스 대학교(사이버 대학 과정), Netflix** 등 여러 기업이 이와 같은 과정을 통해 획기적인 서비스를 도출해냈다. 비슷한 의사결정으로 인해 경쟁사의 서비스가 점차 유사해지고 있는 현 시점에서, 고객의 높은 우선순위 결과물을 제대로 이해하고 서비스 디자인 관점을 재조명한다면, 성공적으로 새로운 서비스를 창출할 수 있다. 특히 고객군별로 확연히 다른 결과물을 원하는 경우 더욱 그렇다—여기서 말하는 고객군은 트레이드오프를 위한 같은 결과물의 우선순위를 갖는 집단을 의미한다.[5] 마케팅 전략의 권위자인 Michael Porter***는 트레이드오프가 전략의 본질이라고 말했다.

그림 7-1의 전략적 디자인 관점은 이면의 활동을 포함한 전반적인 서비스 활동은 물론 그림 7-2의 각 서비스 딜리버리 단계에 적용될 수 있다. 각 단계에서 항상 같은 디자인 관점이 적용될 필요는 없다.

예를 들어, 컨설팅 기업의 경우 서비스 제공자를 통해 고객 니즈를 파악할 수 있지만, 파악한 니즈를 바탕으로 계획을 수립할 때는 관련 소프트웨어 프로그램을 사용할 수도 있다. 사실, 각 서비스 딜리버리 단계별로 선택한 디자인 관점이 동일할 필요는 없다. 예를 들어, 패스트푸드 식당에서 고객이 고기 굽기 정도를 결정할 수 있지만, 햄버거 토핑은 고를 수 없는 경우가 있다(또는 반대의 경우도 존재한다). 이런

---

* ING 그룹 소속의 호주계 예금은행

** 미국의 회원제 주문형 스트리밍 비디오 제공 웹사이트

*** 미국 출신 경제학 교수, 경영전략 분야 최고 권위자이자 모니터그룹의 설립자

그림 7-2 서비스 딜리버리 과정 디자인

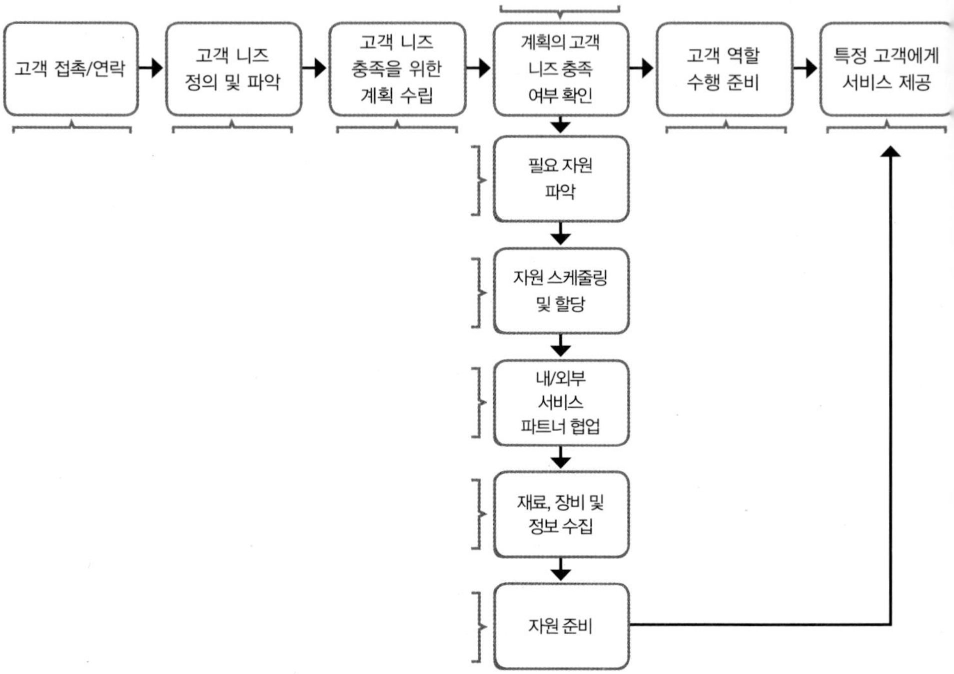

이유로 보통의 방식이긴 하지만 이 책에서는 각기 다른 디자인 관점의 선택사항에 따라 서비스를 분류하지 않는다. 예를 들어, 컨설팅 기업은 서비스의 형식(표준 혹은 맞춤 서비스), 대상 고객(다양한 고객 혹은 선택적 고객 대상), 서비스 전문성(일반 서비스 혹은 전문 서비스) 등에서 전략적 서비스 관점을 선택할 수 있다. 이렇게 기업은 각 디자인 관점별로 선택사항을 갖지만, 결국은 연속성 상에서 하나의 서비스를 위한 것이라는 사실을 명심해야 한다.

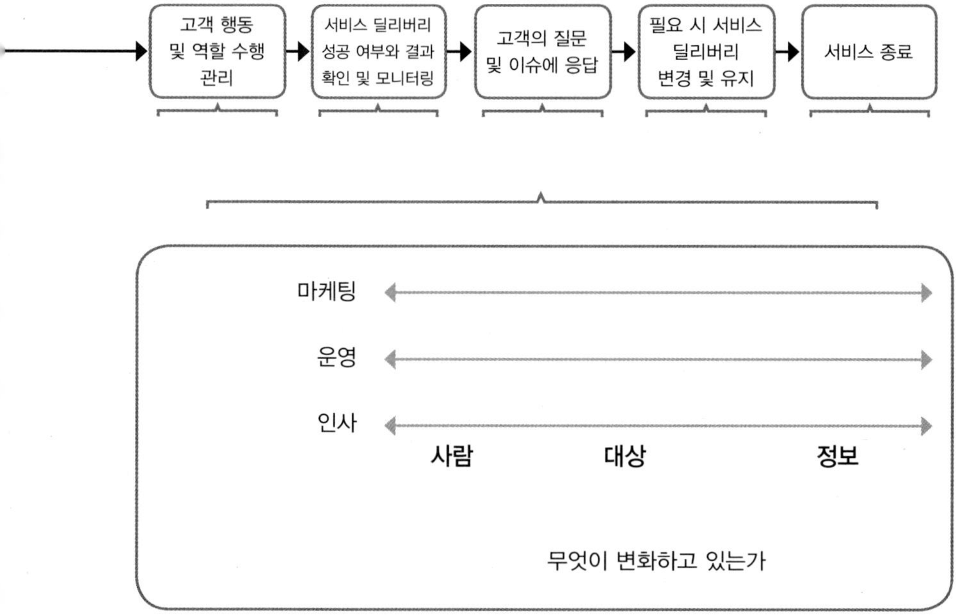

서비스 딜리버리 특성—표준형 vs. 맞춤형

이 관점은 서비스 딜리버리 과정의 특성에 관한 것이다. 서비스 딜리버리 과정은 고객, 대상, 정보(규칙, 코드, 템플릿, 절차) 등 정해진 규정에 따른 획일적인 처리 과정uniform processing과 고객의 니즈와 선호도에 따라 달라지는 유연한 처리 과정flexible processing으로 구분할 수 있다. 표준형 서비스는 고객에게 선택옵션을 제공하지만 획일적인 처리 과정을 따르는 반면, 맞춤형 서비스는 고객의 성향에 따라 차별화된 처리 과정을 따른다. 어떤 병원은 각 질병별로 표준화된 치료 프로그램을 적용하지만, 또 다른 병원은 각 환자의 생활패턴, 식이요법 선호도 등에 따라 개별 관리 프로그램을 제공할 수 있다. 표준화는 고객에게 제공되는 모든 서비스의 일관성을 보장한다는 장점이 있으며, 상대적으로 생산적이고 효율적이다. 고객의 요구 사항이 유사할수록 표준화된 서비스 딜리버리가 더욱 유용하다. 반면, 맞춤형 서비스는 고객의 다양한 니즈를 최대한 충족시킬 수 있지만, 상대적으로 신뢰도가 떨어질 수 있고, 서비스를 제공하고 지원하는 과정에서 많은 비용이 발생할 수 있다. 즉, 직원채용, 교육, 보상에 많은 비용이 필요하다.

타깃 고객군—개방형 vs. 선택형

기업은 타깃 고객군 선정에 대해 고민하기 마련이다. 서비스는 모든 고객을 대상으로 하는 개방형 서비스 혹은 특정 고객군에게만 서비스를 제공하는 선택형 서비스로 분류한다. 만약 기업이 특정 고객군만 대상으로 하는 선택형 서비스를 제공한다면, 고객과 기업의 니즈를 충족시키는 동시에, 서비스 딜리버리에 더욱 집중할 수 있도록 도와준다. 예를 들어, 재무 관점에서는 특정 매출 혹은 잠재적 이익 달성을 보장해줄 수 있는 고객에 한해 서비스를 제공할 수 있다. 또한 고객의 니즈와 서비스의 기능이 일치하거나, 고객의 역량이나 동기에 의해 서비스를 성공적으로 제공할 수 있는 고객을 선별할 수도 있다.[6] 기업은 여성만을 위한 서비스를 제공하는 Curves사의 예시와 같이 특정 고객군을 타깃으로 공략할 수 있지만, 정해진 기준에 따라 평가를 통해 개별 고객을 선별customer by customer basis할 수도 있다. 고객 니즈와 서비스가 제공하는 가치가 잘 맞지 않는다면 생산성 저하는 물론이고 고객 불만족을 초래할 것이다. 물론 한편으로 고객 범위를 한정하는 것은 매출 증대나 잠재 고객 확보의 기회를 위협할 수 있다.

서비스 수준 — 동등 대우 vs. 차등 대우

이 관점은 고객에게 제공하는 서비스 수준에 관한 것이다. 어떤 서비스는 모든 고객에게 동등한 수준의 서비스를 제공하는 반면, 선별된 고객군에 한해 특별한 서비스를 제공하는 경우도 있다. 여기서의 의사결정은 뒤에 나오는 다른 관점에도 영향을 미칠 수 있다. 어떤 고객에게는 선택을 위한 전체 메뉴를 제공하고, 어떤 고객에게는 한정된 메뉴를 제공한다. 또 다른 고객에게는 맞춤화 서비스를 제공하며, 다른 고객에게는 표준화 서비스를 제공할 수 있다. 이는 표준 서비스 혹은 프리미엄 서비스로 구분하는 것과 유사한 개념이다. 종종 표준 가격과 프리미엄 가격으로도 구분한다. 많은 비용이 드는 서비스라면 매출로 그 비용이 상쇄될 수 있는 고객에게만 제공하거나 특별한 대우에 추가 지불할 의사가 있는 고객에게 제공한다. 특별한 대우가 프리미엄 가격으로 제공된다면 기업에게 추가 수입 창출원이 될 수 있다. 이는 물론 기업에게 높은 가치를 주는 고객high-end clients에게 보상하는 방법이 되고, 프리미엄 수준의 서비스를 받고자 하는 세컨티어 고객second-tier clients을 동기부여하는 방법이 된다. 기술과 결합하면 개별 고객별로 차등대우unequal treatment를 제공하는 것도 가능하다. 그러나 가장 큰 단점은 일반 고객이 이를 공평하지 않다고 인식할 수 있다는 것이다. 그러므로 기업은 단기 매출만이 아닌 기업의 장기 고객 유치와 매출 확보 등을 고려해 의사결정을 해야 한다.

서비스 접근성—제한적 vs. 개방적

이 관점은 고객이 서비스에 접근하는 방식에 관한 것이다. 기업은 서비스를 제공하는 장소, 시간, 방식을 결정해야 한다. 최근에는 1년 365일

24시간 동안 제공하는 다양한 형태의 서비스(e.g., 전화, 인터넷)가 증가하고 있다. 모바일 서비스는 고객 위치와 상관없이 혹은 서비스 딜리버리 과정에 상관없이 제공된다. 서비스를 '어떻게' 제공하는지 역시 중요한 부분이다. 다양한 경로를 통해 제공되는 서비스가 편리한 것은 사실이다. 하지만 높은 접근성은 곧 높은 비용을 의미한다. 대면 서비스는 높은 고정비와 변동비를 동시에 요구한다. 개방형 서비스unrestricted service는 어떤 기업에게는 해당되지 않는 분야일 수도 있다. 고객이 높은 접근성을 선호하는 경우나 기업이 지출하는 고정비용이 이미 높은 경우, 고객이 높은 서비스 접근성을 위해 더 많은 금액을 지불할 의향이 있는 경우, 추가 비용이 어떤 식으로든 해결될 수 있는 방안이 있는 경우에만 개방형 서비스 적용이 유용할 것이다. 예를 들어, 어떤 서비스는 기술을 활용해 접근성을 높이면서도 변동 가격에 많은 영향을 주지 않을 수도 있다. 기업은 그들이 현재 제공하는 서비스 중 접근성을 중요시하는 것이 어떤 것인지 판단해야 한다. 은행의 경우 입금 서비스보다는 인출 서비스가 높은 접근성을 필요로 한다(6장에서 설명한 UASS도 지금 서비스 중이다). 일반적으로는 유형의 제품 서비스보다 간단한 규칙 기반의 정보 서비스가 개방형 서비스로 제공되기 수월하다.

고객과의 관계—단발적 vs. 지속적

기업은 서비스 제공자와 고객과의 관계 유지에 대해서도 고민해야 한다. 단발적 서비스 제공으로 끝나는 경우도 있고, 지속적으로 관계를 유지하며 서비스를 제공하는 경우도 있기 때문이다. 고객과의 지속적 관계 유지를 통해 고객에게 서비스 운영 방식뿐 아니라 고객의 역할에 대해서도 알리는 기회가 될 수 있다. 이를 통해 고객은 서비스에 대한 확신을 갖게 되고, 불안감을 해소하며, 소속감도 가질 수 있다. 고객이 서비스에 대해 더 많이 알게 될수록 그들은 양질의 의견을 제공하고 그들의 역할을 더 잘 수행함으로써, 효율성과 서비스 품질을 향상시킬 수 있다. 또한, 고객과 기업의 관계가 밀접해질수록 고객의 정보를 더욱 많이 확보할 수 있고, 더 효율적이고 효과적인 서비스를 개발할 수 있다. 고객과의 밀접한 관계는 기업 매출에도 영향을 미친다. 물론 진정한 관계 유지는 정보 시스템이나 직원 교육, 새로운 조직 체계 등 고객과 재정적, 사회적, 맞춤화되거나 구조적인 유대관계 형성을 위한 기업의 투자를 필요로 한다. 이러한 투자는 재무와 운영 측면에서 비용이 발생하므로 기업은 반드시 고객, 기업, 서비스 제공자의 결과물에 근거해 투자 수익을 고려해야 한다. 만약 수익이 보장된다면, 기업은 물론 고객에게도 가치 있는 투자가 될 것이다.

서비스 옵션—한정된 vs. 다양한

이 관점은 기업이 고객에게 제공하는 서비스 옵션에 관한 것이다. 기업은 얼마나 다양한 옵션을 제시해야 하는가? 기업이 고객에게 더 많은 옵션을 제공할 수 있는 방법 두 가지가 있다. 첫째는 식당에서 여러 나라의 요리를 제공하고, 정비소에서 다양한 기기의 정비 서비스를 제공하는 것처럼 각 서비스나 서비스 딜리버리 단계별로 고객에게 넓은 범위의 옵션a greater breadth of options 선택 권한을 부여하는 것이다. 둘째는 고객에게 보다 깊이 있는 서비스 옵션a greater depth of options을 제공하는 것이다. 예를 들어, Sam's Club*이 한두 가지 브랜드나 한정된 사이즈의 기

* 월마트가 운영하는 미국 회원제 소매 마트

저귀를 취급하는 반면, 대형마트의 경우 여섯 개가 넘는 다양한 브랜드의 기저귀 상품을 판매한다.

넓은 범위의 서비스 옵션은 서비스를 고객이 많은 작업을 수행할 수 있는 일반적인 서비스generalist로 만든다. 반면, 서비스 전문성을 앞세워 특정 니즈에만 집중하는 서비스specialist도 있다. 다양한 옵션을 제공하면 고객 유입은 늘리고, 매출은 증가하며, 매출 변동성은 줄일 수 있다. 그러나 동시에 관리와 인력 운영 비용은 증가하며, 장비와 같은 시설의 확충을 필요로 하고, 수요와 공급을 맞추는 것이 힘들어진다. 넓은 범위의 서비스는 각 분야의 전문 인력과 장비가 필요하기 때문에 높은 간접비용을 발생시킨다. 예를 들어, 일반 병원general hospital은 전문 수술 센터를 보유하고 있지 않으므로 관련 간접 비용을 피할 수 있다. 따라서, 서비스 옵션은 고객이 필요로 하고 옵션이 기존 서비스 딜리버리 모델과 전략에 부합되는 경우에만 추가되어야 한다.

서비스 딜리버리 형식—결합 vs. 단독

이 관점은 서비스를 제공하는 형식에 관한 것이다. 서비스는 상황에 따라 결합 서비스로 제공되거나 단독으로 제공될 수 있다. 이는 서비스와 서비스의 결합일 수도 있고 제품과 서비스의 결합일 수도 있다. 기업이 제품과 서비스를 결합하는 이유는 고객에게 제공하는 가치를 높이거나, 상호 보완의 오퍼링complementary offerings을 결합하여 구매 결정을 단순화시키기 위해서이다. 기업에게는 매출을 올릴 수 있는 좋은 기회이기도 하다. 결합 서비스의 전략은 제품과 함께 무상 유지 보수와 같은 추가 서비스를 제공하거나, 제품 활용에 대한 컨설팅 서비스가 포함되는 형태가 보편적이다. 이는 기업이 서비스를 어떻게 정의하느냐에 따라 달라질 수 있다. 보통 하나의 서비스조차 유형의 제품과 서브서비스 subservices의 묶음으로 이루어져 있다. 예를 들어, 마케팅 리서치 서비스에는 기획, 설문 조사 품질 검토, 설문 조사 실시, 데이터 수집, 품질 관리와 분석이 포함되는데, 이는 하나의 서비스로 제공할 수도 있고 각각의 서비스로 나뉘어서 제공할 수도 있다. 많은 기업은 서비스를 무료로 제공하지만, 이러한 서비스의 가치를 고객이 제대로 인지하지 못하는 경우가 대다수이다. 이런 경우, 묶음으로 제공하는 부가 서비스를 개별적으로 판매하거나 다른 상품 구매 시 할인 판매를 하여 고객이 해당 서비스의 가치를 인지할 수 있도록 해야 한다.

서비스 생산 주체—기업생산 vs. 고객생산

이 관점은 서비스 생산 주체에 관한 것이다. 서비스는 기업이 단독으로 생산하거나 고객에 의해 만들어질 수도 있다. 기업 생산, 즉 풀서비스 full-service는 기업이 고객에게 모든 서비스를 제공하는 것이고, 고객생산은 고객이 스스로 서비스를 수행하게 만드는 것으로, 셀프서비스 self-service라고도 불린다. 대부분의 서비스는 딜리버리 단계에서 풀서비스와 셀프서비스의 요소를 모두 지니고 있다. 고객이 직접 음식을 픽업하고 뒷정리를 해야 하는 식당이 있는 반면, 고객은 앉아만 있으면 되는 식당도 있다. 최근에는 심지어 고객이 직접 요리를 하고 '경험'을 제공한다는 이유로 비싼 값을 요구하는 식당도 있다. 이는 셀프서비스를 더 이상 부정적인 시각으로만 볼 필요는 없다는 걸 의미한다. 어떤 고객은 편리함과 낮은 가격 때문에 셀프서비스를 선호할 수도 있다. 기업의 관점에서 고객과의 공동 생산(셀프서비스)은 비용을 절감하면서 생산성은 높이고, 수요와 공급 조절과 고객 맞춤 서비스를 가능하게 한다. 만약 고객이 서비스에 필요한 자원을 쉽게 제공받을 수 있다면, 공동 생산의 효율성은 훨씬 개선될 것이다. 하지만 공동 생산에 참여하는 고객은 서로 다른 수준의 기술과 의욕을 가지고 있는 개인으로 구성되므로 관리가 어려울 수 있다. 이는 서비스 딜리버리에 병목현상을 야기할 수 있고, 일관성 없는 품질을 양산할 수 있다. 고객에게 의존하는 공동 생산은 고객이 역할을 수행할 수 있거나, 수행할 의지가 있을 때에만 가능하다.

서비스 딜리버리 주체—유인 vs. 무인

이 관점은 서비스 딜리버리 주체에 관한 것이다. 서비스는 사람에 의해 제공되기도 하지만 기기equipment를 통해 제공될 수도 있다. 이는 '하이 터치 vs. 하이 테크' 혹은 '수동 vs. 자동'의 의미로 설명될 수 있다. 수동 서비스는 사람이 직접 고객, 대상, 정보를 처리하는 것이고, 자동 서비스는 기기가 이를 대신하는 것이다. 최근 자동차 정비, 건강 관리, 은행 업무, 교육 등 전 분야에 걸쳐 자동화 서비스가 확장되고 있다. 기기는 사람을 대체하거나, 사람이 제공하는 서비스와 경쟁 구도를 형성하는(인터넷 소매업과 같은) 대체 서비스 플랫폼을 제공하기도 한다. 자동화 프로세스는 유동적인 수용력flexible capacity을 제공하며, 효율성, 낮은 변동성으로 종종 빈틈없고 정확한 고객맞춤 서비스를 제공한다. 이러한 장점은 자동화 프로세스가 고객이나 직원이 수행하는 다른 일을 지원하는 경우에도 해당된다. 하지만 자동화 서비스는 높은 고정비용을 요구하며, 서로 다른 고객 니즈나 투입 요소, 처리 과정과 결과물 관리를 위한 유연성이 부족하다—물론 최근 고도화된 프로그램이 개발되며 그 간격은 점차 좁혀지고 있다. 그러므로 자동화 서비스는 아직까지는 표준화 처리 과정이나 규칙이 잘 정의된 맞춤 서비스를 위해서 가장 효과적인 서비스다. 언제나 그렇듯이 의사결정은 기업의 관점뿐만 아니라 고객이 만족하고자 하는 결과물까지 염두에 두어야 한다. 어떤 고객군은 직원으로부터 직접 제공받는 서비스만 고집할 수 있다. 특히, 경험이 부족한 고객은 더욱 대면 서비스를 선호할 것이다.

서비스 딜리버리 장소—근거리 vs. 원거리

이 관점은 서비스 딜리버리 활동이 실제로 일어나는 장소에 관한 것이다. 서비스는 고객으로부터 가까운 곳 혹은 먼 곳에서 제공될 수 있다. 이것은 편의성과 관련이 있어 '높은 편의성' 혹은 '낮은 편의성'으로도 표현될 수 있다. 서비스 이용을 위해 고객이 물리적으로 존재해야 하는 경우에는 서비스 시설이 어디에 위치해야 하는지 결정해야 한다. 어떠한 서비스는 언제 어디에서든지 고객에게 제공될 수도 있다(e.g., 헌혈차). 또한 서비스 딜리버리 단계에 따라 장소가 결정되는 경우도 있다. 어느 대학은 단과 대학별로 도서관을 짓고, 다른 대학은 모든 단과 대학을 포괄하는 하나의 중앙도서관을 지을 수도 있다. 최근 기술 발전에 따라, 전통적으로 고객에게 물리적으로 근접한 서비스를 제공해야 했던 교육이나 질병 진단, 엔터테인먼트, 은행 업무와 같은 서비스들이 더 이상 대면 서비스만을 제공하지 않는다. 고객에게 가까운 곳에서 서비스를 제공할수록 고객의 편의성은 높아지지만, 임대료 상승이나 시설과 서비스 제공자에 대한 투자 중복으로 인해 비용이 높아지게 된다.

서비스 딜리버리 프로세스—고정 vs. 유동

이 관점은 서비스 딜리버리 프로세스에 관한 것이다. 서비스는 미리 정해진predetermined 프로세스 또는 고객의 상황과 기업의 목표에 따라 조정 가능한adaptable 프로세스를 통해 제공된다. 고정형fixed 프로세스는 고객과 대상, 정보가 매번 같은 단계의 같은 순서로 처리된다. 유동형flexible 프로세스는 어떤 단계들은 수행되지 않거나, 상황에 따라 다른 순서로 진행될 수 있다. 서비스를 고객에게 직접 제공하는지 원격(e.g., 인터넷)으로 제공하는지에 관계없이, 서비스는 고객이 원하는 플로우desired flow나 발생 가능한 플로우possible flow를 지원하도록 구성되어야 한다. 온라인 여행사를 예로 들어보자. 온라인 여행사는 개인별 선호도에 따른 여행 상품 검색 서비스를 제공한다. 하지만 고객은 여행 상품을 결정한 후에는 정해진 절차의 결제 프로세스를 따라야 한다. 고정형 프로세스는 모든 서비스 딜리버리 활동이 최적의 처리 과정을 따라 처리될 수 있도록 지원한다. 하지만 이는 고객의 관점에서 불필요한 활동을 강요하거나 병목 현상을 야기할 수 있다. 그러므로 고정형 프로세스는 고객, 대상, 정보에 관계없이 동일한 과정을 수행하는 경우에 가장 적합하다. 유동형 프로세스는 매우 다양한 투입 자원이 필요한 경우 비용 효율이 높지만, 수요를 예측하기 어려워 관리가 어려운 것이 특징이다.

서비스 처리 프로세스—개별 vs. 일괄

이 관점은 서비스 처리 프로세스에 관한 것이다. 기업은 고객, 대상, 정보를 건별single units로 처리할 수도 있고, 그룹화하여 일괄 처리할 수도 있다. 이런 방식은 그룹의 규모를 고려하여 의사결정해야 한다. 서비스 처리 프로세스를 '집단batches'으로 진행하는 것이 생소할 수 있지만, 교육, 운동, 항공 분야에서는 흔한 일이다. 하지만 이 중에서도 고객 개인에 집중하는 서비스 분야가 있다(e.g., 개인 과외, 퍼스널 트레이너, 전세기). 또한 개인을 공략하는 서비스가 차별화를 위해 타깃 대상을 특정 그룹으로 변경하는 경우도 있다. 그룹 택시, 패밀리 레스토랑, 소량 화물 배송less-than-truckload shipping 등이 좋은 예이다. 그룹 단위의 서비스를 받는 고객은 개별 서비스를 누릴 수 없지만, 그룹이기에 누릴 수 있는 혜택이 있다. 비용 효과는 물론 서비스를 제공하는 직원, 시설, 장비를 가장 효율적으로 활용할 수 있다. 일괄 프로세스는 '집단batches'이 준비될 때까지 개별적으로 서비스가 진행되지 않기 때문에 지연이 발생할 수도 있다.

서비스 프로세스 실행 방식—동기 vs. 비동기

이 관점은 서비스 프로세스 실행 방식에 관한 것으로 다양한 서비스의 프로세스가 동시에synchronous 혹은 서로 다른 시간에asynchronous 실행되도록 할 수 있다. 구체적으로 말하면, 기업은 고객의 요청과 동시에 서비스를 제공할 것인지를 결정해야 한다. 동기식 프로세스synchronous process에서는 고객의 요청과 서비스 제공자의 작업 활동이 밀접하게 계획되어 있다. 고객은 서비스를 이용하는 과정 중에 수시로 서비스 응답을 발생시키는 투입 요소input를 제공하기 때문에, 서비스 프로세스를 동기화하거나 비동기화하게 되는 많은 부분이 있다. 예를 들어, 한 대학은 온라인 강의를 통해 학생들의 질문에 교수가 실시간으로 답변할 수 있도록 한다(동기식 서비스 딜리버리). 반면, 실시간 온라인 강의가 진행되지 않는 대학은 학생들의 질문을 취합하여 향후에 답변을 해줄 것이다

(비동기식 서비스 딜리버리). 게다가 서비스 딜리버리 과정에서는 기업이 동기식 서비스를 제공할 것인지, 비동기식 서비스를 제공할 것인지 선택하는 과정에서 서비스 제공자 간 선택이 엇갈릴 수 있다. 동기식 서비스 딜리버리는 고객에게 빠른 응답과 즉각적인 피드백을 포함해 실시간 상호작용을 제공한다. 그러나 비동기식으로 서비스를 제공할 경우에는 비용이 적게 들고, 고객과 서비스 제공자에게 요구 사항이나 응답에 대해 준비할 수 있는 시간적 여유를 준다. 또한 고객의 작업을 완료하는 시점을 기업이 정할 수 있기 때문에 자원을 더욱 효과적으로 사용할 수 있다.

서비스 편의성—높은 편의성 vs. 낮은 편의성

이 관점은 기업이 제공하는 서비스의 편의성에 관한 것이다. 서비스는 기업의 생산성과 효율성 목표에 초점을 맞추거나, 고객의 편의성과 다양한 니즈에 초점을 맞출 수 있다. 서비스 편의성을 판단하는 척도는 고객과 대면하는 직원의 친절도, 복장, 시설, 인테리어 등 유형 요소tangibles를 포함한다. 한 식당은 고객의 편의를 우선시하여 낮은 조명 조도와 가죽 시트, 여유로운 테이블 간격을 제공하는 반면, 식당의 생산성과 효율성을 중시하는 다른 식당은 밝은 조명에 딱딱한 의자, 좁은 테이블 간격을 유지할 것이다. 이러한 유형 요소는 제공자가 원하는 이미지를 전달하고, 운영 상의 목표를 지원한다. 예시의 첫 번째 식당의 경우, 고객이 편안하고 여유 있게 머물 수 있는 공간을 제공하여 소비를 촉진시키려 하고, 두 번째 식당은 사람들이 식사가 끝나면 바로 떠나도록 환경을 조성하여 테이블 회전율을 증가시키려는 것이다. 낮은 편의를 제공하는 서비스는 비교적 적은 제작 비용과 유지 비용이

든다. 높은 편의성을 강조하는 서비스의 경우, 고객이 감정 작업을 수행하고자 할 때 더욱 중요해진다(e.g., 두려운 감정을 없애는 것, 자유로움을 느끼는 것). 고객이 평가하기 어려운 서비스의 경우, 기업은 고객에게 현재 자신이 이용하고 있는 서비스의 수준을 인지할 수 있는 유형의 정보tangible clues를 제공해야 한다.[7]

서비스 딜리버리 활동 제공 방식—결합 vs. 분리

이 관점은 기업의 서비스 딜리버리 활동 중 프런트 오피스front office*와 백오피스back office** 활동을 어떻게 분리해서 제공하거나 결합해서 제공할 것인가에 관한 것이다. 이 결정은 얼마나 많은 서비스를 고객과 대면하여face-to-face 제공하거나 원격으로 제공할 것인가에 달려있다. 분리형 서비스decoupled service는 반드시 대면 서비스가 필요한 활동에만 선택적으로 대면 서비스를 제공한다. 결국, 고객은 서비스 제공자를 고객이 필요한 만큼만 대면하는 것이다. 이때, 백오피스에서 지원할 수 있는 서비스는 프런트 오피스에서 제공하지 않는다. 반대로, 결합형 서비스coupled service의 경우 고객이 원하는 만큼 대면 서비스를 제공한다. 예를 들어, 대출 신청 시 그 자리에서 즉각 승인 여부를 확인하는 은행이 있는 반면(결합), 영업점에서는 신청서만 받은 후 본사에서 대출 여부를 결정하는 은행도 있다(분리). 실제로 지난 30년간 다양한 서비스 산업 분야에서는 업무를 프런트 오피스와 백오피스로 분리하는 분리형 서비스를 선호해왔다. 분리형 서비스는 효율성을 위해 분리된 백오피스 활동을 표준화하거나 관리하기 쉬우므로 더욱 효율적이며 비용 효

* 고객을 대면하여 서비스를 제공하는 작업 활동

** 서비스를 제공할 때 고객에게 보이지 않는 작업 활동

과가 높다. 고객이 서비스 이용을 위해 물리적으로 존재해야 하는 경우, 수요와 공급, 품질 관리가 더 어려워지기 때문이다. 하지만 이러한 장점에도 불구하고, 분리형 서비스는 전체 서비스 딜리버리 시간을 지연시키고, 고객의 예외적인 요구 사항별 맞춤 응대가 어렵다는 점을 명심해야 한다.[8]

직원의 권한—자율 vs. 통제

이 관점은 서비스를 제공하는 직원에게 주어지는 권한에 관한 것이다. 직원이 서비스 딜리버리의 주체 역할을 수행하는 경우, 상황에 따라 필요한 의사결정을 자율적으로 하거나 혹은 정해진 규정이나 프로세스, 상사의 지시 등에 따라 진행한다. 이는 프런트 오피스와 백오피스 직원 모두에게 해당된다. 수직구조의 엄격한 관리 체계를 가진 기업의 경우, 명확한 규정과 함께 직무를 임명한다. 우리는 각 분야의 전문가들은 모두 완벽한 의사결정 권한이 있다고 생각하지만, 실제로는 그렇지 않은 경우가 대부분이다. 예를 들어, 사기업 소유의 영리병원에 근무하는 의사는 개인병원을 운영하는 의사에 비해 의료 서비스와 비용을 관리하는 권한이 확실히 적다. '권한empowerment'은 고객의 예외적인 요구 사항이나 예기치 못한 상황에 있어 유연한 서비스 딜리버리를 가능하게 한다. 하지만 이런 권한을 부여할 수 있는 인력을 고용하고 교육하는 것에는 많은 비용이 든다. 또한 정해진 규정 없이 행해지는 권한은 오히려 일관성 없는 서비스 품질을 양산하고 다른 서비스 제공자와의 조율을 방해할 수 있다. 그러므로 직원에게 많은 권한을 부여하는 것은 가능한 빠른 결정이 필요한 상황과 같이 전략에 수정이 필요한 경우나 서비스가 규칙적이지 않고 복잡한 경우에 유용하다.

서비스 제공자 수준—스페셜리스트 vs. 제너럴리스트

이 관점은 서비스 제공자의 수준에 관한 것이다. 서비스는 높은 전문성을 지닌 스페셜리스트(한 분야의 뛰어난 재능을 보이는 사람) 혹은 상대적으로 덜 전문화된 제너럴리스트(여러 방면에 박학다식한 지식을 가진 사람)에 의해 제공될 수 있다. 고객을 응대하는 각 단계별로 서로 다른 수준의 전문성과 기술이 활용될 수 있다. 따라서 전문 서비스 제공자들 사이에도 서로 다른 수준의 전문성을 보인다. 예를 들어, 일반 변호사는 법률 보조원보다는 전문성이 있지만, 조세 전문 변호사에 비해서는 조세 분야의 전문성이 낮다. 또한 비뇨기과 전문의는 1차 진료의primary care physicians에 비해 전문성이 있으며, 1차 진료의는 간호사에 비해 질병 진단에 있어 높은 전문 역량을 갖추고 있다. 어떤 병원은 의사를 통해 환자 진단을 하고, 다른 병원은 간호사에 의해 진단을 수행할 수도 있다. 제너럴리스트는 전문성은 상대적으로 낮지만, 기업의 입장에서는 비교적 저렴한 가격에 서비스를 제공할 수 있고, 따라서 직원의 역량이 서비스를 제공하는 데 적합하다면 기업은 제너럴리스트를 활용할 수 있다. 비용 효율이 매우 높은 서비스 모델 대부분은 다수의 제너럴리스트를 활용하되 제한된 고객을 대상으로 서비스를 제공한다. 복잡한 고객의 니즈를 만족시키는 방법을 잘 이해하게 되면, 제너럴리스트는 간단한 규칙simple rule을 따라서 이전에는 스페셜리스트를 요구했을지 모르는 고객도 응대할 수 있게 된다. 하지만 이는 고객의 니즈가 명확히 파악된 경우에만 가능한 것이다. 고객의 입장에서는 이런 변화로 제너럴리스트로부터 낮은 비용으로 만족스러운good-enough 서비스를 제공받으면서 편의성은 높일 수 있다.[9]

서비스 제공자 유형—팀 vs. 개인

이 관점은 서비스 제공자의 유형에 관한 것이다. 서비스는 특정 그룹(팀) 혹은 개인에 의해 제공될 수 있다. 서비스 딜리버리의 책임이 다수의 개인에게 있다면 기업은 이들이 하나의 팀으로 업무를 수행할지 혹은 개인별로 업무를 수행할지를 결정한다. 실제로 팀으로 협업이 요구되는 업무의 경우, 모든 팀원들이 팀워크를 중요시할 때 팀원과의 협업이 훨씬 수월할 것이다. 하지만 여기서 핵심은 서비스 제공과 연관된 다수의 개인 업무를 어떻게 구성하고, 어떻게 성과에 대한 보상을 할 것인가이다. 서비스 딜리버리의 책임이 다수의 개인에게 있을 때, 업무에 대한 보상은 (보통 갈등이 생기는) 개인 목표individual goals 또는 조직의 목표common objective에 맞춰진다. 이러한 조직은 기능이나 전문 분야에 따라 조직화하거나 고객을 전담하는 다기능팀cross-functional team으로 조직화할 수 있다. 예를 들어, 기업이 고객지원을 위한 다기능팀을 만든다면, 고객의 문제가 여러 부서의 책임과 연관되어 있을 때 고객은 한 번의 연락으로 모든 문제를 해결할 수 있을 것이다. 서비스가 다양한 영역에 걸쳐 제공될 때, 팀 구조team structure는 더 효과적이고 높은 품질의 서비스를 제공할 수 있을 것이다. 팀 구조는 기능이 아닌 고객에 집중하여 더 나은 서비스를 제공할 수 있다는 것이다. 그러나 팀 운영은 인건비 부담이 크고 관리가 어렵다는 단점이 있다. 따라서 복잡하고 다양한 전문성이 요구되는 서비스를 높은 품질로 제공하고자 할 때 가장 효과적이다.[10]

자원 활용—내부 vs. 아웃소싱

이 관점은 서비스 딜리버리를 위한 자원 활용에 관한 것이다. 기업은 내부 자원을 활용하거나 외부 업체에 위탁하는 아웃소싱을 진행할 수 있다. 이 관점은 유형 자원과 인력 자원 모두를 포함한다. 시간제와 기간제, 계약직, 외주 직원 등 조직 상황에 적합한 유연한 팀 구성이 그 예가 될 수 있다. 서비스 딜리버리에 필요한 장비와 시설을 소유할 것인지 임대할 것인지 결정하는 것도 비슷한 예이다. 소매 기업은 모든 지점의 상가를 구입할 수도 있고, 혹은 임대할 수도 있다. 정교수를 채용하는 대학이 있는 반면, 피닉스 대학교University of Phoenix와 같이 각 과목별로 계약직 강사를 고용하는 경우도 있다. 비즈니스 모델 관점에서 자체 자원을 소유하는 것은 고정비를 높이고 단기 유동성short-term flexibility을 제한시킬 수 있다. 반면 아웃소싱은 높은 변동비를 필요로 하지만, 빠르게 변화하는 고객 니즈에 맞춰 자원을 유동적으로 투입할 수 있다. 기업은 서비스 딜리버리의 특정 단계에 특화된 역량을 보유한 외주 파트너에게 맡길 수 있다. 특히 기업의 핵심 역량이 아닌 전문 기술이나 역량을 요구하는 서비스의 경우, 외주 업체를 활용하는 경우가 많다. 이런 경우 파트너십은 기업의 역량을 확대시키기도 한다. 하지만 아웃소싱을 통한 서비스는 운영상의 문제를 발생시키고 품질 관리가 어렵다는 단점이 있다.

직원 가치—높은 사명감 vs. 낮은 사명감

이 관점은 기업이 직원에게 부여하는 사명감에 관한 것이다. 강한 사명감을 가진 조직은 직원을 기업의 가치와 자산을 높여주는 존재로 인식하고, 반대의 경우 직원을 언제든 대체 가능한 자원의 일부로 여긴다. 강한 사명감을 가진 조직은 고용 안정성, 높은 연봉, 금전 · 비금전적 보상, 우리사주, 정보 공유, 폭넓은 책임, 각종 직무와 자기개발 프로그램을 제공한다.[11] 이러한 경우, 기업은 많은 투자를 해야 하지만 이로 인해 기업을 장기적 성공으로 이끄는 지속 가능한 경쟁우위를 가질 수 있다. 또한 결속력이 높은 조직에서는 잦은 인력 이동으로 발생하는 비용과 품질 저하를 현저히 줄일 수 있다.

그 외 고려사항

그림 7-1의 전략적 서비스 디자인 관점은 서비스 차별화와 경쟁우위 선점을 위한 완벽한 방법을 제공하지는 않는다. 특히, 서비스 디자인 관점들은 '어떠한' 서비스를 제공하는지가 아니라 '어떻게' 제공하는지와 관련 있다. 다른 말로 하면, 올바른 일을 하기보다 일을 올바르게 진행하는 것에 관한 것이다. 이 책에서 언급했듯이 기업이 고객의 문제점을 제대로 인지해야만 앞으로 어떠한 서비스를 제공해야 하는지 정의할 수 있다. 그 후에 고객의 문제점을 해결하기 위한 사람, 기술, 도구와 여러 오퍼링을 준비한다.

마케팅 관점에서 봤을 때, 서비스 차별화와 포지셔닝을 위한 다른 중요한 의사결정은 타깃 고객 혹은 고객군, 기능 작업과 감정 작업 중 어느 것을 강조할 것인지와 가격 정책(프리미엄 혹은 일반)을 포함한다. 기업은 가격 체계와 관련한 옵션 역시 생각해봐야 한다. 고객은 제공받은 서비스만큼 비용을 지불하거나 제공받는 것에 상관없이 고정 가격을 지불하기도 한다. 고정 가격은 고객이 이해하기 쉽지만 제공받는 서비스 혜택과 직접적인 관계는 없다. 또한 기업은 각 서비스 요소의 가격을 책정하고, 무료로 제공되는 서비스의 비용 지원(매출에서 지원할 것인지 혹은 다른 비용을 절감하여 지원할 것인지) 등에 대해 고려해야 한다.[12] 운영 관점에서 기업은 서비스를 제공하는 시점 또한 고려해야 한다. 서비스 제공 시기가 앞당겨지거나 연기되어야 하는가? 만약 제공하는 시점이 변경되었다면 고객, 직원, 기업 성과에 긍정적인 영향을 미치는가? 서비스를 고객에게 실제 제공하기 전에 준비할 사항이 있는가? 현재 순차적으로 진행하고 있는 서비스 프로세스를 동시에 진행할 수 있는가? 특정 프로세스의 실행 횟수와 소요시간이 변경될 수 있는가? 행동과학behavioral science은 서비스 딜리버리 프로세스 디자인에 흥미로운 점을 제시한다. 인간의 '경험'에 대한 과학적 연구를 통해 몇 가지 결과가 도출되었다. (1) 강한 마무리는 강렬한 시작만큼이나 중요하다. (2) 안 좋은 경험은 빨리 잊어야 한다. (3) 안 좋은 경험은 다른 경험과 엮여야 하고, 좋은 경험은 독립적이어야 한다. 고객은 서비스 딜리버리 방식에 선택권을 부여받는 것과 서비스가 익숙한 방식으로 제공되는 것을 선호한다.[13] 결국 정보기술이 효과적인 서비스 딜리버리에 중추적인 역할을 하게 됨으로써, 기업은 어떤 정보가 언제 어떻게 고객에게 제공되는지 고려해야 한다.

인사 관점에서 중요한 결정 사항은 각기 다른 서비스 딜리버리 과제에 할당된 직원의 수, 고객 대응에 걸리는 시간, 보상 방법(수당 혹은 보너스)과 임직원의 하드스킬(기술)과 소프트스킬(커뮤니케이션, 리더십, 협상능력 등)을 각각 얼마나 강조해야 하는지, 성과 평가에서 업무의 양과 질을 각각 얼마나 반영해야 하는지와 책임의 범위 등이 있다. 책임의 범위와 관련해서 어떤 기업은 몇몇 서비스 직원에게 고객 니즈를 위해 수행하는 업무에 대한 모든 책임을 부여하거나 적어도 모든 서비스 활동의 모니터링 권한을 위임하는 것으로 그들의 서비스를 효과적으로 차별화했다.

서비스 딜리버리 차별화 포인트 도출

기업이 고객을 고려하지 않은 채 서비스 디자인 옵션에만 집중한다면 우선순위를 잘못 파악한 것이다. 고객이 하고자 하는 일과 결과물로부터 혁신 기회를 파악하고 혁신 기회의 우선순위를 정하는 것이 서비스 디자인보다 우선되어야 한다. 우선순위가 정해지면 기업은 6장의 그림 6-1 서비스 딜리버리를 위한 공통 작업지도와 이 장에서 나온 전략적 디자인 관점을 함께 활용하여, 차별화되고 가치 있는 서비스 딜리버리 방법을 강구해야 한다.

고객, 직원, 기업의 결과물 사이의 최적의 균형을 만들기 위해 기업은 전략적 디자인 관점의 트레이드오프를 전략에 반영해야 한다. 이 과정에서 기업은 다음과 같이 질문해야 한다.

- 다양한 서비스 딜리버리 관점 중 자사와 같은 산업의 다른 기업이 가장 보편적으로 선택한 것은 어떤 것이며, 이 서비스는 고객, 직원, 기업의 결과물 혁신 기회에 어떻게 기여하고 있는가?
- 고객(그리고 기업과 직원) 니즈를 만족시키기 위해 기존 방식에서 벗어난 서비스 딜리버리 방법은 어떤 것이 있는가? 이런 새로운 방법은 기존의 방식과 잘 결합될 수 있는가?
- 새로운 서비스 딜리버리 방식을 도입하는 것이 고객에게 보다 많은 가치를 제공하도록 도와주고 기업의 매출 증대와 비용 감축에 기여하는가? 예상되는 트레이드오프는 극복 가능한가?

요약

고객의 니즈를 파악했다면, 기업은 고객에게 경쟁사로부터 차별화된 경험을 제공할 수 있는 서비스를 도출해야 한다. 프로세스에 대한 가이드 없이 서비스를 도출하는 것은 쉬운 일이 아니다. 그렇다면 어떠한 옵션이 존재하는가? 각 옵션별로 어떤 것이 고려되어야만 하는가? 이 장은 20개의 전략적 서비스 디자인 관점을 제시한다. 이 관점은 마케팅믹스의 확장 버전인 7P(Product, Price, Place, Promotion, Processes, Physical evidence, People)를 반영한다.

그림 7-1은 서비스 딜리버리를 차별화할 수 있는 주요 관점을 제공한다. 또한 이런 관점은 고객뿐만 아니라 기업과 서비스 제공자의 결과물에도 영향을 미치기 때문에 전략적인 의사 결정 사항이다. 사실상, 대부분의 관점이 매출과 비용에 직접적으로 연결되기 때문에, 이를 활용해 새로운 서비스 딜리버리 모델은 물론 비즈니스 모델도 만들어 낼 수 있다.

기업은 주요 전략적 서비스 디자인 관점을 이해함으로써 경쟁사와 차별화되는 서비스 콘셉트를 만들어 낼 수 있고, 주요 서비스 딜리버리 옵션과 고려사항을 간과하는 것을 피할 수 있다. 전략적 디자인 관점은 서비스 제공을 위한 공통 작업 지도와 함께 보다 높은 가치를 제공하기 위한 서비스의 상세 콘셉트를 수립하는 데 많은 도움이 될 것이다.

CHAPTER 8

혁신적인 서비스 콘셉트 정의

Define Innovative Service Concepts

| 혁신적인 서비스 콘셉트 정의 |

서비스 혁신은 충족되지 않은 고객 니즈를 만족시키기 위한 새로운 서비스 콘셉트 또는 기존 서비스 콘셉트를 만드는 과정을 의미한다. 성공적인 서비스 혁신을 위해서는 먼저 고객의 충족되지 않은 니즈가 무엇인지 파악해야 한다. 하지만 고객 니즈를 발굴하는 과정이 다소 혼란스럽기 때문에, 이 책에서는 그 과정을 중점으로 설명했다.

하지만 고객의 이런 니즈를 이해하는 것은 서비스 혁신 과정 전체의 절반에 불과하다. 고객의 니즈를 이해했다면, 기업은 이러한 고객의 니즈를 반영하여 혁신 서비스 콘셉트를 만들어야 한다. 서비스 혁신의 나머지 절반인 이 과정은 고객의 니즈를 발굴하는 과정보다는 복잡하지 않다. 기업은 서비스 콘셉트가 고객의 니즈와 일치하는지를 확인하고, 새로운 서비스 콘셉트나 개선 서비스 콘셉트를 만들기 위한 체계적인 접근법을 준비해야 한다. 기업은 이 방법론을 통해 서비스 콘셉트의 세부 사항이 무엇인지 고민하고, 창의성에 집중하며, 서비스 개발과 딜리버리 과정에서 발생하는 문제를 방지하는 데 도움을 받을 수 있다.

이번 장은 서비스 전략을 수립하는 방법과 혁신 서비스 콘셉트를 정의하는 방법에 대해 자세히 설명할 것이다. 이후에 현재 서비스를 개선하거나 새로운 서비스를 만드는 프로세스에 대해 앞 장들에서 소개한 기본적인 내용을 바탕으로 단계별로 설명할 것이다.

서비스 전략 도출

서비스 전략은 기업이 시장에서 자사 서비스를 통해 확보하려는 위치position를 정의한다.[1] 따라서 서비스 전략은 고객에게는 가치를 제공하는 동시에 다른 경쟁사의 서비스와는 차별화되어야 한다. 기업은 서비스 전략을 통해 다음 질문의 답을 해야 한다.

- 주요 시장 세그먼트market segment의 니즈는 무엇인가? 해당 세그먼트 고객의 특징은 무엇인가? 기업에게 시장의 어떤 세그먼트가 가장 중요한가?
- 기업이 고객에게 어떤 독특한 가치의 서비스 요소를 제공하는가? 마케팅, 운영, 인사의 관점에서 서비스 디자인과 관련된 독특한 가치의 서비스 요소는 무엇인가? 시설 디자인, 장비, 규정 등 서비스 시스템의 기능과 관련된 독특한 가치의 서비스 요소는 무엇인가?
- 서비스 콘셉트를 지원하기 위해, 마케팅, 운영, 인사, 정보 시스템, 재무, 조직 구조와 관리와 관련하여 어떤 프로세스가 필요한가? 어떤 분야에 투자가 필요한가?

서비스 전략의 가장 중요한 요소는 서비스 콘셉트이다. **서비스 콘셉트**는 한 기업의 서비스와 그 서비스가 고객의 니즈를 만족시키는 방법을 설명한다. 따라서 서비스 콘셉트는 서비스의 차별화 요소는 물론, 서비스를 통해 고객이 하고자 하는 일을 완수하도록 어떻게 돕는지, 어떻게 그들이 원하는 결과물을 얻도록 돕는지를 강조한다. 다시 말해, 서비스 콘셉트에는 기업이 고객을 만족시키기 위해 어떠한 서비스를 제공하고, 어떻게 서비스 딜리버리 시스템을 구성하는지를 명시해야 한다. 그리고 서비스의 주요 특징과 딜리버리 과정, 고객 작업과 결과물의 연결고리가 분명해야 한다. 그림 8-1은 서비스 콘셉트를 작성하기 위한 구조를 보여준다.

서비스 전략은 고객, 기업, 경쟁사의 관점을 모두 반영해야 한다. 이 책의 전반에서 이야기한 것처럼 고객의 관점에서 고려해야 할 주요 사항은 다음과 같다.

- 고객이 서비스를 통해 완수하고자 하는 작업은 무엇인가? 연관 작업 중 고객이 해결하기 힘들어 하는 것은 어떤 것인가? 고객이 완수하고자 하는 감정 작업은 어떤 것이 있는가? 이러한 작업 중 기업이 고객에게 가치를 제공하기 위해 좋은 기회가 될 수 있는 것은 무엇인가?
- 고객의 핵심 작업 수행에서 산출되는 고객의 결과물 중 가장 좋은 기회가 될 수 있는 것은 무엇인가? 이미 만족한 것을 포함하여, 핵심 작업을 수행하기 위해 고객이 가장 중요하게 생각하는 결과물은 무엇인가? 또는 비교적 덜 중요하게 여겨지는 결과물은 무엇인가?
- 서비스를 이용하는 과정의 결과물 중 가장 좋은 기회가 될 수 있는 것은 무엇인가? 서비스를 이용하는 과정에서 이미 만족한 것을 포함하여, 고객에게 가장 중요한 결과물은 무엇인가? 또는 비교적 덜 중요하게 여겨지는 결과물은 무엇인가?

그림 8-1 서비스 콘셉트 워크시트 양식

콘셉트 명: 콘셉트를 잘 표현하고 기억에 남는 이름	
콘셉트 설명: 서비스가 고객에게 무엇을 제공하고 어떠한 가치와 독특함이 있는지에 대한 상위수준의 설명; 타깃 고객에 대한 설명	
콘셉트 특징: 고객에게 가치를 제공하는 주요 기능 또는 오퍼링	**기능의 타당성:** 고객의 결과물, 연관 작업 또는 감정 작업을 기반으로 타당성 평가
서비스를 독특하고 가치 있게 만드는 주요 디자인 관점	고객의 결과물, 연관 작업 또는 감정 작업을 기반으로 타당성 평가
직무, 기술, 프로시저와 같은 주요 서비스 시스템 특징	고객의 결과물, 연관 작업 또는 감정 작업을 기반으로 타당성 평가
콘셉트 비주얼: 주요 지원 프로세스와 시스템 파악을 포함한 콘셉트 렌더링 또는 초기 서비스 청사진preliminary service blueprinting	

세분화

모든 고객의 작업과 결과물에 대한 우선순위가 동일한 것은 아니므로 서로 다른 고객 세그먼트customer segments로부터 위 질문의 답을 얻는 것만으로도 기업에 큰 도움이 될 것이다. 시장 세분화market segmentation는 같은 서비스 전략으로 충족시킬 수 있는 비슷한 니즈를 가지고 있는 특정 고객군을 파악하는 것이다. 유망한 시장 세그먼트를 선택하여 기업은 역량을 최대로 발휘할 수 있도록 활용 자원을 집중할 수 있다. 기업은 서비스의 특징과 딜리버리의 옵션을 결정할 때 자사의 서비스 전략을 토대로 합리적인 판단을 내릴 수 있다. Michael Porter 교수는 "일반적으로 필요치보다 너무 과하거나 부족하게 구성되어 있는 활동은 서비스 본연의 가치가 파괴될 수 있다"고 주장했다.[2]

좋은 기회를 제공하는 특정 고객 세그먼트의 작업과 결과물을 바탕으로 도출된 서비스 전략은 고객은 물론 기업에게 보다 나은 가치를 제공한다. 고객이 중요하게 여기지만 아직 만족하지 못한 작업 또는 결과물을 토대로 고객군을 세분화한다면, 이 과정은 보다 명확하고 분명한 기회를 창출할 수 있다.[3] 그리고 이것이 서비스 전략을 수립하는 최적의 방법이다. 그럼 이제 기업은 하나 이상의 세그먼트를 대상으로 차별화된 서비스를 제공할 수 있다. 만약 세그먼트가 (1) 기업의 전략, 역량, 자원, 고객 접근성을 기반으로 혁신 기회를 제공하고, (2) 만족스러운 재무 성과를 만들어낸다면 더 매력적이라고 할 수 있다.

TD Bank*는 고객의 일일 자금 관리를 돕기 위한 혁신 기회를 찾는 도중에도 전체 시장의 고객 결과물의 우선순위에 대해 끊임없이 고민했다. TD Bank는 그들이 발견한 82개의 고객 결과물 중 이를 종합적으로 포괄할 수 있는 11개의 결과물을 도출했다. 이 11개의 결과물을 군집분석cluster analysis에 투입하여 특정한 서비스 전략을 필요로 하는 4개의 세그먼트를 확보했다. 이 세그먼트들은 자금 관리에 적극적인 수준과 자금 관리를 하는 이유에 따라 구분할 수 있었다(어떤 사람은 성공을 위해 자금을 관리했고, 또 다른 사람은 자금 관리를 대수롭지 않게 생각했다). 이후, TD Bank는 세그먼트의 매력도를 평가하여 자사의 역

* 미국 통화감독국 산하 국립은행. 일반 은행 업무, 보험, 투자, 중개 업무 등 담당

량과 목표에 가장 잘 부합하는 주력 세그먼트의 전략과 서비스 콘셉트 도출에 노력을 집중했다.

기업과 서비스 제공자를 위한 가치 창출

서비스 전략은 고객과 기업 또는 서비스 제공자 모두에게 가치를 제공한다. 저명한 서비스 전문가 Len Berry는 "서비스 전략을 수립하는 일은 고객의 니즈와 기업이 가장 잘하는 것을 연결시키는 것"이라고 했다.[4] 기업의 가치 창출은 수익성 있는 일정한 품질의 서비스를 지속적으로 제공하는 역량에 달려있다. 많은 혁신 서비스는 서비스가 제공되는 과정 중 가장 중요한 시점에 고객이 서비스를 제대로 이용할 수 있도록 노력함으로써, 고객에게 보다 나은 가치를 제공하고 경쟁 제품 이하로 원가를 유지할 수 있다.[5] 서비스 제공자 관점에서 서비스 전략은 서비스 딜리버리에 집중하는 것은 물론, 제공자의 작업 만족도 또한 고려해야 한다. 그렇다면 서비스 콘셉트는 직원의 급여, 승격, 고용 보장, 책임의 범위 등에 어떻게 영향을 미치는가? 잠재 서비스 파트너에게도 이와 같은 고려사항을 적용할 수 있다.

경쟁

마지막으로 서비스 전략은 경쟁 제품competitive offerings의 장점과 단점을 반드시 고려해야 한다. 전략이란 기업이 다른 경쟁 제품에 비해 잘할 수 있는 것뿐만 아니라, 잘할 수 없는 것도 선택하는 것이다. 예를 들어, Commerce Bank*는 금리나 폭넓은 상품 구성에 강점을 보이는 경

* 미국의 상업은행

쟁사들과 달리, 영업시간의 연장, 친절한 직원들과 매력적인 지점 환경 조성을 통해 고객에게 가치를 제공했다.[6] 기업이 이런 선택을 할 때 가장 좋은 근거는 고객 니즈의 우선순위다. 또한 기업은 경쟁사가 선택하지 않은 좋은 기회의 고객 니즈를 찾고, 타깃 고객을 선정할 수 있다. 이런 독특한 포지션은 특정 고객 세그먼트와 관련된 기회로부터 발굴될 가능성이 높다.

혁신적 서비스 콘셉트 정의

고객 작업과 결과물로부터 기회를 발견했다면, 고객이 만족하지 못한 니즈를 채워줄 수 있는 새로운 서비스와 서비스 특징을 생각해야 한다. 계획 없이 진행되는 브레인스토밍보다는 단시간 집중을 통한 아이디어 도출이 필요하다. 계획 없이 진행한 브레인스토밍을 통해 도출된 수백 개의 쓸모 없는 콘셉트 보다는 혁신을 위한 좋은 기회의 고객 작업과 결과물에 집중하고 충분한 고민을 통해 만들어진 아이디어, 서비스 특징, 서비스 딜리버리 개선점(기존 서비스를 개선할 때), 대체 서비스 콘셉트(새로운 서비스를 만들 때)가 유용할 것이다. 다음의 내용은 성공적인 콘셉트 브레인스토밍을 위한 네 가지 원칙이다.

첫째, 특정 작업과 결과물의 혁신 기회에 창조적인 에너지를 쏟아 부어야 한다. 창조 기법creativity techniques들은 아주 다양하고 앞으로 추천하는 어떤 것들과도 상호 보완이 가능하다. 하지만 아이디어 도출을 위한 가장 좋은 투입 요소는 잘 정의된 작업 관련 진술이나 결과물 관련 진술이다. 아이디어 도출 담당팀은 지속적으로 혁신의 가능성이 높은 고객 작업과 결과물에 집중하고 있는지를 확인해야 한다. 서비스에 대한 고객의 니즈는 먼저 확실히 파악하고, 그 니즈와 관련된 작업과 결과물에 근거해 새로운 서비스 아이디어를 검증한다. 이러한 전략적 집중은 매우 가치 있는 작업이다. 왜냐하면 기회가 많은 특정 결과물에 집중하면 진행과정 중 추측의 과정을 거치지 않아도 되기 때문이다. Kroll의 CEO이자 Kroll Ontrack의 전 회장인 Ben Allen은 "만약 당신이 지금 해결해야 하는 결과물이 무엇인지 알고 있다면 당신은 이미 전략적 혁신을 진행 중이다. 당신은 고객이 신경 쓰지 않고 이미 완전히 만족하고 있는 결과물을 혁신하기 위해 시간과 돈을 쓰지 않는다."라고 말했다.[7]

본격적인 아이디어 도출 전, 기업은 기존의 서비스를 개선할지 혹은 새로운 서비스를 만들지를 먼저 결정해야 한다. 만약 집중하고자 하는 분야가 고객이 추가적으로 완수하기 원하는 작업이라면(2장), 어떤 연관 작업은 기존 서비스에 추가적인 기능이나 오퍼링의 개선을 필요로 하겠지만, 새로운 서비스를 도출하는 것이 좋다. 집중하는 부분이 현재 고객이 핵심 작업을 수행할 때 겪는 어려움(3장) 혹은 서비스를 이용하는 과정에서의 어려움(4장)이라면 기존 서비스를 개선하거나 새로운 서비스를 만들어도 된다. 하지만 가능하다면 새로운 것을 만드는 것보다 기존의 서비스를 다시 구성하는 것을 추천한다. 새로운 서비스는 위험도가 높고 상대적으로 높은 투자를 요구한다. 그러나 이 결정은 기존 서비스의 개선 가능성에 달려있다. 이 과정에서 다음의 질문이 필요하다. 기존 서비스에 기능을 추가하거나 서비스 딜리버리 방식을 바꿈으로써 어떤 결과물, 연관 작업 그리고 감정 작업이 개선될 수 있는가? 어떤 고객 작업과 결과물이 새로운 서비스 혹은 서비스 모델을 요구하는가?

혁신적 서비스 콘셉트 아이디어를 도출하기 전에 고객, 제공자, 기업에게 모두 좋은 기회가 될 수 있는 대상 작업과 결과물을 선택해야 한다. 예를 들어, 재무 상담사와 고객은 모두 고객의 목표를 정확히 파악하고, 고객 정보 수집에 소요되는 시간을 단축하고자 하는 결과물을 원할 수 있다. 이런 경우, 한 그룹의 니즈를 해결함으로써 다른 그룹의 니즈도 충족시킬 수 있다. 이것이 서비스 혁신의 유익함이다. 하지만 서로 다른 이해관계자 사이의 니즈가 충돌하는 경우도 있다. 예를 들어, 환자는 의사가 자신의 모든 질문에 대해 성실히 답변해주기 원하는 반면, 의사는 환자 문진 시간을 최소화하고자 한다. 서비스 프로세스를 대면 상호작용face-to-face interaction이라는 좁은 의미로 보면, 이것은 단순히 상반된 니즈의 충돌로 보인다. 하지만 실제로는 환자와 의사의 결과물 모두를 충족할 수 있는 창의적 문제 해결법이 존재할 수 있다. 새로운 서비스와 개선 서비스 아이디어를 도출하거나 평가할 때 이러한 점을 고려한다면, 혁신적인 서비스를 만들어 낼 수 있을 것이다.

둘째, 혁신을 위한 좋은 기회의 고객 작업과 결과물을 만족시키는 데 있어 중요한 문제가 발생하는 부분을 파악하라. 최고의 아이디어 도출을 위해서는 무엇 때문에 특정 작업과 결과물이 혁신을 위한 좋은 기회가 되는지 이해해야 한다. 또한 서비스가 가지고 있는 문제점이 객관적objective인지 혹은 지각적perceptual인지 고려해야 한다. 특히 서비스 제공 시에 백스테이지backstage에서 일어나는 활동의 평가를 포함해 고객은 서비스의 품질을 평가하는 데 어려움을 느끼기 때문에, 서비스의 품질이 객관적으로 훌륭해도 고객에게 형편없이 인식될 수 있다. 예를 들어, 환자는 의사가 최적의 치료 계획을 추천하길 바라는 결과물에 만족하지 않을 수 있다. 실제로 그 치료 계획이 최적의 계획이었다면, 여기서의 문제는 치료 계획에 있지 않다. 환자는 단순히 의사가 그 치료계획을 세우기 위해 얼마나 많은 연구를 하고 노력을 기울였는지 알아차리지 못한 것이다. 이를 위한 최고의 해결 방법은 고객에게 서비스 품질의 근거evidence를 제공하고, 서비스의 유형적 근거tangible clue가 고객에게 올바르게 인식되고 있는지를 확인하는 것이다.

고객이 서비스 품질을 인지했음에도 해결되지 않는 문제라면, 기업은 반드시 문제의 근본 원인을 파악해야 한다. 고객의 핵심 작업과 연관 작업의 혁신 기회라면 상황context을 먼저 파악해야 한다. 그렇다면 고객이 하고자 하는 일을 수행할 때의 상황(언제, 어디서, 어떻게, 누구에 의해 작업을 수행하는지)이 고객의 어려움을 해결하는 데 어떻게 기여할 수 있는가? 이에 대한 해결 방안을 찾기 위해서는 현재 솔루션의 한계에 대해서도 고려해야 한다. 무엇이 현재 솔루션이 고객의 니즈를 만족시키는 것을 방해하는가?

기존 서비스가 주요 솔루션primary solution이라면, 이 질문은 "현재 고객의 니즈를 만족시키지 못하는 가장 근본적인 이유는 무엇인가?"라고 정정해야 한다. 고객 니즈에 따라서는 서비스 딜리버리를 위한 공통 작업지도(그림 6-1)를 활용하면 어떤 단계가 현재 혁신 기회에 가장 큰 기여를 하고 있는지 파악할 수 있다.

서비스 실패의 주요 원인을 파악하기 위해, 그림 8-2는 서비스가 고객 니즈를 충분히 만족시켜 주지 못하는 잠재적인 원인을 구별하는 피시본 형태의 인과관계fishbone cause-and-effect 다이어그램을 보여준다. 특정한 작업이나 결과물의 혁신 기회를 염두에 두고, 내부사정을 잘 아는 조직team은 다이어그램의 각 영역에서 혁신 기회를 제공하는 원인을 나열해 보고, 그림 8-2에 미리 정의해 놓은 '뼈대bone'로 넓은 범위의 다양한 원인을 고려했는지 확인한다. 다양한 원인을 고려해야 하는 이유는 작업을 완수하거나 만족스러운 결과물을 얻는 것을 방해하는 요소 중 통제 가능한 원인을 추출하기 위해서이다. 바로 그 원인이 서비스 혁신으로 가장 큰 혜택을 볼 수 있는 영역이 된다.

그림 8-2 서비스 피시본 다이어그램Fishbone Diagram

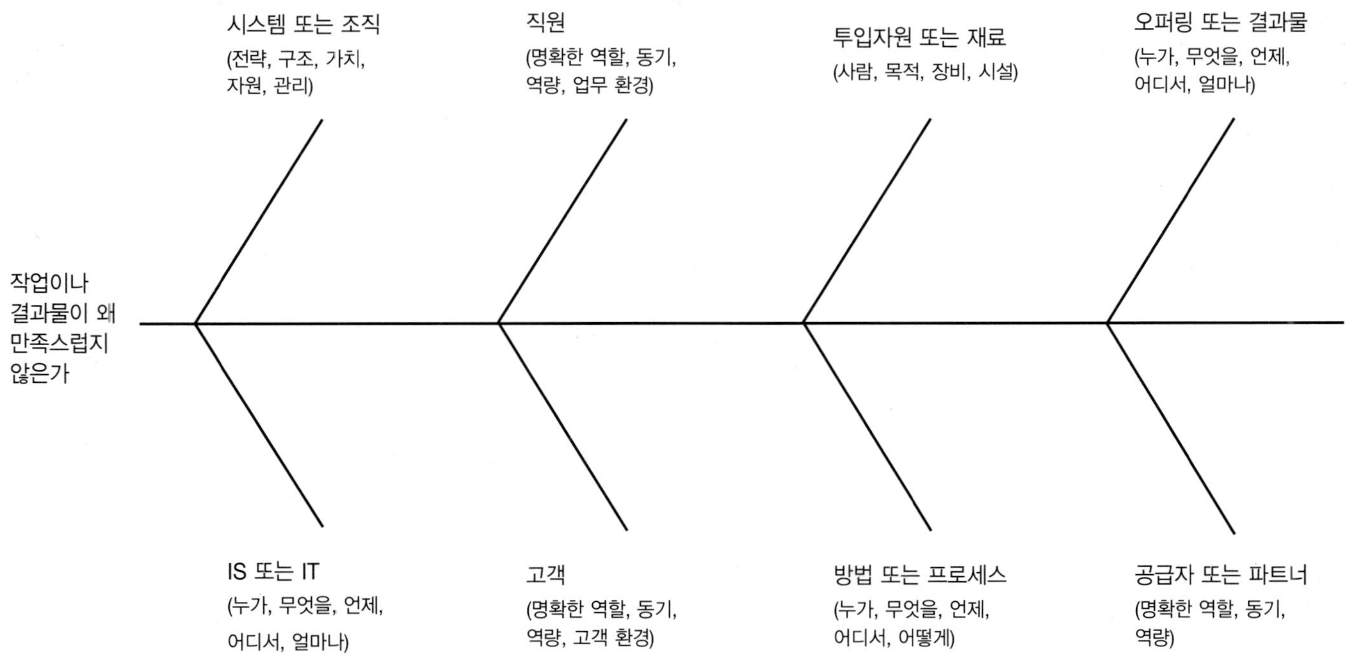

셋째, 고객 니즈를 충족시킬 수 있는 다양하고 새로운 아이디어를 체계적으로 고려해야 한다. 고객의 작업과 결과물을 만족시킬 수 있는 다양한 방법이 존재한다. 그러므로 처음 도출된 아이디어가 반드시 가장 좋은 것은 아니다. 사실 최고의 아이디어는 여러 니즈를 반영한 다양한 아이디어를 결합할 때 나온다. 따라서 아이디어 발굴은 다양한 관점에서 도출되어야 한다. 그 중 한 가지 방법은 아이디어 발굴 담당팀을 다양한 배경의 사람들로 구성하는 것이다. 팀원은 항상 새로운 방법을 찾으려 하고, 전통적이고 고리타분한 관례에 맞설 수 있는 사람이어야 한다. 또한 고객, 작업이 수행되는 상황, 현재의 서비스 솔루션을 잘 알고 있는 팀원을 포함해야 한다. 고객이 참여하는 비중이 높은 작업일수록, 그들의 관점을 서비스 콘셉트에 반영하는 것은 더욱 중요해진다.

가능한 솔루션 옵션이 만들어지면, 팀은 마케팅, 운영, 인사, IT Information Technology의 관점을 반영해야 한다. 이 외에도 각 서비스별로 고려해야 하는 다른 문제와 기술이 있다. 다양한 인원으로 구성된 팀은 폭넓고 다양한 시각을 가지고 아이디어를 도출한다. 프로세스 측면에서 개별 작업과 그룹 작업의 조합은 종종 최고의 결과를 만들어 내는데, 개별 작업을 통해 개인이 1차적으로 새로운 서비스 콘셉트를 도출하고, 그룹 작업을 통해 콘셉트를 토론하고 통합하여 정제한다.

아이디어 도출 작업은 다양한 대안alternatives을 고려하는 방향으로 진행해야 한다. 앞서 말한 것과 같이, 이 아이디어 도출 작업의 목적은 하나가 아닌 여러 가지 아이디어를 도출하는 것이므로 참여자들은 좋은 기회를 제공하는 작업과 결과물을 만족시킬 수 있는 수많은 서비스 디자인 방법을 이끌어 내야 한다. 따라서 대안을 도출하기 위해 7장에서 이야기한 서비스 디자인 차원에서의 접근이 필요하다. 의사의 추천 치료 계획에 필요한 활동을 잊지 않고자 하는 환자의 결과물을 만족시키기 위한 아이디어 도출과정을 생각해보자. 7장의 서비스 디자인 관점을 토대로 도출될 수 있는 아이디어는 의사가 환자에게 표준화된 활동리스트를 제공(표준화 혹은 맞춤화)하고, 24시간 진료 지원 서비스(제한적 혹은 개방적 접근)를 운영하며, 모바일 혹은 이메일을 통한 일정이나 활동 알림 서비스(유인 혹은 무인 서비스 딜리버리)를 실시하고, 고객 교육 세미나를 개최(개별 혹은 일괄 프로세스)하거나, 환자에게 진단에 따른 치료 계획을 설명할 수 있는 임상간호사를 고용(업무의 분리 혹은 결합, 전문화 혹은 일반화)하고, 특정 질병의 환자 니즈를 지원하는 개인 맞춤 치료 지원 서비스personalized treatment assistance를 제공하는 기업과 협력(내부 혹은 아웃소싱, 표준화 혹은 맞춤화, 동일 서비스 혹은 차별 서비스, 업무의 분리 혹은 결합 오퍼링, 유인 혹은 무인 서비스 딜리버리 등)하는 아이디어들을 포함할 수 있다.

특히, 다음의 질문은 다양한 혁신 아이디어를 도출하는 데 도움이 될 수 있다.

- 다른 산업에서는 비슷한 고객군이나 서비스 딜리버리 과정 중에 발생하는 어려움을 어떻게 해결하는가? 공통 작업지도의 장점 중 하나는 비서비스업nonservice industries을 포함한 다양한 산업에도 적용할 수 있다는 것이다. 예를 들어, Nike+iPod 스포츠 키트는 운동 데이터를 Nikeplus.com과 연동해 기존 설정한 목표 대비 달성률을 확인할 수 있다. 만약 은행이 이와 동일한 개념을 적용하여 그들의 지출을 기존 목표 대비로 확인할 수 있다면 어떨까?
- 고객이 좋은 혁신 기회의 작업 또는 결과물을 만족시키기 위해 만들어 낸 솔루션이나 해결책은 무엇인가? 예를 들어, 어떤 고객은 정부가 급여에서 필요 이상의 원천징수를 함으로써 더 많은 저축을 한

다. 은행은 자동 저축 플랜을 통해 일정 수준의 금액을 자동으로 인출해 다른 계좌로 이체하는 서비스를 제공할 수 있다.

➤ 고객 작업의 완벽한 수행이나 결과물 성취를 위한 말도 안되는 아이디어는 어떤 것이 있는가? 예를 들어, 다이어트를 하는 사람이 일일 식단을 위해 영양 전문가를 고용하는 것은 터무니없는 일이다. 하지만 그들에게 언제든지 주요 영양 정보를 제공할 수 있는 모바일 애플리케이션은 실현가능한 대안이 될 수 있다.

넷째, 서비스 전략과 서비스 딜리버리를 기반으로 상세 콘셉트를 도출하라. 새로운 서비스 콘셉트를 도출하기 위한 두 가지 단계가 있다. 첫 번째는 새로운 서비스의 일반적인 설명과 함께 경쟁 서비스 대비 어떻게 고객에게 가치를 제공하는지를 설명하는 상위 수준의 콘셉트를 만드는 단계이다. 각각의 상위 수준의 서비스 콘셉트는 서비스 전략을 도출하기 위한 다양한 고려사항을 반영하고, 아래와 같은 몇 가지 질문을 통해 평가하고 정제해야 한다.

➤ 현재의 서비스 콘셉트는 고객의 니즈를 독특하고 가치 있는 방법으로 만족시킬 수 있는가? 서비스 콘셉트는 고객 세그먼트에게 가격 대비 의미 있는 가치를 제공할 수 있는가?
➤ 서비스 콘셉트는 수익과 비용, 다양한 구성원(고객, 기업, 제공자, 파트너 등) 간 적절한 트레이드오프를 만들어 내고 있는가? 서비스 제공자는 서비스 콘셉트를 어떻게 평가하는가?
➤ 서비스 콘셉트의 특징과 디자인 요소가 내부적으로 일관되는가? 이들 간에 시너지가 있는가? 품질과 비용의 관리 방법은 명확한가?
➤ 기업은 서비스 콘셉트에 맞춰 서비스를 개발하고 제공할 수 있는

가? 어떠한 새로운 역량과 자원이 필요한가? 서비스를 개발하는 데 소요되는 시간과 비용 대비 창출되는 가치가 적합한가?

서비스 콘셉트가 확정되면 실제 서비스 개발을 위한 세부 내용이 추가되어야 한다. 이렇게 구체화한 콘셉트는 성공적인 서비스 딜리버리(새로운 서비스 또는 기존 서비스)를 위해 필요한 것이 무엇인지 알려줄 것이다. 특히, 새로운 서비스의 경우 전체 작업을 고객과 서비스 제공자 관점에서 생각해보는 것이 중요하다. 성공적인 작업 완수를 위해 각 단계에서 반드시 필요한 것은 무엇인가? 새로운 서비스나 개선 서비스가 어떻게 제공되어야 하는지 구체화하기 위해서는 서비스 청사진을 그려보아야 한다. 청사진은 특히 서비스 개발의 디자인 단계에서 유용하다. 서비스 청사진은 서비스의 딜리버리 과정, 고객과 소통의 접점, 고객과 서비스 제공자의 역할과 서비스의 시각적 요소들visible elements을 동시에 시각적으로 표현할 수 있기 때문이다.[8] 서비스 청사진은 기업이 다음의 사항을 명확하게 정의하여 서비스를 개발하도록 지원한다.[9]

- 특정 고객 세그먼트를 위한 서비스 활동 순서
- 고객의 물리적인 존재 유무에 따라 필요한 것
- 서비스 제공자들 사이에 발생하는 책임전가handoffs
- 서비스 딜리버리의 잠재적 실패 포인트
- 물리적 근거physical evidence와 지원 등

그림 8-3은 4장에서 나온 서비스 이용을 위한 공통 작업지도와 6장의 서비스 딜리버리를 위한 공통 작업지도를 결합한 것이다. 서비스 딜리버리를 위한 공통 작업지도는 특정 서비스의 청사진을 그리기 위해

그림 8-3 서비스 딜리버리 공통 작업지도

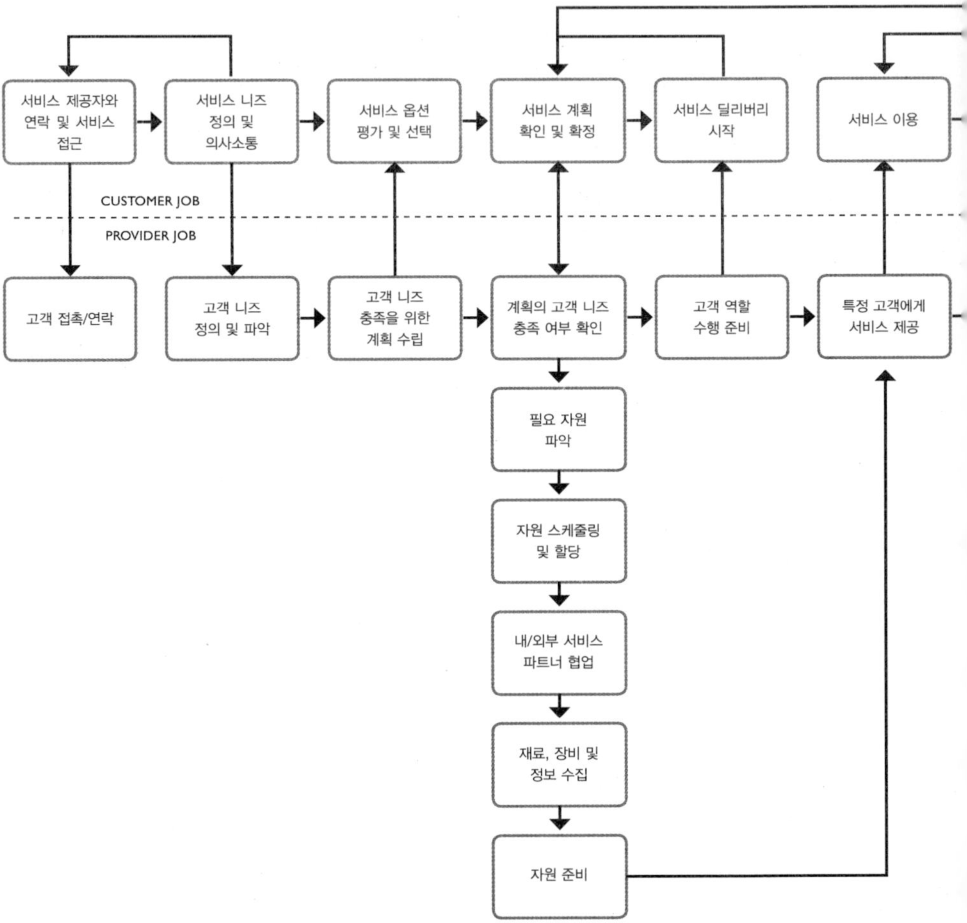

사용될 수 있다(6장 결론 부분의 질문 리스트 참고).

서비스의 성공을 보장하기 위해 세부적인 콘셉트 디자인을 통해 실제 서비스 딜리버리에 필요한 요소를 예측해야 한다. 서비스 딜리버리에 가장 중요한 것은 다음과 같다.

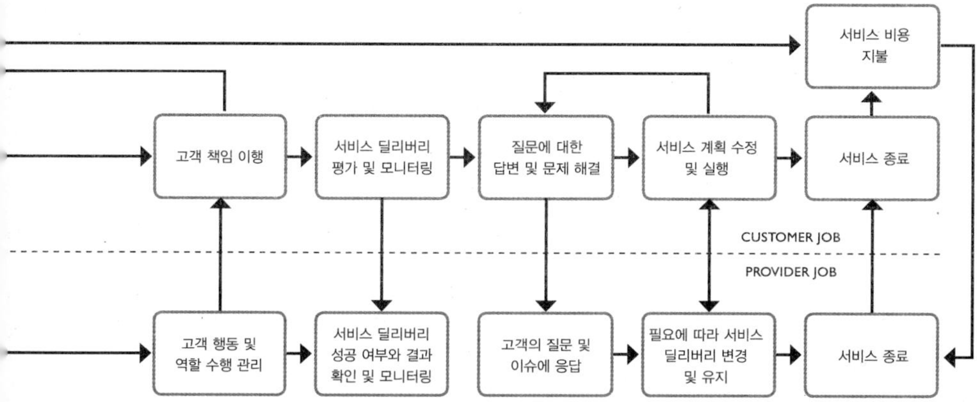

- 설비 디자인
- 기술 (재료, 기법, 정보 관리 시스템)
- 장비
- 프로세스, 정책, 통제 사항 (서비스 표준 포함)
- 직원 관리 시스템 (직무 디자인, 선택, 교육, 평가, 피드백과 관리, 보상제도)
- 고객 관리 시스템 (직무 디자인, 선택, 교육, 평가, 피드백과 관리, 보상제도)
- 시비스 파드너와 공급업체 (직무 디사인, 선택, 교육, 평가, 피드백과 관리, 보상제도)
- 산출물deliverables, 공급자재supplies, 유형의 근거tangible evidence[10]

각 영역별로 기업은 다음의 질문에 답할 수 있어야 한다. 서비스 딜리버리를 위해 필요한 새로운 역량과 자원은 무엇인가? 서비스 딜리버리를 위해 개발하거나 수정해야 하는 것은 무엇인가? 어떤 활동이 필요한가? 기업은 특히 제공자, 고객 그리고 서비스 파트너가 그들의 역할을 명확히 인지하고 있는지, 이를 수행할 충분한 동기를 가지고 있는지를 고려해야 한다. 그 이후, 각 영역의 활동을 스케줄링하고 개발을 진행하기 위해 특정 개인이나 그룹에게 할당한다.

기존 서비스 개선

기존 서비스를 개선하는 것이 목적인 경우, 투입 재료input는 고객의 핵심 작업의 결과물 또는 서비스 이용을 위한 소비사슬 작업의 결과물이다. 단순하지만 가장 선호하는 접근법은 좋은 혁신 기회의 결과물을 위한 서비스 개선 아이디어(전체 샘플 또는 각 세그먼트별)를 한번에 하나씩 도출하는 것이다. 물론 고객과 제공자 관점에서 중복되는 기회가 있다면 이를 함께 다루는 것이 좋다. 특히 이런 방법은 한 관점의 결과물을 만족시키는 과정이 다른 관점을 희생시킬 때 적합하다. 또한 밀접하게 연관된 고객의 결과물은 공통 해결방안 도출이 필수적이거나 가능하다면 함께 다루는 것이 좋다. 만약 다양한 서비스 딜리버리 방법(e.g., 셀프서비스, 개인맞춤 서비스 등)이나 서비스 상품(e.g., 신용카드, 예금계좌)이 존재하거나, 다른 세그먼트 또는 상황이 각각 별개의 서비스 프로세스를 요구한다면 각 분야별로 아이디어를 분리하여 생각해봐야 한다.

기술지원 서비스를 개선하고자 하는 의료기기 제조업자를 예로 들어보자. 아이디어 도출에 앞서 우리는 제품 지원을 위한 작업지도를 만들고, 250명이 넘는 고객지원 임상 간호사를 대상으로 설문조사를 실시해 고객의 결과물을 우선순위화했다. 이 과정을 통해 10개의 그룹으로 구분되는 15개의 결과물을 도출했다. 이 결과물은 그림 5-1 작업지도의 지원 서비스 요청(e.g., 고객이 문제를 해결하기 위해 기업에게 요청하는 빈도 최소화), 답변 수신(e.g., 기술지원을 위해 서비스 직원이 방문하는데 걸리는 시간 최소화), 문제점 설명(e.g., 고객이 문제를 해결하기 위해 기업에게 동일한 정보를 반복해서 제공해야 하는 빈도 최소화) 등의 단계를 포함했다.

결과물 관련 기회를 파악한 이후, 영업, 마케팅, 현장 서비스 그리고 지원부서를 대표하는 인력들이 협업하여 기존 서비스가 결과물을 만족시키지 못하는 주요 원인을 찾아냈다. 그리고 서비스 딜리버리를 위한 공통 작업지도(그림 6-1)에서 어떤 단계가 특정 결과물 기회에 가장 크게 기여하는지를 파악했으며, 업무범위를 유지하기 위해 주어진 결과물을 위한 최소한의 단계에 집중하기로 결정했다. 예를 들어, 지원 응답 시간은 (1) 자원 스케줄링 혹은 할당, (2) 사내 파트너와 조율하는 과정에서의 문제점으로 인해 지연된다는 것을 파악했다. 각 결과물 기회에 대해서 기업은 그림 8-2의 피시본 다이어그램을 통해 비효율적인 서비스의 주된 원인에 대해 토론했다.[11] 앞서 언급했듯, 그들은 서비스 딜리버리를 위한 핵심 단계에 관련된 원인과 결과물 그 자체와 관련된 원인을 분리해서 분석했고, 이를 위해 7장(그림 7-1, 그림 7-2)의 서비스 디자인 관점을 활용했다.

이 프로세스를 통해 많은 영역에서 문제점이 발견됐다. 대표적으로 기술 지원이 예약된 이후, **서비스 직원이 방문하는 데까지 걸리는 시간 최소화** 결과물에서는 다음과 같은 문제점을 파악했다.

- 정확하지 않은 직원 수준 진단으로 현장 서비스 직원 파견 순위 선정 오류
- 기술지원 인력의 현장 서비스 상황 파악 미흡

- 현장 서비스와 기술지원 간 정보 공유 미흡

또한, 기업에 의해 통제가 가능하고 해결 가능성이 있는 가장 영향력이 큰 2개에서 5개의 문제점에 집중하여 아이디어를 냈다.

그런 다음, 주어진 결과물로부터 파악된 가장 큰 문제점을 해결하기 위한 서비스 개선 아이디어 도출에 집중하기 시작했다. 각 문제 해결 방안으로 서비스의 기능과 프로세스의 개선사항을 도출했다. 아이디어 도출을 위해서는 그림 7-1의 디자인 관점과 이전에 수행한 우수사례best practices를 고려했다. 그 다음, 중복된 아이디어를 제거하고, 서로 다른 문제 해결을 위해 도출된 아이디어를 결합했다. 예를 들어, 향상된 정보 관리 시스템을 통해 처리할 수 있는 데이터 수집과 가용성 개선에 관련된 다양한 서비스 개선 아이디어가 도출되었다. 긴급 기술지원이 필요한 상황 판단, 현장 서비스 직원의 가용성 파악, 현장 서비스 직원 파견과 최신 현장 서비스 상황 업데이트 등 정보 기술을 활용한 아이디어가 포함됐다.

위의 예시에서 아이디어를 결합하는 것은 의미 있지만, 모든 아이디어를 하나의 그룹으로 결합하고자 하는 것은 좋지 않다. 아이디어의 결합으로 인해 평가에서 더 좋은 결과를 얻지 않는 이상 아이디어는 결합하지 않는 것이 좋고, 각 상황별로도 다뤄져야 한다. 대부분의 경우, 개별 개선기능은 다른 아이디어와는 연관되지 않으므로 분리해야 한다. 아이디어가 각기 다른 시간대time horizon에 구현되어야 한다면 특히 분리하는 것이 맞다.[12]

도출된 아이디어는 '비용 효과', '구현 소요 시간', '역량, 전략과의 연계성을 고려한 위험도'를 고려하여 우선순위화했다. 그리고 시설, 기술, 장비, 프로세스, 직원 관리, 고객 관리, 파트너 또는 공급자를 고려하여 상세한 디자인을 만들었다. 예를 들어, 원격 장비 모니터링을 위한 아이디어는 다음과 같은 상세 디자인을 포함했다.

- **시설**facilities. 고객과 제공자의 연결을 위한 고객 사이트 필요
- **장비**equipment. 장비 연결을 위한 서버, 하드웨어, 소프트웨어, 네트워크 필요
- **프로시저**procedures. 수신 정보를 활용하기 위한 기술 지원 프로세스 필요
- **공급자**suppliers. 장비 공급자에게 요구 사항 로드맵 제시 필요
- **산출물**deliverables. 시설 관리자와 기술 지원팀에 인사이트를 제공하기 위한 데이터 양식 필요

새로운 서비스 도출

새로운 서비스를 만들거나 기존 서비스를 처음부터 다시 디자인하는 것이 목적이라면, 고객이 완수하고자 하는 작업, 핵심 작업의 결과물, 서비스 이용을 통해(혹은 서비스 제공을 통해) 도출된 결과물을 가지고 새로운 서비스를 만들거나 다시 디자인해야 한다. 고객 작업의 기회를 활용해 혁신하고자 할 때, 기업은 어떠한 작업을 혁신할 것인지 먼저 결정해야 한다. 1장에서 설명한 바와 같이, 이 결정은 제품 포트폴리오의 우선순위를 결정할 때와 같은 기준으로 작업의 우선순위를 정하는 방식에 달려있다. 잠재 수익, 기회 수준, 전략과의 연계성, 리더십 지위에 오르거나 유지할 역량, 사회적 · 금전적 리스크 등을 기반으로 하여 서비스 혁신을 위한 고객 작업의 우선순위가 정해진다. 작업 기회를 위한 새로운 서비스를 도출하기 전에, 기업은 3장에서 소개한 공통 작업지도를 활용하여 작업의 결과물을 찾아내야 한다. 그러나, 때때로 고

객 작업의 기회를 위한 적합한 솔루션이나 서비스를 찾기 힘들 수도 있다. 이러한 경우에는 추천하지 않지만 상세한 고객 작업의 결과물 없이도 새롭고 가치 있는 서비스를 도출할 수 있다. 하지만 핵심 작업의 공통 작업지도는(그림 3-1) 새로운 서비스 도출을 위한 가이드이며, 단지 보편적으로 활용되는 작업지도임을 명심해야 한다.

좋은 혁신 기회의 작업, 핵심 작업의 결과물 기회, 서비스 이용의 결과물 기회 등 무엇을 활용해 혁신하든지, 새로운 서비스 도출을 위해 확인해야 할 중요한 질문은 다음과 같다. 어느 단계에서 고객이 가장 큰 어려움을 겪는가? 만약 결과물의 기회가 고객 세그먼트별로 상이하다면, 기업은 가장 우선순위가 높은 15개에서 20개의 결과물 기회와 기업에게 가장 매력적인 고객 세그먼트의 감정 작업 기회를 고려한다. 이러한 기회를 기준으로 명확한 가치가 있는 테마value theme를 선정하여 새로운 서비스의 목적을 설정하는 데 활용할 수 있다. 예를 들어, 기업은 임산부 자신과 태아가 최상의 영양 상태를 유지하길 원하고, 영양섭취에 대한 신체 반응을 알고 싶으며, 이동 중에도 영양가 있는 음식을 섭취하기 원하는 임산부 세그먼트를 찾을 수 있다. 이러한 테마는 임신 기간에 올바른 영양 상태를 유지하기 원하는 핵심 작업 단계에 존재하는 2개 이상의 결과물 기회로부터 나온다. 그들의 감정 작업과 관련해서, 이 여성들은 **자신 있고**feel in control, **안심하며**feel reassured, **스트레스 받지 않기**avoid feeling stressed를 원한다.

기업이 새로운 서비스 콘셉트를 위한 아이디어 도출을 구조화할 때 사용할 수 있는 두 가지 상호 보완적 접근법이 있다. 첫째, 핵심 작업의 가장 중요한 단계를 발견하여 새로운 서비스 콘셉트 도출 과정에 사용하는 것이다. 둘째, 서비스 딜리버리를 위한 작업지도에서 가장 중요한 단계를 선정하여 새로운 서비스 콘셉트 도출에 활용하는 것이다.[13] 이 두가지 단계는 고객의 작업 기회에 있어 큰 영향을 주는 가장 중요한 단계이며, 경쟁력 있는 서비스 차별화를 위한 최고의 잠재력을 가지고 있다.[14]

태아의 영양 상태를 걱정하는 임산부의 사례를 다시 살펴보면, 결과물 기회와 관련된 핵심 작업의 중요한 단계가 있다. 이 단계에는 식단 계획, 특정 음식 · 음료 선택, 음식 섭취, 태아를 위한 최상의 환경 제공, 개인의 식단 조절 등이 포함되어 있다. 서비스를 제공하는 작업의 관점에서 봤을 때, 고객 니즈의 정의와 평가, 고객 니즈를 만족시키기 위한 계획 수립, 고객의 역할 수행을 위한 준비, 서비스 제공, 성공적인 서비스 딜리버리 확인 및 모니터링과 같은 중요 단계가 있다.

두 접근법의 각기 다른 중요한 단계를 위해, 기업은 고객과 기업의 니즈를 만족시킬 수 있는 새로운 서비스 디자인 목적을 구체적으로 수립해야 한다. 목적은 서비스 관점에서 수립하지만, 고객 니즈가 중요한 역할을 한다. 결과물과 감정 작업의 기회뿐 아니라, 의도하지 않은 트레이드오프undesired tradeoff를 방지하기 위해서는 중요하고 제대로 만족된 고객의 결과물도 고려해야 한다. 또한, 고객이 현재 솔루션과 함께 경험하는 서비스 포지셔닝과 주요 문제점에 대해서도 생각해봐야 한다. 앞서 이야기한 태아 영양 관련 사례에서 그들이 하고자 하는 일의 목적은 다음과 같을 것이다.

- **무엇을 먹을지 계획.** 임산부가 최적의 계획을 수립할 수 있도록 그들의 구체적인 영양 니즈, 식이요법, 라이프스타일 그리고 건강에 있어서의 우선순위를 이해
- **구체적인 음식 · 음료의 선택.** 예상 못한 부작용 없이 현명하고 확실한 음식 선택을 통한 식단 계획 수립 지원

- **음식 섭취.** 원하는 시간에 원하는 장소에서 건강한 식사를 할 수 있도록 영양 식단 제공
- **태아에게 최상의 환경 제공.** 여성에게 그들이 매일 활동할 수 있을 만큼의 영양소가 제공되며, 그들의 아이가 건강히 태어날 수 있도록 최선을 다하고 있음을 확인 시켜줌
- **식단의 평가 및 변경.** 임산부가 최상의 식단을 제공받고 있다는 확신이 들 수 있도록 식단 평가 반복 및 수정

이러한 목적을 기반으로 이제는 기업 내부 직원이 팀을 형성해 창의성을 발휘할 때이다. 이 상황에서의 목적은 새로운 서비스를 개발하는 것이므로 기존의 서비스 프로세스가 어떻게 진행되는지를 파악하는 것보다 고객, 기업의 전략, 시장 상황 등을 이해하는 것이 더 중요하다. 파악된 각각의 중요한 단계를 위해서, 팀은 개별 또는 그룹으로 그 단계를 위한 서비스 디자인 목적을 충족시킬 수 있는 서로 다른 서비스 딜리버리 접근법과 오퍼링을 파악해야 한다.[15] 아이디어가 도출되었다면 "서비스 디자인 목적이 달성되기 위한 다른 방법에는 어떤 것이 있는가?"라는 핵심 질문에 답해야 한다. 기존 서비스 개선에 중점을 두는 것이 서비스 딜리버리나 백스테이지 지원 프로세스인 반면에, 새로운 서비스 도출에서 중점을 두어야 할 것은 또 다른 서비스 딜리버리 접근법이나 오퍼링이라 할 수 있다. 그러나 다시 한번 창의적인 서비스 딜리버리 아이디어 도출을 촉진하기 위해서 팀은 7장에 나온 디자인 관점을 리뷰해야 한다. 그림 8-4는 태아 영양 사례의 작업 단계를 다룬 가상의 샘플이다.

다양한 아이디어가 각각의 단계에서 도출되면, 팀은 서로 다른 단계에 걸쳐 유니크하고 의미 있는 시너지를 만들 수 있는 방법으로 상위

수준의 서비스 콘셉트high-level service concepts를 만들어낸다. 이 단계에서 반복적이고 실현 가능성 없는 아이디어는 배제된다. 이런 초기 콘셉트는 다른 콘셉트의 아이디어나 남겨져 있던 다른 아이디어를 기반으로 정제되기도 한다. 콘셉트를 모두 동일하게 이해하기 위해 토론을 하고, 완성된 서비스가 작업지도에서 어떻게 보여지는지 고려하여, 팀은 각 콘셉트에 추가적인 세부 항목을 더한다. 그림 8-4의 '서비스 콘셉트 아이디어의 대안' 열column은 태아 영양 사례와 관련된 세 가지 다른 콘셉트 아이디어를 요약해서 보여준다.

마지막으로, 팀은 가장 좋은 서비스 콘셉트를 선택하고 정제해야 한다. 콘셉트는 여러 가지 다른 콘셉트와 비교하여 평가되는데, 이때 특정한 평가 기준이 적용되고 이 기준은 다음과 같다. 고객 니즈(비용, 적용 가능성뿐만 아니라 높은 우선순위의 기회와 다른 중요한 결과물 등), 서비스 제공자 니즈(콘셉트 수용과 같은 제공자의 기회 등), 기업의 니즈(재무 목표, 전략, 지속 가능성, 개발 시 소요되는 시간과 비용, 기술적 위험도, 서비스 콘셉트 범위 등) 등이다. 팀은 평가 기준에 가중치를 산정하고, 각 기준에 따라 개별 콘셉트를 점수화한다. 기준별 콘셉트 평가에 가중치를 적용한 점수를 콘셉트별로 합산해 상대적으로 더 좋은 콘셉트와 좋지 않은 콘셉트를 구별할 수 있다. 그 이후 팀은 가장 좋은 콘셉트에서 약점을 제거하고 강점을 강화시키는 디자인 수정을 거친다. 이러한 개선 아이디어는 어디에서든 나올 수 있다. 콘셉트 비교와 정제 과정은 이 과정이 경쟁력 있는 다른 대안을 도출한다면 반복될 수도 있다. 최종 서비스 콘셉트는 그림 8-1과 같은 워크시트를 통해 요약되며, 상세한 서비스 디자인은 이 장의 도입부에서 설명한 방법으로 개발된다. 혁신적인 서비스 콘셉트를 도출 했다면 이제는 서비스 개발을 할 단계이다.[16]

그림 8-4 태아 영양을 위한 새로운 서비스 혁신 사례

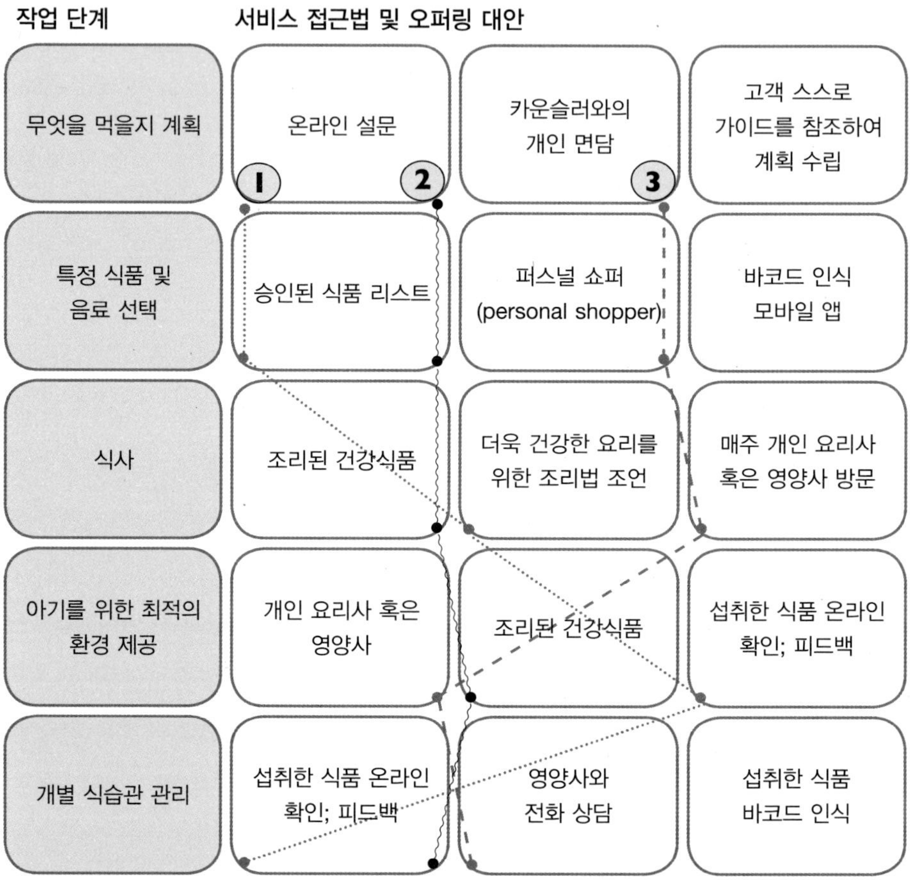

요약

독특하고 가치 있는 서비스 전략을 세우는 최고의 가이드는 고객의 세부 니즈를 이해하는 것이며, 이는 서비스 전략과 혁신적인 서비스 콘셉트를 정의하는 체계적인 프로세스를 통해 수행될 수 있다. 이번 장은 이러한 프로세스에 대해 설명하고,

서비스 콘셉트 아이디어 대안

1 Prenatal do-it-yourselfer

전문 태아 영양 가이드를 바탕으로 고객에게 추천사항을 제공하는 온라인 툴과 관리 서비스로 평소 개인의 생활패턴, 음식 선호도 및 건강상태에 따라 고객이 직접 식품을 선택할 수 있다.

2 Jenney Craig Prenatal

개인의 생활패턴, 음식 선호도, 건강상태에 맞춰 구성된 식사와 간식을 위한 다양한 조리 식품 옵션을 제공한다. 고객의 피드백을 적극 반영하는 시스템이다.

3 The Personal Touch

고객의 전용 상담사는 고객의 니즈를 파악하고 식단 계획을 세운다. 고객은 올바른 영양 섭취를 위해 최초에 개인 영양 코칭을 받는다. 식사와 간식은 정기적으로 고객의 집으로 배달된다. 언제든지 개인 건강 코치와 전화 상담 가능하다.

나머지 장에서 소개한 서비스 혁신을 위한 다양한 인사이트를 함께 제시하고 있다.

서비스 전략은 기업이 서비스 제공을 통해 지향하는 포지셔닝을 정의한다. 고객에게 가치 있는 것이어야 하며, 경쟁사 오퍼링과는 차별화되어야 한다. 효과적인 서비스 전략은 고객 니즈(작업과 결과물 기회)와 기업의 역량이 교차하는overlap

(계속)

영역을 반영하며, 서비스를 경쟁사로부터 가장 효과적으로 차별화시킬 수 있는 포지션을 나타낸다. 서비스 전략의 중요한 요소는 서비스가 무엇이고 그 서비스가 어떻게 고객 니즈를 만족시키는지 설명하는 서비스 콘셉트다. 혁신적인 서비스 콘셉트를 정의하기 위해서 기업은 다음을 수행해야 한다.

- 특정 작업과 결과물 기회에 창의적인 에너지 집중
- 좋은 기회가 될 수 있는 고객의 작업과 결과물의 주요 문제점 파악
- 기회를 만족시키기 위해 다양한 새로운 서비스 아이디어를 체계적으로 파악
- 서비스 전략과 서비스 딜리버리를 고려한 상세 콘셉트 도출

기존 서비스 개선을 위한 프로세스는 추가 기능이나 프로세스 개선 사항을 도출하기 전에 특정 결과물의 근본 문제점을 미리 파악하는 것을 포함한다. 새로운 서비스를 도출하는 것도 비슷한 패턴을 따르지만, 특정 결과물을 만족시키기 위한 기능을 도출하는 것은 비교적 덜 중요하다. 대신 만족되지 않은 고객 니즈(결과물, 감정 작업, 연관 작업)를 고려하여 고객과 제공자의 작업에서 가장 중요한 단계를 위한 서비스 딜리버리 접근법의 대안을 수립한다. 이렇게 도출된 서비스 딜리버리 접근법의 대안은 결합되고 정제되어 독특하고 가치 있는 서비스 전략을 지원하는 서비스 콘셉트를 정의한다. 기업은 이번 장에서 설명한 혁신적인 서비스 콘셉트를 정의하는 방법을 활용하여 체계적이고 반복 가능한 서비스 혁신 프로세스를 정립해 나가야 한다.

결론
서비스 혁신을 넘어서

필자는 서비스에 특별한 열정을 가지고 있다. 현재 서비스 비즈니스 분야에서 일하고 있으며, 애리조나 주립대학교에서 서비스 마케팅과 경영을 전공했다. 필자의 학술연구는 주로 서비스에 관한 것이었다. 연구도중 서비스가 직면한 문제에 매우 흥미를 느꼈으나, 관련 문헌을 연구하면서 이와 관련된 학술 자료가 많지 않다는 것을 깨달았다. 그래서 서비스에 대한 깊이 있는 통찰이 필요하다고 생각해 이 책을 집필하게 되었다.

서론에서 설명했듯이 이 책의 핵심은 서비스 기업이나 제조 기업의 무형의 서비스 혁신이다. 이책에서 소개하는 고객 관점의 서비스 이용을 위한 공통 작업지도(4장), 제공자 관점의 서비스 딜리버리를 위한 작업지도(6장), 차별화 서비스 딜리버리를 위한 서비스 디자인 관점(7장), 혁신적인 서비스 콘셉트를 만들어 내는 방법(8장)과 같은 모델들은 서비스 혁신과 특별히 연관이 있다. 따라서 다양한 혁신 접근법과 툴이 서비스 혁신에 어떻게 적용되는지 최대한 정확하게 설명하기 위해 노력했다.

하지만, 분문에서 설명한 혁신 모델은 혁신에 훨씬 폭넓게 적용할 수 있다. 예를 들어, 1장에서 설명했던 다음과 같은 4가지 근본적인 명제는 서비스뿐만 아니라 제품의 혁신에도 활용할 수 있다.

1. 고객은 그들이 하고자 하는 일을 완수하기 위해 제품과 서비스를 이용한다.
2. 고객은 전체 작업을 완수하기 위한 단계들을 수행하기 위해 솔루션을 이용한다.
3. 고객은 작업 완수의 성공을 평가하기 위해 결과물을 활용한다.
4. 고객은 솔루션의 '소비'와 관련해 발생하는 명확한 니즈를 가지고 있다.

필자는 위 4가지 명제를 서비스 혁신 기회 창출을 위한 기초로써 활용했다. 하지만 이 명제는 고객이 특정 작업을 더 잘 수행하도록 돕거나 더 많은 작업을 수행할 수 있도록 도움을 줄 수 있기 때문에, 서비스 혁신뿐만 아니라 제품 혁신을 위한 기회 창출에도 똑같이 적용할 수 있다. 제품 솔루션이 정의되면, 기업은 고객의 제품 '소비'를 돕는 것으로 서비스를 혁신할 수 있다. 2장(새로운 서비스 혁신의 기회 모색), 3장(핵심 서비스 혁신을 위한 기회 모색), 5장(부가 서비스 혁신 기회 모색)에서 설명한 가이드 또한 제품 혁신에 적용될 수 있다. 사실 기업이 제품이나 서비스 혁신을 하기로 결정했다면, 혁신은 상황에 따라 자유로운 방향으로 진행해야 한다. 어떤 경우에는 제품 혁신, 어떤 경우에는 서비스 혁신, 또 어떤 경우에는 두 혁신 모두를 통해 고객을 만족시킬 수 있다.

이와 비슷하게, 지난 세기 동안 마케팅 학계에서도 제품 중심 사고 product-dominant logic에서 서비스 중심 사고service-dominant logic로 근본적인 변화가 일어났다.[1] 어떤 독자는 이 책의 핵심이 이러한 새로운 마케팅 논리라고 생각했을 것이다. 만약 그렇게 생각한 독자가 있다면 사과의 말을 전하고 싶다. 하지만 필자의 관점과 새로운 마케팅 논리는 어느 정도 연관이 있는 정도이다.

서비스 중심 사고의 기본 전제는 서비스는 항상 교환된다는 것what is always exchanged이다. 다시 말해, 유형의 제품과 무형의 서비스 모두 서비스를 제공한다. 예를 들어, 디지털 녹음기는 소유자에게 음성 녹음 서비스를 제공하는 것과 같다. 서비스 중심 사고의 목적은 서비스를 가치를 제공하는 수단으로 생각하는 관점을 변화시켜, 제품과 서비스 마케팅, 국내와 해외 마케팅, 그리고 B2C와 B2B 마케팅 사이의 보이지 않는 장벽을 허물어, 공통의 이론과 툴이 모든 것에 적용될 수 있게 하는 것이다. 이 책의 서론에서 이미 설명한 바 있다. 서비스 중심 사고의 지지자들은 다음과 같이 이 논리를 설명한다.

> "고객은 특정 재화나 서비스를 구매하는 것이 아니라, 원하는 가치를 얻기 위해 소비를 한다. 전통적인 제품과 서비스의 구분은 이제 구식이 되었다. 서비스를 재정의하는 것이 문제가 아니라 고객 관점에서 생각해야 한다. 서비스 관점의 변화는 수단means에서 활용utilization으로, 생산자 관점에서 고객 관점으로의 변화이다.[2]"

사실 서비스 중심 사고는 솔루션 형태, 고객 유형이나 지리적 위치에 관계없이 고객이 무엇(서비스)을 교환하는지에 대한 논리의 기초를 마련했다. 하지만 '왜' 고객이 거래하는지에 대한 통일된 논리는 제공하지 못한다. 학술 자료에서 말하는 고객의 니즈, 만족도, 가치의 정의는 가치가 어떻게 전달되는지와 필연적으로 연관된다. 고객 니즈는 제품 사양이나 서비스 품질 기대치를 통해 설명되고, 고객 만족은 제품 인식이나 서비스 성능을 통해 정의되며, 고객 가치는 제품 가치, 서비스 가치, 개인적 가치, 그리고 이미지에 담긴 가치로 정의된다.

안타깝게도 고객의 니즈나 만족도, 가치에 대한 정의가 솔루션과 연관되어 있으면, 혁신에 관한 접근법은 그 틀을 벗어나지 못한다. 학계나 기업의 관리자들이 솔루션, 사양, 품질 기대치와 고객 니즈를 혼동할 때, 그들이 왜 서비스 혁신과 제품 혁신에 각기 다른 모델이 필요하다는 결론을 내리는지 이해할 수 있다. 서비스 중심 사고라는 동시대적 변화에도 불구하고, 고객 니즈 대신 솔루션에 집중하는 것은 서비스 혁신 연구의 더딘 진척 상황을 설명해 준다. IBM의 서비스 리서치 센터장인 Jim Spohrer에 따르면, 비영리 조직인 서비스 리서치 & 혁신 기관Service Research & Innovation Institute의 설립 목적은 "사람들은 기술 혁신이 무엇인지 잘 알고 있다. 반면에 서비스 혁신은 상대적으로 생소한 분야이다."이기 때문이라고 말한다.[3] 이러한 컨소시엄 조직에 대한 노력은 인정받아야 하나, 서비스에 대한 지나친 집중은 서비스 산업에만 적용되는 모델을 양산할 수 있다.

이러한 상황 때문에 필자는 이 책에서 설명한 혁신 접근법과 서비스 중심 사고 사이의 상관관계를 연구하게 되었다. 고객의 작업과 결과물은 특별한 솔루션 형식, 고객 유형, 지리적 위치와는 상관없이 고객 니즈, 고객 만족도, 고객 가치를 이해하는 기초가 되며, 고객이 왜 서비스를 교환하는지에 대한 이유도 설명한다. 이렇게 작업과 결과물은 특정한 솔루션의 형태로 정의되거나 제한되지 않으며, 시장 내 솔루션과 무관하게 존재한다. 또한 개인과 기업 고객은 그들의 작업을 수행하기 위해 솔루션을 이용한다. 그리고 전세계 어디서나 같은 작업을 수행하는 고객들은 우선순위는 다를지언정 성공을 평가하기 위한 동일한 결과물을 갖는다. 따라서, 작업과 결과물은 서비스 중심 사고를 위한 핵심을 제공한다.[4]

서비스 혁신 영역에 대한 필자의 열정과 이 분야의 혼란스러운 점을 명확히 하고자 하는 개인적인 바람에서 이 책을 집필하였지만, 기본적인 접근법은 마케팅의 서비스 중심 사고와 동일 선상에 있다. 제품과 서비스 간 차이가 있는가? 물론이다. 하지만 필자는 꼭 필요한 상황에서만 둘 사이의 차이점을 생각했다. 서비스 혁신이라는 특정 상황 안에서 차이점을 구분하여 설명했지만, 사실 제품 혁신에도 동일하게 적용할 수 있다. 이 책을 집필한 목적은 별개의 서비스 혁신 모델을 제공하는 것이 아니라, 보다 효과적이고 효율적인 모델을 제품과 서비스 혁신 모두에 어떻게 적용할 수 있는지를 설명하는 것이다. 이 책이 굉장히 현실적이면서도 보편적인 서비스 혁신의 이야기를 담았다고 자신한다.

| 주석 |

서문

1. 이 책에서 서비스란 개인 혹은 기업이 다른 누군가에게 제공하는 "근본적으로 무형intangible이며 어떤 것의 소유권ownership도 야기하지 않는" 혜택, 활동 혹은 프로세스를 일컫는다. (Philip Kotler and Gary Armstrong, *Principles of Marketing* [Upper Saddle River, NJ: Prentice-Hall, 1999], 6).
2. U.S. Census Bureau, 2007 Economic Census. Available at factfinder.census.gov/servlet/IBQTable?_bm=y&−geo_id=&−ds_name+EC0700CADV1&−_lang=en.
3. Henry Chesbrough, "Toward a New Science of Services." *Harvard Business Review 83*, no. 2(February 2005), 43-44.
4. Reena Jana, "Service Innovation: The Next Big Thing." *BusinessWeek*, March 29, 2007. Available at www.businessweek.com/innovate/content/mar2007/id20070329_376916.htm.
5. Robert G. Cooper and Scott J. Edgett, *Product Development for the Service Sector* (New York: Basic Books, 1999), 8.

6. 서비스 혁신과 서비스 디자인service design 사이에는 혼동하기 쉬운 요소가 있다. 예를 들어, 서비스 청사진service blueprinting은 기존 서비스의 디자인 및 개선을 위한 우수한 기법이지만, 청사진 프로세스는 서비스를 염두에 두고 시작하기 때문에 새로운 서비스를 만들어 내는 것에는 적합하지 않다.
7. Cooper and Edgett, *Product Development for the Service Sector*, 72.
8. Stefan Thomke, "R&D Comes to Services: Bank of America's Pathbreaking Experiments," *Harvard Business Review* 81, no. 4 (April 2004), 70-79.
9. Cooper and Edgett, *Product Development for the Service Sector*, 60-64.
10. 결과 중심적 혁신outcome-driven innovation의 철학과 사례에 대한 좋은 개요가 필요하다면, Anthony W. Ulwick, *What Customers Want* (New York: McGraw-Hill, 2005)를 참고하기 바란다.
11. Lance A. Bettencourt, "Debunking Myths about Customer needs," *Marketing Management* (January-February 2009), 46-52.
12. Personal communication, February 25, 2009.

1장

1. Anthony W. Ulwick and Lance A. Bettencourt, "Giving Customers a Fair Hearing," *MIT Sloan Management Review* (Spring 2008): 62-68.
2. Lance A. Bettencourt, "Debunking Myths about Customer needs," *Marketing Management* (January-February 2009), 46-52.
3. 이 부분은 단지 기능 작업functional jobs에만 해당된다. 2장에 소개된 감정 작업emotional jobs은 다른 구조를 따른다.
4. 고객의 다양한 니즈가 어떻게 우선순위화되는지, 그리고 어떻게 기회의 각 요소segments들이 식별되는지에 대한 추가적인 인사이트가 필요하다면, Anthony W. Ulwick, *What Customers Want* (New York: McGraw-Hill, 2005)를 참고하기 바란다.
5. Anthony W. Ulwick, "Turn Customer Input into Innovation," *Harvard Business Review* 80, no.1 (January 2002), 91-97.
6. 고객의 작업 혹은 결과물의 기회점수가 10점 이상인 경우 기존 서비스가 충분하지 못하다는 의미이며, 만족도 평가가 중요도 평가보다 높은 경우에는

서비스가 과다하다고 정의한다. 과다서비스로 표현되는 니즈는 기업이 비용 절감을 위해 솔루션을 간소화defeaturing할 수 있는 가능성을 제공한다.

7. 전략적 서비스 비전에 대한 뛰어난 논고에 대해서는 James L. Heskett, "Lessons in the Service Sector," *Harvard Business Review* 65, no. 2 (March-April 1987), 118-126 를 참고하기 바란다.

2장

1. 이 접근법의 흥미로운 점은 많은 서비스들이 고객이 제품을 이용하여 수행하고자 하는 작업과 연관된 작업을 돕기 때문에, 고객이 특정 제품을 사용할 때 완수하고자 하는 작업이 무엇인지 파악하는 것이다. 예를 들면, OnStar 자동차 보안 시스템은 운전자가 자동차를 이용할 때 수행하고자 하는 많은 작업—응급 서비스 연락, 긴급 출동 서비스, 길안내 서비스 등—을 지원한다.
2. 기업은 현재의 타깃 시장으로 고객을 제한하는 경우가 있다. 하지만 이는 서비스 수요와 가능성이 있음에도 불구하고 제외된 고객 대상에게 기업이 서비스를 제공할 수 없을 때에 선택해야 하는 방법이다. 더 좋은 접근법으로는 고객군을 가능한 넓은 범위로 규정하여 다양한 고객의 작업을 우선순위화하여 새로운 서비스를 위한 타깃 시장을 찾는 것이다.
3. 사실 대부분의 서비스가 무언가를 돌보는 것과 연관된 경우(예를 들어, 애완동물 돌봄, 잔디 가꾸기, 빌딩관리, 유아 돌봄, 건강 관리 서비스)가 많으며, 이는 연구 생산성이 높은 분야이다.
4. 대부분 서비스는 경험하는 것이지만, 그것이 여기서의 핵심은 아니다. 오히려 서비스를 이용하거나 이용할 만한 경험 작업을 발굴하고자 하는 것이 핵심이다. 이는 서비스의 디자인이 아니라 좋은 서비스 경험을 하도록 돕는 것에 집중하는 서비스 혁신의 영역이다.
5. 서비스와 경험 사이의 관계에 대해서는 B. Joseph Pine II and James H. Gilmore, *The Experience Economy* (Boston: Harvard Business School Press, 1999)를 참고하기 바란다.
6. 예를 들어, 은행 이용 시에 소비자들은 존중받길 원하고, 가치 있게 여겨지며, 지원받는 느낌을 원한다.

3장

1. 고객의 작업을 도와주는 서비스들이 있다. 예를 들어, Weight Watchers 서비스는 고객이 체중감량 목표를 달성하는 데 도움을 준다. 하지만 실제로 고객을 대신해서 체중 감량하지는 않는다. 고객을 대신하여 작업을 책임지는 예시로는 자동차 수리 서비스가 있다. 후자의 경우, 핵심 작업이 보다 추상적으로 정의되는 것이 좋다. 이런 종류의 서비스들은 4장에서 소개될 고객이 서비스를 이용하기 위해 거쳐야 하는 소비사슬과 연계시키는 것이 좋다.
2. Lance A. Bettencourt and Anthony W. Ulwick, "The Customer-Centered Innovation Map," *Harvard Business Review* 86, no. 5 (May 2008), 109-114.
3. 상관관계[correlation]란 두 변수 사이의 관계를 나타낸다.

4장

1. 공통 작업지도의 각 단계들을 숙지한 후에는 서비스를 이용하는 고객의 작업을 작업지도에 표현된 단계를 모두 포괄하는 (때로는 초월하는) 방식의 무언가로 정의할 수 있어야 한다. 은행의 경우, 전체 대출 프로세스 중 시작 단계에 불과한 대출 신청에 얽매이지 않고, 상업대출을 받는 고객의 전체 작업을 살피는 것이 보다 많은 인사이트를 얻을 수 있을 것이다.
2. "멤버십"으로 특정 관계를 형성한 고객을 제외하고는 공통 작업지도의 단계들은 일반적으로 신규 고객과 기존 고객에게 모두 적용된다. 좀 더 구체적으로 말하자면, 작업지도는 서비스 제공자와 고객 간의 직·간접적 상호작용이 일어날 때 적용할 수 있다.
3. Mary Jo Bitner, Amy L. Ostrom, and Felicia N. Morgan, "Service Blueprinting: A Practical Technique for Service Innovation," *California Management Review* 50, no. 3 (Spring 2008): 66-94.
4. Personal communication, September 2, 2009
5. 이 장의 주요 내용은 아니지만, AMO는 서비스 혁신의 잠재 기회를 알려주는 특정 서비스 결과물을 통해 Suppleye.com을 인수하고, 새로운 혁신을 도모했다. Suppleye.com은 웹 기반의 재고 보충 시스템으로 바코드 스캐닝, 온라인 물품 보관소, 온라인 주문 소프트웨어 등을 통합하고, 자동 재고 관리와 수술 센터의 과거 주문 사례를 바탕으로 렌즈 주문 간소화 등을 실현했다.

5장

1. 이 장은 기업이 제품을 보완할 수 있는 서비스 혁신 방법을 소개하는 데 중점을 두고 있다. 특히, 제품 자체에만 지나치게 신경 쓰고 있는 기업들을 위한 새로운 서비스 혁신 방법을 소개한다. 기업들은 시중에 판매되고 있는 제품 자체를 향상시킬 수 있는 방법에 대해서 고심하지만, 이를 위한 부가 서비스를 어떻게 혁신할 것인가에 대한 고민은 부족하다.
2. Stephen W. Brown, Anders Gustafsson, and Lars Witell, "Beyond Products," *Wall Street Journal*, June 22, 2009. Available online at online.wsj.com/article.SB10001424052970204830304574131273123644620.html.
3. Personal communication, August 5, 2009.
4. Ian C. MacMilan and Rita Gunther McGrath, "Discovering New Points of Differentiation," *Harvard Business Review* 75 no.4 (July-August 1997), 133-145.
5. 압축 공기 시스템compressed-air system은 다양한 종류의 산업 기계를 작동시키기 위해 사용된다.
6. Adrian Slywotzky, Richard Wise, and Karl Weber, *How to Grow When Markets Don't* (New York: Warner Business Books, 2003), 153-169.
7. Personal communication, August 14, 2009.

6장

1. Valarie Zeithaml, Mary Jo Bitner, and Dwayne Gremler, *Services Marketing: Integrating Customer Focus Across the Firm*, 5th ed. (New York: McGraw-Hill, 2009), 351-355.
2. 항상 작업 관련 진술job statement은 동사로 시작하고, 그 다음 활동의 구체적인 대상이 언급된다. 하지만 여기서는 고객을 대신해 수행하는 작업을 내부 관점에서 작성해야 한다. 서비스 제공자를 위한 작업 관련 진술의 예로는 요청사항 해결, 강의, 식사 제공, 자동차 판매, 계좌 개설 등이 있다.
3. ATM이 아니라 사람이 현금 인출 서비스를 제공할 때의 작업을 생각해보는 것도 흥미로울 것이다. 이때 필요한 작업지도의 단계들은 동일하다.
4. 서비스 딜리버리를 위한 작업지도는 기업의 관점에서 전체적으로 해야 할 일

을 나타낸 것일 수도 있고, 실제 서비스를 제공하는 것에 직접 관여하는 개인들의 관점에서 작성된 것일 수도 있다. 이와 같이 작업지도에서 서비스 제공자service provider라는 용어는 일반적으로 양쪽 모두를 지칭한다.

5. 더 자세한 내용은 Christopher Lovelock, *Product Plus* (New York: McGraw-Hill, 1994)를 참조하기 바란다.
6. Sunil Chopra and Martin A. Lariviere, "Managing Service Inventory to Improve Performance," *MIT Sloan Management Review* 47, no. 1 (Fall 2005): 56-63.
7. Andrew McAfee and Erik Brynjolfsson, "Dog Eat Dog," *Wall Street Journal*, April 28, 2007, available online at online. wsj.com/article/SB117735476945179344-search.html; and Rob Eder and Antoinette Alexander, "Chains Put Pharmacy First in Strategic Initiatives", *Drug Store News*, August 18, 2003, available online at fi darticles.coom/p/articles/mi/m3374/is_10_25/ai_108969618/.
8. Jim Cory, "Bird's-Eye View," *Replacement Contractor Magazine*, May 14, 2009. Available online at www.replacementcontractoronline.com/industry-news-print.asp?sectionID=0&articleID=958433.
9. Qm Group, *HSBC Improves Branch Customer Service with Qm's Matchmaker Service* (Milton Keynes, United Kingdom: Qm Group, 2007). Available online at www.cisco.com/web/strategy/docs/finance/HSBC_case_study.pdf.
10. Leonard L. Berry and Kent D. Seltman, "Building a Strong Services Brand: Lessons from Mayo Clinic," *Business Horizons* 50, no. 3 (March 2007): 199-209.
11. John Ouren, "Marketers and Researchers Must Do More to Ensure Real Respondents," CustomerThink.com, February 6, 2009, www.customerthink.com/article/researchers_must_ensure_real_respondents.
12. Lance A. Bettencourt, Amy L. Ostrom, Stephen W. Brown, and Robert I. Roundtree, "Client Co-Production in Knowledge-Intensive Business Services," *California Management Review* 44, no. 4 (Summer 2002): 100-128.
13. Peter Honebein, *Strategies for Effective Customer Education* (Chicago: American Marketing Association, 1997), 120-122.

14. Stephen S. Tax, Mark Colgate, and David E. Bowen, "How to Prevent Your Customers from Falling," *MIT Sloan Management Review* 47, no. 4 (Spring 2006): 30-38.
15. Ritz-Carlton Hotel Company, "Gold Standards," corporate. ritzcarlton.com/en/About/GoldStandards.htm.
16. 작업 수행자 그룹과 작업 감독관 그룹은 결과물을 중요도와 만족도에 따라 평가한다. 각 그룹은 그들의 역할과 관련된 결과물만을 평가해야 한다.
17. 몇몇 질문들은 서비스 청사진service blueprinting에 사용된 질문들을 응용한 것이다. Lovelock, *Product Plus*, 154를 참조하기 바란다.

7장

1. 이 장에서 소개된 서비스 디자인 관점은 직접 고안한 것이지만, 서비스 마케팅, 경영 그리고 운영에 관한 전반적인 내용들은 여러 학술지와 문헌에서 많은 영감을 얻었다. 특히 이 책을 집필하는 데 좋은 영감을 주었던 책들을 소개한다. Jean Harvey, *Managing Service Delivery Processes* (Milwaukee: ASQ Quality Press, 2006); James L. Heskett, W. Earl Sasser, Jr., and Christopher W. L. Hart, *Service Breakthroughs* (New York: Free Press, 1990); Christopher Lovelock, *Product Plus* (New York: McGraw-Hill, 1994); and Valarie Zeithaml, Mary Jo Bitner, and Dwayne Gremler, *Services Marketing: Integrating Customer Focus Across the Firm*, 5th ed. (New York: McGraw-Hill, 2009).
2. Bernard H. Booms and Mary Jo Bitner, "Marketing Strategies and Organizational Structures for Service Firms," in *Marketing of Services*, edited by J. H. Donnelly and W. R. George (Chicago: American Marketing Association, 1981), 47-51.
3. 그림 7-1에서 판매촉진promotion이 제외된 것을 의아해 할 수 있다. 판매촉진 또한 매우 중요한 요소임에는 틀림없지만, 인지도를 높이고 흥미나 니즈를 일으켜 특정 행동을 하게 만드는 홍보활동은 고객 니즈를 만족시키는 일련의 활동과는 별개로 여겨지므로 포함하지 않았다.
4. Lovelock, *Product Plus*, 49.

5. 기회 세분화opportunity segmentation에 대한 내용은 8장을 참고하기 바란다.
6. 고객이 발생시키는 변동성을 관리하는 방법에 대해서는 아래 문헌들을 참고하기 바란다 – Frances X. Frei, "Breaking the Trade-off between Efficiency and Service," *Harvard Business Review* 84, no. 11 (November 2006): 92-101.
7. Leonard L. Berry and Neeli Bendapudi, "Clueing in Customers," *Harvard Business Review* 81, no. 2 (February 2003): 100-106.
8. Richard Metters and Vicente Vargas, "Organizing Work in Service Firms," *Business Horizons* 43, no. 4 (July-August 2000): 23-32.
9. Clayton M. Christensen and Scott D. Anthony, "Cheaper, Faster, Easier: Disruption in the Service Sector," *Strategy and Innovation* 2, no. 1 (January-February 2004): 56-65.
10. Leonard L. Berry, *On Great Service* (New York: Free Press, 1995), 133.
11. Jeffrey Pfeffer, *Competitive Advantage Through People: Unleashing the Power of the Work Force* (Boston: Harvard Business School Press, 1994), 30-59.
12. Frances X. Frei, "The Four Things a Service Business Must Get Right," *Harvard Business Review* 86, no. 4 (April 2008): 70-80.
13. Richard B. Chase and Sriram Dasu, "Want to Perfect Your Company's Service? Use Behavioral Science," *Harvard Business Review* 79, no. 6 (June 2001): 78-84.

8장

1. 이 장의 내용들은 개인적 경험뿐만 아니라 다음 문헌에서 많은 도움을 얻었다 – Jean Harvey, *Managing Service Delivery Processes* (Milwaukee: ASQ Quality Press, 2006); James L. Heskett, W. Earl Sasser, Jr., and Christopher W. L. Hart, *Service Breakthroughs* (New York: Free Press, 1990).
2. Michael E. Porter, "What Is Strategy?" *Harvard Business Review* 74, no. 6 (November-December 1996): 69.
3. 기회 세그먼트segments of opportunity에 대한 내용은 Anthony W. Ulwick, *What*

Customers Want (New York: McGraw-Hill, 2005)를 참고하기 바란다. 새로운 시장 기회market opportunities를 찾는 것이 목표라면, 고객의 작업을 세분화segmentation의 기준으로 하는 것이 좋다. 반면에 특정 서비스에 국한되는 얘기일 수도 있지만, 기업의 목표가 현재 시장 안에서의 세그먼트를 찾는 것이라면, 고객의 결과물을 세분화의 기준으로 한다.

4. Leonard L. Berry, *On Great Service* (New York: Free Press, 1995), 71.
5. 그들이 이렇게 할 수 있었던 것은 낮은 서비스 품질에 대해서 어떤 대가를 치러야 하는지 알고 있었기 때문이다. 더불어, 높은 서비스 품질과 생산성은 서로 직접적인 영향 관계가 있다는 것도 잘 알고 있었다. Heskett, Sasser, and Hart, *Service Breakthroughs*를 참조하길 바란다.
6. Frances X. Frei, "The Four Things a Service Business Must Get Right," *Harvard Business Review* 86, no. 4 (April 2008): 66-94.
7. Personal communication, February 25, 2009.
8. Valarie Zeithaml, Mary Jo Bitner, and Dwayne Gremler, *Services Marketing: Integrating Customer Focus Across the Firm*, 5th ed. (New York: McGraw-Hill, 2009), 265.
9. 서비스 청사진service blueprinting에 관련된 문헌은 다음을 참고하기 바란다. Mary Jo Bitner, Amy L. Ostrom, and Felicia N. Morgan, "Service Blueprinting: A Practical Technique for Service Innovation," *California Management Review* 50, no. 3 (Spring 2008): 66-94.
10. 이와 같은 주제는 이 책의 범위를 벗어나지만, Zeithaml, Bitner, and Gremler, *Services Marketing*을 포함하여 여러 다른 서비스 마케팅과 경영 관련 서적에 잘 정리되어 있다.
11. 서비스 효율성 저하의 원인은 서비스 제공자의 작업을 도식화하지 않더라도 6장의 공통 작업지도를 통해 파악할 수 있다. 공통 작업지도는 고객의 결과물 기회를 기반으로 서비스 청사진을 그리는 데 사용되기도 하는데, 서비스 청사진으로는 기존 서비스 딜리버리 프로세스의 잠재적 문제점을 파악할 수 없다.
12. 이 프로세스가 새로운 서비스를 만들어 내기 위한 콘셉트나 기능들을 도출한다는 것은 확실하다. 이러한 아이디어들을 콘셉트로 완성하기 위해서는 각각 분리하여 토론하는 것이 중요하다.

13. 서비스 딜리버리를 위한 공통 작업지도(그림 6-1)는 기업이 현재 고객 작업을 위한 서비스를 가지고 있지 않더라도 위와 같은 목적으로 사용될 수 있다.
14. 어떠한 영향을 주는지 알아보기 위해, 서비스 딜리버리의 각 단계가 각 결과물high-opportunity outcomes에 미치는 영향을 우선순위화한다. 예를 들어, 전혀 영향 없음(0점), 낮음(1점), 중간(3점), 높음(8점)과 같이 간단한 측정기준을 만들어 서비스 딜리버리의 모든 단계의 영향도를 점수화하고, 각 단계별로 점수를 합산해 영향도를 평가할 수 있다.
15. 유사한 방법으로, 다양한 서비스 딜리버리 방식과 오퍼링들은 작업의 단계들이 아닌 기회들의 테마theme로 식별될 수 있다. 그 외 프로세스는 같은 방법으로 진행된다.
16. 서비스 개발service development에 관련된 문헌은 다음을 참고하기 바란다. Robert G. Cooper and Scott J. Edgett, *Product Development for the Service Sector* (New York: Basic Books, 1999).

결론

1. Stephen L. Vargo and Robert F. Lusch, "Evolving to a New Dominant Logic for Marketing," *Journal of Marketing* 68, no. 1 (January 2004), 1-17.
2. Evert Gummesson, "Relationship Marketing: Its Role in the Service Economy," *Understanding Services Management*, edited by W. J. Glynn and J. G. Barnes (New York: Wiley, 1995), 250.
3. Reena Jana, "Service Innovation: The Next Big Thing," *Business Week*, March 29, 2007. Available at www.businessweek.com/innovate/content/mar2007/id20070329_376916.htm.
4. 고객이 완수하고자 하는 작업에 중점을 두는 것은 종종 고객이 가치의 공동 생산자라는 것을 의미하며, 고객이 제품을 이용할 때도 마찬가지이다. 이와 같은 생각은 마케팅의 서비스 중심 사고service-dominant logic of marketing와 일치한다.

| 찾아보기 |

SERVICE
INNOVATION